TRANZLATY

El idioma es para todos

ভাষা সবার জন্য

El llamado de lo salvaje

দ্য কল অফ দ্য ওয়াইল্ড

Jack London
জ্যাক লন্ডন

Español / বাংলা

Hacia lo primitivo

আদিম যুগে

Buck no leía los periódicos.

বাক খবরের কাগজ পড়ত না।

Si hubiera leído los periódicos habría sabido que se avecinaban problemas.

যদি সে খবরের কাগজ পড়ত, তাহলে সে জানতে পারত যে সমস্যা তৈরি হচ্ছে।

Hubo problemas, no sólo para él sino para todos los perros de la marea.

শুধু নিজের জন্য নয়, প্রতিটি জোয়ারের কুকুরের জন্যই সমস্যা ছিল।

Todo perro con músculos fuertes y pelo largo y cálido iba a estar en problemas.

পেশীবহুল শক্তিশালী এবং উষ্ণ, লম্বা চুলের প্রতিটি কুকুরই সমস্যায় পড়তে যাচ্ছিল।

Desde Puget Bay hasta San Diego ningún perro podía escapar de lo que se avecinaba.

পুগেট বে থেকে সান দিয়েগো পর্যন্ত কোন কুকুরই এড়াতে পারেনি যা আসন্ন ছিল।

Los hombres, a tientas en la oscuridad del Ártico, encontraron un metal amarillo.

আর্কটিকের অন্ধকারে হাতড়তে থাকা মানুষগুলো একটা হলুদ ধাতু খুঁজে পেয়েছিল।

Las compañías navieras y de transporte iban en busca del descubrimiento.

স্টিমশিপ এবং পরিবহন কোম্পানিগুলি আবিষ্কারের পিছনে ছুটছিল।

Miles de hombres se precipitaron hacia el norte.

হাজার হাজার পুরুষ নর্থল্যান্ডে ছুটে আসছিল।

Estos hombres querían perros, y los perros que querían eran perros pesados.

এই লোকেরা কুকুর চেয়েছিল, এবং তারা যে কুকুরগুলো চেয়েছিল সেগুলো ছিল ভারী কুকুর।

Perros con músculos fuertes para trabajar.

শক্ত পেশী বিশিষ্ট কুকুর যাদের পরিশ্রম করতে হয়।

Perros con abrigos peludos para protegerlos de las heladas.

তুষারপাত থেকে রক্ষা করার জন্য পশমী কোট পরা কুকুর।

Buck vivía en una casa grande en el soleado valle de Santa Clara.

বাক রোদে পোড়া সান্তা ক্লারা ভ্যালির একটি বড় বাড়িতে থাকতেন।

El lugar del juez Miller, se llamaba su casa.

বিচারক মিলারের বাসা, তার বাড়ি বলা হয়েছিল।

Su casa estaba apartada de la carretera, medio oculta entre los árboles.

তার বাড়ি রাস্তা থেকে কিছুটা দূরে, গাছের আড়ালে।

Se podían ver destellos de la amplia terraza que rodeaba la casa.

ঘরের চারপাশে বিস্তৃত বারান্দার এক ঝলক দেখা যেত।

Se accedía a la casa mediante caminos de grava.

নুড়িপাথরের ড্রাইভওয়ে দিয়ে বাড়িটি কাছে আসত।

Los caminos serpenteaban a través de amplios prados.

পথগুলো বিস্তৃত লনের মধ্য দিয়ে ঘুরে বেড়াচ্ছে।

Allá arriba se veían las ramas entrelazadas de altos álamos.

মাথার উপরে লম্বা পপলারের ডালপালা পরস্পর সংযুক্ত ছিল।

En la parte trasera de la casa las cosas eran aún más espaciosas.

বাড়ির পিছনের দিকে জিনিসপত্র আরও প্রশস্ত ছিল।

Había grandes establos, donde una docena de mozos de cuadra charlaban.

সেখানে ছিল দারুন সব আস্তাবল, যেখানে এক ডজন বর গল্প করছিল
Había hileras de casas de servicio cubiertas de enredaderas.

সেখানে সারি সারি দ্রাক্ষালতা পরিহিত চাকরদের কুটির ছিল
Y había una interminable y ordenada serie de letrinas.

আর সেখানে ছিল অফুরন্ত এবং সুশৃঙ্খল বহির্ভাগের সমাহার
Largos parrales, verdes pastos, huertos y campos de bayas.

লম্বা আঙ্গুরের গাছ, সবুজ চারণভূমি, বাগান এবং বেরি গাছের ক্ষেত।
Luego estaba la planta de bombeo del pozo artesiano.

তারপর ছিল আর্টেসিয়ান কূপের জন্য পাম্পিং প্ল্যান্ট।
Y allí estaba el gran tanque de cemento lleno de agua.

আর সেখানে ছিল জল ভর্তি বড় সিমেন্টের ট্যাঙ্ক।
Aquí los muchachos del juez Miller dieron su chapuzón matutino.

এখানে বিচারক মিলারের ছেলেরা তাদের সকালের ঝাঁপিয়ে পড়েছিল।
Y allí también se refrescaron en la calurosa tarde.

আর গরমের বিকেলেও তারা সেখানে ঠান্ডা হয়ে গেল।
Y sobre este gran dominio, Buck era quien lo gobernaba todo.

আর এই বিশাল অঞ্চলের উপর, বাকই ছিলেন পুরোটাই শাসন করতেন।
Buck nació en esta tierra y vivió aquí todos sus cuatro años.

বাক এই জমিতেই জন্মগ্রহণ করেছিলেন এবং তার চার বছর ধরে এখানেই কাটিয়েছেন।
Efectivamente había otros perros, pero realmente no importaban.

আসলে অন্যান্য কুকুরও ছিল, কিন্তু সেগুলো আসলে গুরুত্বপূর্ণ ছিল না।
En un lugar tan vasto como éste se esperaban otros perros.

এই জায়গার মতো বিশাল জায়গায় অন্যান্য কুকুরের থাকার কথা ছিল।

Estos perros iban y venían, o vivían dentro de las concurridas perreras.

এই কুকুরগুলো আসত আর যেত, অথবা ব্যস্ত ক্যানেলের ভেতরেই থাকত।

Algunos perros vivían escondidos en la casa, como Toots e Ysabel.

কিছু কুকুর ঘরে লুকিয়ে থাকত, যেমন টুটস এবং ইসাবেল লুকিয়ে থাকত।

Toots era un pug japonés, Ysabel una perra mexicana sin pelo.

টুটস ছিল একটি জাপানি পাগ, ইসাবেল ছিল একটি মেক্সিকান লোমহীন কুকুর।

Estas extrañas criaturas rara vez salían de la casa.

এই অদ্ভুত প্রাণীগুলো খুব কমই ঘরের বাইরে পা রাখত।

No tocaron el suelo ni olieron el aire libre del exterior.

তারা মাটি স্পর্শ করেনি, বাইরের খোলা বাতাসের গন্ধও নেয়নি।

También estaban los fox terriers, al menos veinte en número.

সেখানে শিয়াল টেরিয়ারও ছিল, সংখ্যায় কমপক্ষে বিশটি।

Estos terriers le ladraron ferozmente a Toots y a Ysabel dentro de la casa.

এই টেরিয়াররা ঘরের ভেতরে টুটস এবং ইসাবেলের দিকে প্রচণ্ডভাবে ঘেউ ঘেউ করত।

Toots e Ysabel se quedaron detrás de las ventanas, a salvo de todo daño.

টুটস এবং ইসাবেল জানালার পিছনে থেকেছিল, ক্ষতি থেকে নিরাপদে।

Estaban custodiados por criadas con escobas y trapeadores.

তাদের পাহারা দিত গৃহকর্মীরা ঝাড়ু এবং মোছার যন্ত্র দিয়ে।

Pero Buck no era un perro de casa ni tampoco de perrera.

কিন্তু বাক কোনও গৃহপালিত কুকুর ছিল না, এবং সে কোনও ক্যানেল-কুকুরও ছিল না।

Toda la propiedad pertenecía a Buck como su legítimo reino.

সম্পূর্ণ সম্পত্তি বাকের অধিকারভুক্ত ছিল তার অধিকারভুক্ত রাজ্য হিসেবে।

Buck nadaba en el tanque o salía a cazar con los hijos del juez.

বাক ট্যাঙ্কে সাঁতার কাটত অথবা বিচারকের ছেলেদের সাথে শিকারে যেত।

Caminaba con Mollie y Alice temprano o tarde.

সে ভোরবেলা বা শেষের দিকে মলি এবং অ্যালিসের সাথে হাঁটত।

En las noches frías yacía junto al fuego de la biblioteca con el juez.

ঠান্ডা রাতে সে বিচারকের সাথে লাইব্রেরির আগুনের সামনে শুয়ে থাকত।

Buck llevaba a los nietos del juez en su fuerte espalda.

বাক তার শক্ত পিঠে করে বিচারকের নাতিদের চড়াতেন।

Se revolcó en el césped con los niños, vigilándolos de cerca.

সে ছেলেদের সাথে ঘাসে গড়াগড়ি দিচ্ছিল, তাদের কড়া পাহারা দিচ্ছিল।

Se aventuraron hasta la fuente e incluso pasaron por los campos de bayas.

তারা ঝর্ণার দিকে এগিয়ে গেল, এমনকি বেরি ক্ষেত পেরিয়েও গেল।

Entre los fox terriers, Buck caminaba siempre con orgullo real.

ফক্স টেরিয়ারদের মধ্যে, বাক সবসময় রাজকীয় গর্বের সাথে হাঁটত।

Él ignoró a Toots y Ysabel, tratándolos como si fueran aire.

সে টুটস এবং ইসাবেলকে উপেক্ষা করেছিল, তাদের সাথে এমন আচরণ করেছিল যেন তারা বাতাস।

Buck reinaba sobre todas las criaturas vivientes en la tierra del juez Miller.

বিচারক মিলারের জমিতে বাক সমস্ত জীবন্ত প্রাণীর উপর রাজত্ব করতেন।

Él gobernaba a los animales, a los insectos, a los pájaros e incluso a los humanos.

তিনি পশু, পোকামাকড়, পাখি, এমনকি মানুষের উপরও রাজত্ব করতেন।

El padre de Buck, Elmo, había sido un San Bernardo enorme y leal.

বাকের বাবা এলমো ছিলেন একজন বিশাল এবং অনুগত সেন্ট বার্নার্ড।

Elmo nunca se apartó del lado del juez y le sirvió fielmente.

এলমো কখনও বিচারকের পক্ষ ত্যাগ করেননি, এবং বিশ্বস্ততার সাথে তাঁর সেবা করেছেন।

Buck parecía dispuesto a seguir el noble ejemplo de su padre.

বাক তার বাবার মহৎ উদাহরণ অনুসরণ করতে প্রস্তুত বলে মনে হচ্ছিল।

Buck no era tan grande: pesaba ciento cuarenta libras.

বকটি খুব একটা বড় ছিল না, ওজন ছিল একশ চল্লিশ পাউন্ড।

Su madre, Shep, había sido una excelente perra pastor escocesa.

তার মা শেপ ছিলেন একজন ভালো স্কচ শেফার্ড কুকুর।

Pero incluso con ese peso, Buck caminaba con presencia majestuosa.

কিন্তু সেই ওজনের মধ্যেও, বাক রাজকীয় উপস্থিতি নিয়ে হাঁটতেন।

Esto fue gracias a la buena comida y al respeto que siempre recibió.

এটা এসেছে ভালো খাবার এবং তিনি সবসময় যে সম্মান পেতেন তার ফলে।

Durante cuatro años, Buck había vivido como un noble mimado.

চার বছর ধরে, বাক একজন নষ্ট অভিজাত ব্যক্তির মতো জীবনযাপন করেছিলেন।

Estaba orgulloso de sí mismo y hasta era un poco egoísta.

সে নিজেকে নিয়ে গর্বিত ছিল, এমনকি কিছুটা অহংকারীও ছিল।

Ese tipo de orgullo era común entre los señores de países remotos.

দূরবর্তী গ্রামের প্রভুদের মধ্যে এই ধরণের অহংকার সাধারণ ছিল।

Pero Buck se salvó de convertirse en un perro doméstico mimado.

কিন্তু বাক নিজেকে আদরের গৃহ-কুকুর হওয়া থেকে বাঁচিয়েছিলেন।

Se mantuvo delgado y fuerte gracias a la caza y el ejercicio.

শিকার এবং ব্যায়ামের মাধ্যমে তিনি রোগা এবং শক্তিশালী ছিলেন।

Amaba profundamente el agua, como la gente que se baña en lagos fríos.

তিনি জলকে গভীরভাবে ভালোবাসতেন, ঠিক যেমন ঠান্ডা হ্রদে স্নান করা মানুষ।

Este amor por el agua mantuvo a Buck fuerte y muy saludable.

পানির প্রতি এই ভালোবাসা বাককে শক্তিশালী এবং খুব সুস্থ রেখেছিল।

Éste era el perro en que se había convertido Buck en el otoño de 1897.

১৮৯৭ সালের শরৎকালে বাক এই কুকুরটিতে পরিণত হয়েছিল।

Cuando la huelga de Klondike arrastró a los hombres hacia el gélido Norte.

যখন ক্লোনডাইক আক্রমণ মানুষকে হিমায়িত উত্তরে টেনে নিয়ে গেল।

La gente acudió en masa desde todos los rincones del mundo hacia aquella tierra fría.

সারা পৃথিবী থেকে মানুষ ঠান্ডা জমিতে ছুটে এল।

Buck, sin embargo, no leía los periódicos ni entendía las noticias.

তবে, বাক সংবাদপত্র পড়েননি, খবরও বুঝতেন না।
Él no sabía que Manuel era un mal hombre con quien estar.

সে জানত না যে ম্যানুয়েল আশেপাশে থাকা খারাপ মানুষ।
Manuel, que ayudaba en el jardín, tenía un problema profundo.

বাগানে সাহায্যকারী ম্যানুয়েলের একটা গভীর সমস্যা ছিল।
Manuel era adicto al juego de la lotería china.

ম্যানুয়েল চাইনিজ লটারিতে জুয়া খেলার প্রতি আসক্ত ছিল।
También creía firmemente en un sistema fijo para ganar.

তিনি জয়ের জন্য একটি নির্দিষ্ট ব্যবস্থায় দৃঢ়ভাবে বিশ্বাস করতেন।
Esa creencia hizo que su fracaso fuera seguro e inevitable.

এই বিশ্বাস তার ব্যর্থতাকে নিশ্চিত এবং অনিবার্য করে তুলেছিল।
Jugar con un sistema exige dinero, del que Manuel carecía.

একটি সিস্টেম খেলতে অর্থের প্রয়োজন হয়, যা ম্যানুয়েলের ছিল না।
Su salario apenas alcanzaba para mantener a su esposa y a sus numerosos hijos.

তার বেতন দিয়ে তার স্ত্রী এবং অনেক সন্তানের ভরণপোষণ খুব একটা হতো না।
La noche en que Manuel traicionó a Buck, las cosas estaban normales.

যে রাতে ম্যানুয়েল বাকের সাথে বিশ্বাসঘাতকতা করেছিল, সেই রাতে সবকিছু স্বাভাবিক ছিল।
El juez estaba en una reunión de la Asociación de Productores de Pasas.

বিচারক কিশমিশ চাষীদের সমিতির একটি সভায় ছিলেন।
Los hijos del juez estaban entonces ocupados formando un club atlético.

বিচারকের ছেলেরা তখন একটি অ্যাথলেটিক ক্লাব গঠনে ব্যস্ত ছিল।
Nadie vio a Manuel y Buck salir por el huerto.

কেউ ম্যানুয়েল আর বাককে বাগানের মধ্য দিয়ে যেতে দেখেনি।
Buck pensó que esta caminata era simplemente un simple paseo nocturno.

বাক ভেবেছিল এই হাঁটাটা কেবল রাতের বেলার একটা সাধারণ হাঁটা।

Se encontraron con un solo hombre en la estación de la bandera, en College Park.

কলেজ পার্কের ফ্ল্যাগ স্টেশনে তাদের দেখা হয়েছিল মাত্র একজনের সাথে।

Ese hombre habló con Manuel y intercambiaron dinero.

সেই লোকটি ম্যানুয়েলের সাথে কথা বলল, এবং তারা টাকা বিনিময় করল।

"Envuelva la mercancía antes de entregarla", sugirió.

"মাল পৌঁছে দেওয়ার আগে সেগুলো গুছিয়ে নাও," সে পরামর্শ দিল।

La voz del hombre era áspera e impaciente mientras hablaba.

কথা বলার সময় লোকটির কণ্ঠস্বর ছিল রুক্ষ এবং অধৈর্য।

Manuel ató cuidadosamente una cuerda gruesa alrededor del cuello de Buck.

ম্যানুয়েল সাবধানে বাকের গলায় একটি মোটা দড়ি বেঁধে দিল।

"Si retuerces la cuerda, lo estrangularás bastante"

"দড়িটা পেঁচিয়ে দাও, আর তুমি তাকে অনেকবার শ্বাসরোধ করে ফেলবে"

El extraño emitió un gruñido, demostrando que entendía bien.

অপরিচিত ব্যক্তিটি ঘেউ ঘেউ করে বলল, সে ভালো করেই বুঝতে পেরেছে।

Buck aceptó la cuerda con calma y tranquila dignidad ese día.

সেদিন বাক শান্ত ও মর্যাদার সাথে দড়িটি গ্রহণ করেছিলেন।

Fue un acto inusual, pero Buck confiaba en los hombres que conocía.

এটা একটা অস্বাভাবিক কাজ ছিল, কিন্তু বাক তার পরিচিত লোকদের বিশ্বাস করতেন।

Él creía que su sabiduría iba mucho más allá de su propio pensamiento.

তিনি বিশ্বাস করতেন যে তাদের জ্ঞান তার নিজস্ব চিন্তাভাবনার চেয়ে অনেক বেশি।

Pero entonces la cuerda fue entregada a manos del extraño.

কিন্তু তারপর দড়িটি অপরিচিত ব্যক্তির হাতে তুলে দেওয়া হল।

Buck emitió un gruñido bajo que advertía con una amenaza silenciosa.

বাক একটা মৃদু গর্জন করলো যা নীরব হুমকির সাথে সতর্ক করে দিল।

Era orgulloso y autoritario y quería mostrar su descontento.

সে গর্বিত এবং আদেশপ্রিয় ছিল, এবং তার অসন্তুষ্টি প্রকাশ করার ইচ্ছা ছিল।

Buck creyó que su advertencia sería entendida como una orden.

বাক বিশ্বাস করতেন যে তার সতর্কীকরণকে একটি আদেশ হিসেবে ধরা হবে।

Para su sorpresa, la cuerda se tensó rápidamente alrededor de su grueso cuello.

সে অবাক হয়ে গেল, তার মোটা গলায় দড়িটা খুব দ্রুত শক্ত হয়ে গেল।

Se quedó sin aire y comenzó a luchar con una furia repentina.

তার বাতাস বন্ধ হয়ে গেল এবং সে হঠাৎ রেগে যুদ্ধ করতে শুরু করল।

Saltó hacia el hombre, quien rápidamente se encontró con Buck en el aire.

সে লোকটির দিকে ঝাঁপিয়ে পড়ল, যে দ্রুত মাঝ আকাশে বাকের সাথে দেখা করল।

El hombre agarró la garganta de Buck y lo retorció hábilmente en el aire.

লোকটি বাকের গলা ধরে দক্ষতার সাথে তাকে বাতাসে মুচড়ে ধরল।

Buck fue arrojado al suelo con fuerza, cayendo de espaldas.

বাককে জোরে ধাক্কা দেওয়া হয়েছিল, তার পিঠে ভর দিয়ে সোজা হয়ে পড়েছিল।

La cuerda ahora lo estrangulaba cruelmente mientras él pateaba salvajemente.

দড়িটি এখন তাকে নিষ্ঠুরভাবে শ্বাসরোধ করে ফেলল, আর সে বেপরোয়াভাবে লাথি মারল।

Se le cayó la lengua, su pecho se agitó, pero no recuperó el aliento.

তার জিভ বেরিয়ে গেল, বুক কেঁপে উঠল, কিন্তু নিঃশ্বাস ফেলল না।

Nunca había sido tratado con tanta violencia en su vida.

জীবনে কখনও তার সাথে এমন সহিংস আচরণ করা হয়নি।

Tampoco nunca antes se había sentido tan lleno de furia.

তিনি আগে কখনও এত গভীর ক্রোধে আচ্ছন্ন হননি।

Pero el poder de Buck se desvaneció y sus ojos se volvieron vidriosos.

কিন্তু বাকের শক্তি ম্লান হয়ে গেল, এবং তার চোখ কাঁচের মতো হয়ে গেল।

Se desmayó justo cuando un tren se detuvo cerca.

কাছাকাছি একটি ট্রেন থামার সাথে সাথে সে অজ্ঞান হয়ে গেল।

Luego los dos hombres lo arrojaron rápidamente al vagón de equipaje.

তারপর দুজন লোক তাকে দ্রুত লাগেজ গাড়িতে ফেলে দিল।

Lo siguiente que sintió Buck fue dolor en su lengua hinchada.

বাকের পরবর্তী অনুভূতি হলো তার ফোলা জিহ্বায় ব্যথা।

Se desplazaba en un carro tambaleante, apenas consciente.

সে কাঁপতে থাকা গাড়িতে করে চলছিল, কেবল অস্পষ্টভাবে তার জ্ঞান ছিল।

El agudo grito del silbato del tren le indicó a Buck su ubicación.

ট্রেনের বাঁশির তীব্র চিৎকার বাককে তার অবস্থান জানিয়ে দিল।

Había viajado muchas veces con el Juez y conocía esa sensación.

সে প্রায়ই বিচারকের সাথে গাড়িতে চড়েছে এবং তার অনুভূতিটা সে জানত।

Fue una experiencia única viajar nuevamente en un vagón de equipajes.

আবারও লাগেজ গাড়িতে ভ্রমণের এক অনন্য ধাক্কা।

Buck abrió los ojos y su mirada ardía de rabia.

বাক চোখ খুলল, আর তার দৃষ্টি রাগে জ্বলে উঠল।

Esta fue la ira de un rey orgulloso destronado.

এটি ছিল একজন গর্বিত রাজার ক্রোধ যাকে তার সিংহাসন থেকে সরিয়ে নেওয়া হয়েছিল।

Un hombre intentó agarrarlo, pero Buck lo atacó primero.

একজন লোক তাকে ধরতে এগিয়ে গেল, কিন্তু বাক প্রথমে আঘাত করল।

Hundió los dientes en la mano del hombre y la sujetó con fuerza.

সে লোকটির হাতে দাঁত ঢুকিয়ে শক্ত করে ধরে রাখল।

No lo soltó hasta que se desmayó por segunda vez.

দ্বিতীয়বার ব্ল্যাক আউট না হওয়া পর্যন্ত সে যেতে দেয়নি।

—Sí, tiene ataques —murmuró el hombre al maletero.

"হ্যাঁ, ফিট হয়ে গেছে," লোকটি ব্যাগেজম্যানকে বিড়বিড় করে বলল।

El maletero había oído la lucha y se acercó.

লাগেজওয়ালা লড়াইয়ের শব্দ শুনতে পেয়ে কাছে এসেছিল।

"Lo llevaré a Frisco para el jefe", explicó el hombre.

"আমি তাকে 'বসের জন্য ফ্রিস্কো'-তে নিয়ে যাচ্ছি," লোকটি ব্যাখ্যা করল।

"Allí hay un buen veterinario que dice poder curarlos".

"সেখানে একজন ভালো কুকুর-ডাক্তার আছেন যিনি বলেন যে তিনি তাদের সারিয়ে তুলতে পারবেন।"

Más tarde esa noche, el hombre dio su propio relato completo.

পরে সেই রাতেই লোকটি তার নিজের পুরো বিবরণ দিল।

Habló desde un cobertizo detrás de un salón en los muelles.

তিনি ডকের একটি সেলুনের পিছনের একটি শেড থেকে কথা বলছিলেন।

"Lo único que me dieron fueron cincuenta dólares", se quejó al tabernero.

"আমাকে কেবল পঞ্চাশ ডলার দেওয়া হয়েছিল," সে সেলুনের লোকটির কাছে অভিযোগ করল।

"No lo volvería a hacer ni por mil dólares en efectivo".

"আমি আর এটা করব না, এমনকি এক হাজার টাকার বিনিময়েও না।"

Su mano derecha estaba fuertemente envuelta en un paño ensangrentado.

তার ডান হাতটি রক্তাক্ত কাপড়ে শক্ত করে জড়িয়ে ছিল।

La pernera de su pantalón estaba abierta de par en par desde la rodilla hasta el pie.

তার প্যান্টের পা হাঁটু থেকে পা পর্যন্ত ছিঁড়ে গেছে।

—¿Cuánto le pagaron al otro tipo? —preguntó el tabernero.

"অন্য মগটির বেতন কত ছিল?" সেলুনের লোকটি জিজ্ঞাসা করল।

"Cien", respondió el hombre, "no aceptaría ni un centavo menos".

"একশ," লোকটি উত্তর দিল, "সে এক পয়সাও কম নেবে না।"

—Eso suma ciento cincuenta —dijo el tabernero.

"এটা দেড়শোতে পৌঁছায়," সেলুনের লোকটি বলল।

"Y él lo vale todo, o no soy más que un idiota".

"আর সে সবকিছুর যোগ্য, নইলে আমি একজন বোকা লোকের চেয়ে ভালো নই।"

El hombre abrió los envoltorios para examinar su mano.

লোকটি তার হাত পরীক্ষা করার জন্য মোড়কটি খুলল।

La mano estaba gravemente desgarrada y cubierta de sangre seca.

হাতটি মারাত্মকভাবে ছিঁড়ে গিয়েছিল এবং শুকনো রক্তে ভেসে গিয়েছিল।

"Si no consigo la hidrofobia..." empezó a decir.

"যদি আমি হাইড্রোফোবিয়া না পাই..." সে বলতে শুরু করল।

"Será porque naciste para la horca", dijo entre risas.

"এটা হবে কারণ তুমি ঝুলন্ত অবস্থায় জন্মেছ" হাসি ভেসে এলো।

"Ven a ayudarme antes de irte", le pidieron.

"যাওয়ার আগে আমাকে সাহায্য করো," তাকে জিজ্ঞাসা করা হয়েছিল।

Buck estaba aturdido por el dolor en la lengua y la garganta.

জিহ্বা আর গলার ব্যথায় বাক অজ্ঞান হয়ে পড়েছিল।

Estaba medio estrangulado y apenas podía mantenerse en pie.

সে অর্ধেক শ্বাসরোধে আটকা পড়েছিল, এবং সোজা হয়ে দাঁড়াতে পারছিল না।

Aún así, Buck intentó enfrentar a los hombres que lo habían lastimado.

তবুও, বাক সেই লোকদের মুখোমুখি হওয়ার চেষ্টা করেছিল যারা তাকে এত কষ্ট দিয়েছিল।

Pero lo derribaron y lo estrangularon una vez más.

কিন্তু তারা তাকে ফেলে দিল এবং আবারও শ্বাসরোধ করে ফেলল।

Sólo entonces pudieron quitarle el pesado collar de bronce.

কেবল তখনই তারা তার ভারী পিতলের কলারটি দেখতে পেল।

Le quitaron la cuerda y lo metieron en una caja.

তারা দড়িটি খুলে তাকে একটা বাক্সে ঠেলে দিল।

La caja era pequeña y tenía la forma de una tosca jaula de hierro.

বাক্সটি ছোট ছিল এবং একটি রুক্ষ লোহার খাঁচার মতো আকৃতির ছিল।

Buck permaneció allí toda la noche, lleno de ira y orgullo herido.

বাক সারা রাত সেখানেই শুয়ে রইল, রাগে ভরা আর আহত অহংকারে।

No podía ni siquiera empezar a comprender lo que le estaba pasando.

সে বুঝতেই পারছিল না যে তার সাথে কী ঘটছে।

¿Por qué estos hombres extraños lo mantenían en esa pequeña caja?

এই অদ্ভুত লোকেরা কেন তাকে এই ছোট্ট বাক্সে আটকে রেখেছিল?

¿Qué querían de él y por qué este cruel cautiverio?

তারা তার কাছ থেকে কী চেয়েছিল, আর কেন এই নিষ্ঠুর বন্দিদশা?

Sintió una presión oscura; una sensación de desastre que se acercaba.

সে একটা অন্ধকার চাপ অনুভব করল; একটা বিপর্যয়ের অনুভূতি ঘনিয়ে আসছে।

Era un miedo vago, pero que se apoderó pesadamente de su espíritu.

এটা একটা অস্পষ্ট ভয় ছিল, কিন্তু এটা তার আত্মার উপর প্রবলভাবে প্রভাব ফেলল।

Saltó varias veces cuando la puerta del cobertizo vibró.

বেশ কয়েকবার শেডের দরজা খটখট শব্দে সে লাফিয়ে উঠেছিল।

Esperaba que el juez o los muchachos aparecieran y lo rescataran.

সে আশা করেছিল বিচারক অথবা ছেলেরা এসে তাকে উদ্ধার করবে।

Pero cada vez sólo se asomaba el rostro gordo del tabernero.

কিন্তু প্রতিবার ভেতরে কেবল সেলুন-কিপারের মোটা মুখটি উঁকি দিচ্ছিল।

El rostro del hombre estaba iluminado por el tenue resplandor de una vela de sebo.

লোকটির মুখটা একটা লম্বা মোমবাতির মৃদু আলোয় আলোকিত হয়ে উঠল।

Cada vez, el alegre ladrido de Buck cambiaba a un gruñido bajo y enojado.

প্রতিবারই, বাকের আনন্দের ঘেউ ঘেউ শব্দ একটা নিচু, রাগান্বিত গর্জনে পরিবর্তিত হত।

El tabernero lo dejó solo durante la noche en el cajón.

সেলুনের রক্ষক তাকে রাতের জন্য ক্রেটে একা রেখে গেল।

Pero cuando se despertó por la mañana, venían más hombres.

কিন্তু সকালে যখন সে ঘুম থেকে উঠল, তখন আরও লোক আসছিল।

Llegaron cuatro hombres y recogieron la caja con cuidado y sin decir palabra.

চারজন লোক এসে কোন কথা না বলে সাবধানতার সাথে ক্রেটটি তুলে নিল।

Buck supo de inmediato en qué situación se encontraba.

বাক তৎক্ষণাৎ বুঝতে পারল যে সে কোন পরিস্থিতিতে পড়েছে।

Eran otros torturadores contra los que tenía que luchar y a los que tenía que temer.

তারা আরও যন্ত্রণাদায়ক ছিল যার সাথে তাকে লড়াই করতে হয়েছিল এবং ভয় পেতে হয়েছিল।

Estos hombres parecían malvados, andrajosos y muy mal arreglados.

এই লোকগুলো দেখতে দুষ্ট, জীর্ণ, এবং খুব খারাপভাবে সাজানো।

Buck gruñó y se abalanzó sobre ellos ferozmente a través de los barrotes.

বাক চিৎকার করে বলল এবং বারের ভেতর দিয়ে তাদের উপর প্রচণ্ডভাবে ঝাঁপিয়ে পড়ল।

Ellos simplemente se rieron y lo golpearon con largos palos de madera.

তারা কেবল হেসেছিল এবং লম্বা কাঠের লাঠি দিয়ে তাকে আঘাত করেছিল।

Buck mordió los palos y luego se dio cuenta de que eso era lo que les gustaba.

বাক লাঠিতে কামড় দিল, তারপর বুঝতে পারল যে এটাই তাদের পছন্দ।

Así que se quedó acostado en silencio, hosco y ardiendo de rabia silenciosa.

তাই সে চুপচাপ শুয়ে পড়ল, বিষণ্ণ এবং শান্ত রাগে জ্বলন্ত।

Subieron la caja a un carro y se fueron con él.

তারা ক্রেটটি একটি ওয়াগনে তুলে তাকে নিয়ে চলে গেল।

La caja, con Buck encerrado dentro, cambiaba de manos a menudo.

বাকটি, যার ভেতরে বাক তালাবদ্ধ ছিল, প্রায়শই হাত বদল করত।

Los empleados de la oficina exprés se hicieron cargo de él y lo atendieron brevemente.

এক্সপ্রেস অফিসের কেরানিরা দায়িত্ব নেন এবং সংক্ষিপ্তভাবে তাকে সামলান।

Luego, otro carro transportó a Buck a través de la ruidosa ciudad.

তারপর আরেকটি ওয়াগন বাককে কোলাহলপূর্ণ শহর জুড়ে নিয়ে গেল।

Un camión lo llevó con cajas y paquetes a un ferry.

একটি ট্রাক তাকে বাক্স এবং পার্সেল সহ একটি ফেরি নৌকায় তুলে নিয়ে যায়।

Después de cruzar, el camión lo descargó en una estación ferroviaria.

পার হওয়ার পর, ট্রাকটি তাকে রেল ডিপোতে নামিয়ে দেয়।

Finalmente, colocaron a Buck dentro de un vagón expreso que lo esperaba.

অবশেষে, বাককে একটি অপেক্ষমাণ এক্সপ্রেস গাড়ির ভেতরে রাখা হল।

Durante dos días y dos noches, los trenes arrastraron el vagón expreso.

দুই দিন ও দুই রাত ধরে, ট্রেনগুলি এক্সপ্রেস গাড়িটিকে টেনে নিয়ে গিয়েছিল।

Buck no comió ni bebió durante todo el doloroso viaje.

পুরো যন্ত্রণাদায়ক যাত্রায় বাক কিছু খায়নি, পানও করেনি।

Cuando los mensajeros expresos intentaron acercarse a él, gruñó.

যখন এক্সপ্রেস বার্তাবাহকরা তার কাছে যাওয়ার চেষ্টা করল, তখন সে গর্জন করল।

Ellos respondieron burlándose de él y molestándolo cruelmente.

তারা তাকে উপহাস করে এবং নিষ্ঠুরভাবে উত্যক্ত করে সাড়া দেয়।

Buck se arrojó contra los barrotes, echando espuma y temblando.

বাক নিজেকে বারে ঝাঁপিয়ে পড়ল, ফেনা বেরোচ্ছিল এবং কাঁপছিল।

Se rieron a carcajadas y se burlaron de él como matones del patio de la escuela.

তারা জোরে হেসে উঠল, আর স্কুলের গুণ্ডাদের মতো তাকে ঠাট্টা-বিদ্রূপ করল।

Ladraban como perros de caza y agitaban los brazos.

তারা নকল কুকুরের মতো ঘেউ ঘেউ করছিল এবং হাত নাড়ছিল।

Incluso cantaron como gallos sólo para molestarlo más.

এমনকি তারা তাকে আরও বিরক্ত করার জন্য মোরগের মতো ডাকছিল।

Fue un comportamiento tonto y Buck sabía que era ridículo.

এটা বোকামিপূর্ণ আচরণ ছিল, এবং বাক জানত এটা হাস্যকর।

Pero eso sólo profundizó su sentimiento de indignación y vergüenza.

কিন্তু এতে তার ক্ষোভ এবং লজ্জা আরও তীব্র হয়ে উঠল।
Durante el viaje no le molestó mucho el hambre.

ভ্রমণের সময় ক্ষুধা তাকে খুব একটা বিরক্ত করেনি।
Pero la sed traía consigo un dolor agudo y un sufrimiento insoportable.

কিন্তু তৃষ্ণা তীব্র যন্ত্রণা এবং অসহ্য যন্ত্রণা বয়ে আনল।
Su garganta y lengua secas e inflamadas ardían de calor.

তার শুষ্ক, প্রদাহিত গলা এবং জিহ্বা উত্তাপে পুড়ে যাচ্ছিল।
Este dolor alimentó la fiebre que crecía dentro de su orgulloso cuerpo.

এই যন্ত্রণা তার গর্বিত শরীরে জ্বরের মাত্রা বাড়িয়ে দিয়েছিল।
Buck estuvo agradecido por una sola cosa durante esta prueba.

এই বিচারের সময় বাক একটি জিনিসের জন্য কৃতজ্ঞ ছিলেন।
Le habían quitado la cuerda que le rodeaba el grueso cuello.

তার মোটা গলা থেকে দড়ি খুলে ফেলা হয়েছিল।
La cuerda había dado a esos hombres una ventaja injusta y cruel.

দড়িটি ঐ লোকগুলোকে অন্যায্য এবং নিষ্ঠুর সুবিধা দিয়েছিল।
Ahora la cuerda había desaparecido y Buck juró que nunca volvería.

এখন দড়িটি চলে গেছে, এবং বাক শপথ করেছে যে এটি আর কখনও ফিরে আসবে না।
Decidió que nunca más volvería a pasarle una cuerda al cuello.

সে স্থির করল যে আর কখনও তার গলায় দড়ি থাকবে না।
Durante dos largos días y noches sufrió sin comer.

দীর্ঘ দুই দিন ও রাত ধরে, তিনি না খেয়ে কষ্ট পেয়েছিলেন।
Y en esas horas se fue acumulando en su interior una rabia enorme.

আর সেই ঘন্টাগুলিতে, সে ভেতরে ভেতরে এক বিরাট ক্রোধ তৈরি করে।

Sus ojos se volvieron inyectados en sangre y salvajes por la ira constante.

ক্রমাগত রাগে তার চোখ রক্তাক্ত এবং বন্য হয়ে উঠল।

Ya no era Buck, sino un demonio con mandíbulas chasqueantes.

সে আর বাক ছিল না, বরং চোয়াল ফাটানো এক রাক্ষস ছিল।

Ni siquiera el juez habría reconocido a esta loca criatura.

এমনকি বিচারকও এই পাগলা প্রাণীটিকে চিনতেন না।

Los mensajeros exprés suspiraron aliviados cuando llegaron a Seattle.

সিয়াটলে পৌঁছানোর পর এক্সপ্রেস বার্তাবাহকরা স্বস্তির নিঃশ্বাস ফেললেন।

Cuatro hombres levantaron la caja y la llevaron a un patio trasero.

চারজন লোক বাক্সটি তুলে পিছনের উঠোনে নিয়ে এলো।

El patio era pequeño, rodeado de muros altos y sólidos.

উঠোনটি ছোট ছিল, উঁচু এবং শক্ত দেয়াল দিয়ে ঘেরা।

Un hombre corpulento salió con una camisa roja holgada.

ঝুলে পড়া লাল সোয়েটার শার্ট পরা একজন মোটা লোক বেরিয়ে এলেন।

Firmó el libro de entrega con letra gruesa y atrevida.

সে মোটা এবং সাহসী হাতে ডেলিভারি বইতে স্বাক্ষর করল।

Buck sintió de inmediato que este hombre era su próximo torturador.

বাক তৎক্ষণাৎ বুঝতে পারল যে এই লোকটিই তার পরবর্তী যন্ত্রণাদায়ক।

Se abalanzó violentamente contra los barrotes, con los ojos rojos de furia.

সে বারগুলিতে জোরে ঝাঁপিয়ে পড়ল, চোখ রাগে লাল হয়ে গেল।

El hombre simplemente sonrió oscuramente y fue a buscar un hacha.

লোকটি শুধু মৃদু হেসে একটা কুঠার আনতে গেল।

También traía un garrote en su gruesa y fuerte mano derecha.

সে তার মোটা এবং শক্তিশালী ডান হাতে একটি লাঠিও নিয়ে এসেছিল।

"¿Vas a sacarlo ahora?" preguntó preocupado el conductor.

"তুমি এখনই ওকে বাইরে নিয়ে যাবে?" ড্রাইভার চিন্তিত হয়ে জিজ্ঞাসা করল।

—Claro —dijo el hombre, metiendo el hacha en la caja a modo de palanca.

"অবশ্যই," লোকটি বলল, লিভারের মতো কুঠারটি ক্রেটে আটকে দিল।

Los cuatro hombres se dispersaron instantáneamente y saltaron al muro del patio.

চারজন লোক তৎক্ষণাৎ ছত্রভঙ্গ হয়ে উঠোনের দেয়ালে লাফিয়ে উঠল।

Desde sus lugares seguros arriba, esperaban para observar el espectáculo.

উপরে তাদের নিরাপদ স্থান থেকে, তারা দৃশ্যটি দেখার জন্য অপেক্ষা করছিল।

Buck se abalanzó sobre la madera astillada, mordiéndola y sacudiéndola ferozmente.

বাক ছিঁড়ে যাওয়া কাঠের উপর ঝাঁপিয়ে পড়ল, কামড় দিল এবং প্রচণ্ডভাবে কাঁপতে লাগল।

Cada vez que el hacha golpeaba la jaula, Buck estaba allí para atacarla.

প্রতিবার যখনই কুঠারটি খাঁচায় আঘাত করত), তখনই বাক সেখানে আক্রমণ করার জন্য উপস্থিত থাকত।

Gruñó y chasqueó los dientes con furia salvaje, ansioso por ser liberado.

সে গর্জন করে উঠল এবং হিংস্র ক্রোধে চিৎকার করে উঠল, মুক্তি পেতে আগ্রহী।

El hombre que estaba afuera estaba tranquilo y firme, concentrado en su tarea.

বাইরের লোকটি শান্ত এবং অবিচল ছিল, তার কাজে নিবেদিতপ্রাণ ছিল।

"Muy bien, demonio de ojos rojos", dijo cuando el agujero fue grande.

"ঠিক আছে, তুমি লাল চোখের শয়তান," গর্তটি বড় হয়ে গেলে সে বলল।

Dejó caer el hacha y tomó el garrote con su mano derecha.

সে কুঠারটা ফেলে ডান হাতে লাঠিটা নিল।

Buck realmente parecía un demonio; con los ojos inyectados en sangre y llameantes.

বাক সত্যিই একজন শয়তানের মতো দেখতে ছিল; চোখ দুটো রক্তাক্ত এবং জ্বলন্ত।

Su pelaje se erizó, le salía espuma por la boca y sus ojos brillaban.

তার কোটটা ফুসকুড়ি দিয়ে ঢাকা, মুখে ফেনা জমে উঠল, চোখ দুটো চকচক করছিল।

Tensó los músculos y se lanzó directamente hacia el suéter rojo.

সে তার পেশী শক্ত করে সোজা লাল সোয়েটারের দিকে ঝাঁপিয়ে পড়ল।

Ciento cuarenta libras de furia volaron hacia el hombre tranquilo.

একশ চল্লিশ পাউন্ড ক্রোধ শান্ত লোকটির উপর উড়ে গেল।

Justo antes de que sus mandíbulas se cerraran, un golpe terrible lo golpeó.

তার চোয়াল বন্ধ হওয়ার ঠিক আগে, এক ভয়াবহ আঘাত তার উপর এসে পড়ল।

Sus dientes chasquearon al chocar contra nada más que el aire.

বাতাস ছাড়া আর কিছুই না পেয়ে তার দাঁতগুলো একসাথে ছিঁড়ে গেল।

Una sacudida de dolor resonó a través de su cuerpo

তার শরীরে একটা যন্ত্রণার স্রোত বয়ে গেল

Dio una vuelta en el aire y se estrelló sobre su espalda y su costado.

সে মাঝ আকাশে উল্টে গেল এবং পিঠে ও পাশে পড়ে গেল।

Nunca antes había sentido el golpe de un garrote y no podía agarrarlo.

সে আগে কখনও ক্লাবের আঘাত অনুভব করেনি এবং তা বুঝতেও পারেনি।

Con un gruñido estridente, mitad ladrido, mitad grito, saltó de nuevo.

একটা চিৎকার, কিছুটা ঘেউ ঘেউ, কিছুটা চিৎকারের সাথে, সে আবার লাফিয়ে উঠল।

Otro golpe brutal lo alcanzó y lo arrojó al suelo.

আরেকটি নির্মম আঘাত তাকে আঘাত করে মাটিতে আছড়ে পড়ে।

Esta vez Buck lo entendió: era el pesado garrote del hombre.

এবার বাক বুঝতে পারল—এটা লোকটির ভারী লাঠি।

Pero la rabia lo cegó y no pensó en retirarse.

কিন্তু রাগ তাকে অন্ধ করে দিয়েছিল, এবং তার পিছু হটার কোন চিন্তাই ছিল না।

Doce veces se lanzó y doce veces cayó.

বারোবার সে নিজেকে ছুড়ে ফেলেছে, এবং বারোবার পড়ে গেছে।

El palo de madera lo golpeaba cada vez con una fuerza despiadada y aplastante.

কাঠের লাঠিটা প্রতিবারই তাকে নির্মম, চূর্ণ-বিচূর্ণ শক্তিতে ভেঙে ফেলত।

Después de un golpe feroz, se tambaleó hasta ponerse de pie, aturdido y lento.

এক প্রচণ্ড আঘাতের পর, সে স্তব্ধ হয়ে দাঁড়িয়ে পড়ল, ধীর গতিতে।

Le salía sangre de la boca, de la nariz y hasta de las orejas.

তার মুখ, নাক, এমনকি কান দিয়েও রক্ত ঝরছিল।

Su pelaje, otrora hermoso, estaba manchado de espuma sanguinolenta.

তার একসময়ের সুন্দর কোটটি রক্তাক্ত ফেনায় মাখামাখি হয়ে গিয়েছিল।

Entonces el hombre se adelantó y le dio un golpe tremendo en la nariz.

তারপর লোকটি এগিয়ে এসে নাকে একটা জঘন্য আঘাত করল।

La agonía fue más aguda que cualquier cosa que Buck hubiera sentido jamás.

যন্ত্রণাটা বাকের আগে কখনও যা অনুভব করেনি তার চেয়েও তীব্র ছিল।

Con un rugido más de bestia que de perro, saltó nuevamente para atacar.

কুকুরের চেয়েও বেশি পশুর গর্জন নিয়ে, সে আবার আক্রমণ করার জন্য লাফিয়ে উঠল।

Pero el hombre se agarró la mandíbula inferior y la torció hacia atrás.

কিন্তু লোকটি তার নিচের চোয়াল ধরে পিছনের দিকে মুচড়ে দিল।

Buck se dio una vuelta de cabeza y volvió a caer con fuerza.

বাক আবার জোরে ধাক্কা মারল, মাথাটা গোড়ালির উপর দিয়ে উল্টে গেল।

Una última vez, Buck cargó contra él, ahora apenas capaz de mantenerse en pie.

শেষবারের মতো, বাক তার দিকে আক্রমণ করল, এখন সে সবেমাত্র দাঁড়াতে পারছে না।

El hombre atacó con una sincronización experta, dando el golpe final.

লোকটি দক্ষ সময়োপযোগী আঘাত করে শেষ আঘাতটি করল।

Buck se desplomó en un montón, inconsciente e inmóvil.

বাক অজ্ঞান এবং অস্থিরভাবে একটা স্তূপের মধ্যে পড়ে গেল।

"No es ningún inútil a la hora de domar perros, eso es lo que digo", gritó un hombre.

"কুকুর ভাঙার ব্যাপারে সে মোটেও পিছপা নয়, আমি তাই বলছি," একজন লোক চিৎকার করে বলল।

"Druther puede quebrar la voluntad de un perro cualquier día de la semana".

"ড্রাথার সপ্তাহের যেকোনো দিন কুকুরের ইচ্ছা ভাঙতে পারে।"

"¡Y dos veces el domingo!" añadió el conductor.

"আর রবিবারে দুবার!" ড্রাইভার যোগ করল।

Se subió al carro y tiró de las riendas para partir.

সে ওয়াগনে উঠে লাগাম ভেঙে চলে গেল।

Buck recuperó lentamente el control de su conciencia.

বাক ধীরে ধীরে তার চেতনার উপর নিয়ন্ত্রণ ফিরে পেল।

Pero su cuerpo todavía estaba demasiado débil y roto para moverse.

কিন্তু তার শরীর তখনও এতটাই দুর্বল এবং ভেঙে পড়েছিল যে নড়াচড়া করতে পারছিল না।

Se quedó donde había caído, observando al hombre del suéter rojo.

সে যেখানে পড়েছিল সেখানেই শুয়ে রইল, লাল-সোলে পড়া লোকটিকে দেখছিল।

"Responde al nombre de Buck", dijo el hombre, leyendo en voz alta.

"সে বাকের নাম ধরে ডাকে," লোকটি জোরে জোরে পড়তে পড়তে বলল।

Citó la nota enviada con la caja de Buck y los detalles.

তিনি বাকের ক্রেটের সাথে পাঠানো নোট এবং বিস্তারিত তথ্য থেকে উদ্ধৃতি দিয়েছেন।

—Bueno, Buck, muchacho —continuó el hombre con tono amistoso—.

"আচ্ছা, বাক, আমার ছেলে," লোকটি বন্ধুত্বপূর্ণ সুরে বলল, "Hemos tenido nuestra pequeña pelea y ahora todo ha terminado entre nosotros".

"আমাদের ছোট্ট ঝগড়া হয়েছে আর এখন আমাদের মধ্যে সব শেষ।"

"Tú has aprendido cuál es tu lugar y yo he aprendido cuál es el mío", añadió.

"তুমি তোমার জায়গাটা শিখেছো, আর আমি আমার জায়গাটা শিখেছি," তিনি আরও বলেন।

"Sé bueno y todo irá bien y la vida será placentera".

"ভালো থেকো, সব ঠিকঠাক হবে, আর জীবন আনন্দময় হবে।"

"Pero si te portas mal, te daré una paliza, ¿entiendes?"

"কিন্তু খারাপ হও, আর আমি তোমার ভেতর থেকে সব জিনিসপত্র বের করে দেব, বুঝলে?"

Mientras hablaba, extendió la mano y acarició la cabeza dolorida de Buck.

কথা বলতে বলতে সে হাত বাড়িয়ে বাকের ব্যথাগ্রস্ত মাথায় হাত বুলিয়ে দিল।

El cabello de Buck se erizó ante el toque del hombre, pero no se resistió.

লোকটির স্পর্শে বাকের চুল উঠে গেল, কিন্তু সে প্রতিরোধ করল না।

El hombre le trajo agua, que Buck bebió a grandes tragos.

লোকটি তাকে পানি এনে দিল, যা বাক খুব ঢোক ঢোক করে পান করল।

Luego vino la carne cruda, que Buck devoró trozo a trozo.

তারপর এলো কাঁচা মাংস, যা বাক টুকরো টুকরো করে খেয়ে ফেলল।

Sabía que estaba derrotado, pero también sabía que no estaba roto.

সে জানত যে তাকে মারধর করা হয়েছে, কিন্তু সে এটাও জানত যে সে ভেঙে পড়েনি।

No tenía ninguna posibilidad contra un hombre armado con un garrote.

লাঠি হাতে সজ্জিত একজন ব্যক্তির বিরুদ্ধে তার কোন সুযোগ ছিল না।

Había aprendido la verdad y nunca olvidó esa lección.

তিনি সত্য শিখেছিলেন এবং সেই শিক্ষা তিনি কখনও ভোলেননি।

Esa arma fue el comienzo de la ley en el nuevo mundo de Buck.

সেই অস্ত্রটিই ছিল বাকের নতুন জগতে আইনের সূচনা।

Fue el comienzo de un orden duro y primitivo que no podía negar.

এটি ছিল এক কঠোর, আদিম নিয়মের সূচনা যা তিনি অস্বীকার করতে পারেননি।

Aceptó la verdad; sus instintos salvajes ahora estaban despiertos.

সে সত্য গ্রহণ করেছিল; তার বন্য প্রবৃত্তি এখন জেগে উঠেছে।

El mundo se había vuelto más duro, pero Buck lo afrontó con valentía.

পৃথিবী আরও কঠোর হয়ে উঠেছিল, কিন্তু বাক সাহসের সাথে তা মোকাবেলা করেছিলেন।

Afrontó la vida con nueva cautela, astucia y fuerza silenciosa.

তিনি নতুন সতর্কতা, ধূর্ততা এবং নীরব শক্তির সাথে জীবনের মুখোমুখি হয়েছিলেন।

Llegaron más perros, atados con cuerdas o cajas como había estado Buck.

আরও কুকুর এলো, বাকের মতো দড়ি বা ক্রেটে বাঁধা।

Algunos perros llegaron con calma, otros se enfurecieron y pelearon como bestias salvajes.

কিছু কুকুর শান্তভাবে এসেছিল, অন্যরা রেগে গিয়েছিল এবং বন্য পশুর মতো লড়াই করেছিল।

Todos ellos quedaron bajo el dominio del hombre del suéter rojo.

তাদের সকলকে লাল-সোনালী মানুষটির শাসনের অধীনে আনা হয়েছিল।

Cada vez, Buck observaba y veía cómo se desarrollaba la misma lección.

প্রতিবার, বাক একই শিক্ষা উন্মোচিত হতে দেখত এবং দেখত।

El hombre con el garrote era la ley, un amo al que había que obedecer.

ক্লাবের লোকটি ছিল আইনজ্ঞ; একজন প্রভু যাকে মান্য করতে হবে।

No necesitaba ser querido, pero sí obedecido.

তাকে পছন্দ করার প্রয়োজন ছিল না, কিন্তু তাকে মান্য করতে হত।

Buck nunca adulaba ni meneaba la cola como lo hacían los perros más débiles.

দুর্বল কুকুরগুলোর মতো বাক কখনোই ভয় দেখাত না বা নড়াচড়া করত না।

Vio perros que estaban golpeados y todavía lamían la mano del hombre.

সে এমন কুকুর দেখতে পেল যাদের পেটানো হয়েছিল এবং তারা এখনও লোকটির হাত চাটছিল।

Vio un perro que no obedecía ni se sometía en absoluto.

সে একটা কুকুর দেখতে পেল যে মোটেও মান্য করতে চাইল না বা আত্মসমর্পণ করতে চাইল না।

Ese perro luchó hasta que murió en la batalla por el control.

সেই কুকুরটি নিয়ন্ত্রণের যুদ্ধে নিহত না হওয়া পর্যন্ত লড়াই করেছিল।

A veces, desconocidos venían a ver al hombre del suéter rojo.

মাঝে মাঝে অপরিচিত লোকেরা লাল-সোলে ঢাকা লোকটিকে দেখতে আসত।

Hablaban en tonos extraños, suplicando, negociando y riendo.

তারা অদ্ভুত সুরে কথা বলছিল, অনুনয় বিনয় করছিল, দর কষাকষি করছিল এবং হাসছিল।

Cuando se intercambiaba dinero, se iban con uno o más perros.

যখন টাকা বিনিময় করা হত, তখন তারা এক বা একাধিক কুকুর নিয়ে চলে যেত।

Buck se preguntó a dónde habían ido esos perros, pues ninguno regresaba jamás.

বাক ভাবছিলো এই কুকুরগুলো কোথায় গেল, কারণ কেউ আর ফিরে আসেনি।

El miedo a lo desconocido llenaba a Buck cada vez que un hombre extraño se acercaba.

যখনই কোন অপরিচিত লোক আসতো, তখনই অজানা ভয়ে ভরা বাক

Se alegraba cada vez que se llevaban a otro perro en lugar de a él mismo.

যখনই অন্য কুকুরকে ধরে নিয়ে যাওয়া হত, তখনই সে খুশি হত, নিজের চেয়েও বেশি।

Pero finalmente, llegó el turno de Buck con la llegada de un hombre extraño.

কিন্তু অবশেষে, বাকের পালা এলো এক অদ্ভুত লোকের আগমনের সাথে।

Era pequeño, fibroso y hablaba un inglés deficiente y decía palabrotas.

সে ছোট ছিল, চালাক ছিল, ভাঙা ভাঙা ইংরেজিতে কথা বলত এবং অভিশাপ দিত।

—¡Sacredam! —gritó cuando vio el cuerpo de Buck.

"পবিত্র!" বাকের ফ্রেমের দিকে চোখ পড়তেই সে চিৎকার করে উঠল।

—¡Qué perro tan bravucón! ¿Eh? ¿Cuánto? —preguntó en voz alta.

"ওটা একটা জঘন্য বখাটে কুকুর! এহ? কত?" সে জোরে জিজ্ঞেস করল।

"Trescientos, y es un regalo a ese precio".

"তিনশো, আর সেই দামে সে একটা উপহার,"

—Como es dinero del gobierno, no deberías quejarte, Perrault.

"যেহেতু এটা সরকারি টাকা, তোমার অভিযোগ করা উচিত নয়, পেরোল।"

Perrault sonrió ante el trato que acababa de hacer con aquel hombre.

লোকটির সাথে তার করা চুক্তি দেখে পেরাল্ট হেসে উঠল।

El precio de los perros se disparó debido a la repentina demanda.

হঠাৎ চাহিদার কারণে কুকুরের দাম বেড়ে গিয়েছিল।

Trescientos dólares no era injusto para una bestia tan bella.

এত সুন্দর একটা জন্তুর জন্য তিনশো ডলার অন্যায় ছিল না।

El gobierno canadiense no perdería nada con el acuerdo

এই চুক্তিতে কানাডিয়ান সরকার কিছুই হারাবে না।

Además sus despachos oficiales tampoco sufrirían demoras en el tránsito.

তাদের অফিসিয়াল প্রেরণগুলিও ট্রানজিটে বিলম্বিত হবে না।

Perrault conocía bien a los perros y podía ver que Buck era algo raro.

পেরোল কুকুরদের ভালো করেই চিনতেন, এবং বুঝতে পারতেন বাক বিরল কিছু।

"Uno entre diez diez mil", pensó mientras estudiaba la complexión de Buck.

"দশ দশ হাজারে একজন," সে ভাবল, বাকের গঠন অধ্যয়ন করতে করতে।

Buck vio que el dinero cambiaba de manos, pero no mostró sorpresa.

বাক টাকা হাতবদল হতে দেখল, কিন্তু অবাক হল না।
Pronto él y Curly, un gentil Terranova, fueron llevados lejos.

শীঘ্রই তাকে এবং নিউফাউন্ডল্যান্ডের ভদ্রলোক কার্লিকে দূরে নিয়ে যাওয়া হল।
Siguieron al hombrecito desde el patio del suéter rojo.

তারা লাল সোয়েটারের উঠোন থেকে ছোট্ট লোকটিকে অনুসরণ করল।
Esa fue la última vez que Buck vio al hombre con el garrote de madera.

কাঠের লাঠিওয়ালা লোকটিকে সেটাই শেষবার বাক দেখেছিল।
Desde la cubierta del Narwhal vio cómo Seattle se desvanecía en la distancia.

নারহুলের ডেক থেকে সে সিয়াটলকে দূর থেকে বিবর্ণ হতে দেখল।
También fue la última vez que vio las cálidas tierras del Sur.

এটিই ছিল শেষবারের মতো উষ্ণ সাউথল্যান্ড দেখা।
Perrault los llevó bajo cubierta y los dejó con François.

পেরোল্‌ট ওদের ডেকের নিচে নিয়ে গেলেন, আর ফ্রাঁসোয়াদের কাছে রেখে গেলেন।
François era un gigante de cara negra y manos ásperas y callosas.

ফ্রাঁসোয়া ছিলেন একজন কালো মুখের দৈত্য, যার হাত রুক্ষ, রুক্ষ।
Era oscuro y moreno, un mestizo francocanadiense.

সে ছিল কালো এবং কালো রঙের; একজন অর্ধ-বংশজাত ফরাসি-কানাডিয়ান।
Para Buck, estos hombres eran de un tipo que nunca había visto antes.

বাকের কাছে, এই মানুষগুলো এমন এক ধরণের ছিল যা সে আগে কখনও দেখেনি।
En los días venideros conocería a muchos hombres así.

সামনের দিনগুলিতে সে এরকম অনেক পুরুষের সাথে পরিচিত হবে।

No llegó a encariñarse con ellos, pero llegó a respetarlos.

তিনি তাদের প্রতি অনুরাগী হননি, কিন্তু তিনি তাদের সম্মান করতে শুরু করেছিলেন।

Eran justos y sabios, y no se dejaban engañar fácilmente por ningún perro.

তারা ন্যায্য এবং জ্ঞানী ছিল, এবং কোনও কুকুরের দ্বারা সহজে বোকা বানাত না।

Juzgaban a los perros con calma y castigaban sólo cuando lo merecían.

তারা কুকুরদের শান্তভাবে বিচার করত, এবং কেবল তখনই শাস্তি দিত যখন তাদের শাস্তি প্রাপ্য ছিল।

En la cubierta inferior del Narwhal, Buck y Curly se encontraron con dos perros.

নারহুলের নিচের ডেকে, বাক এবং কার্লি দুটি কুকুরের সাথে দেখা করে।

Uno de ellos era un gran perro blanco procedente de la lejana y gélida región de Spitzbergen.

একটি ছিল দূরবর্তী, বরফঘেরা স্পিটজবার্গেন থেকে আসা একটি বড় সাদা কুকুর।

Una vez navegó con un ballenero y se unió a un grupo de investigación.

সে একবার এক তিমি শিকারীর সাথে নৌকা ভ্রমণ করেছিল এবং একটি জরিপ দলে যোগ দিয়েছিল।

Era amigable de una manera astuta, deshonesta y tramposa.

তিনি ছিলেন বন্ধুসুলভ, ধূর্ত এবং চালাক ভঙ্গিতে।

En su primera comida, robó un trozo de carne de la sartén de Buck.

তাদের প্রথম খাবারের সময়, সে বাকের তাওয়া থেকে এক টুকরো মাংস চুরি করেছিল।

Buck saltó para castigarlo, pero el látigo de François golpeó primero.

বাক তাকে শাস্তি দিতে লাফিয়ে পড়ে, কিন্তু ফ্রাঁসোয়া চাবুক প্রথমে আঘাত করে।

El ladrón blanco gritó y Buck recuperó el hueso robado.

সাদা চোর চিৎকার করে উঠল, আর বাক চুরি করা হাড়টা উদ্ধার করল।

Esa imparcialidad impresionó a Buck y François se ganó su respeto.

সেই ন্যায্যতা বাককে মুগ্ধ করেছিল এবং ফ্রাঁসোয়া তার সম্মান অর্জন করেছিল।

El otro perro no saludó y no quiso recibir saludos a cambio.

অন্য কুকুরটি কোনও শুভেচ্ছা জানাল না, এবং বিনিময়ে কোনও শুভেচ্ছাও চাইল না।

No robaba comida ni olfateaba con interés a los recién llegados.

সে খাবার চুরি করত না, নতুন আগতদের দিকে আগ্রহের সাথে শুঁকে না।

Este perro era sombrío y silencioso, melancólico y de movimientos lentos.

এই কুকুরটি ছিল বিষণ্ণ এবং শান্ত, বিষণ্ণ এবং ধীর গতির।

Le advirtió a Curly que se mantuviera alejada simplemente mirándola fijamente.

সে কার্লিকে কেবল তার দিকে তাকিয়ে দূরে থাকতে সতর্ক করল।

Su mensaje fue claro: déjenme en paz o habrá problemas.

তার বার্তা স্পষ্ট ছিল; আমাকে একা ছেড়ে দাও, নাহলে সমস্যা হবে।

Se llamaba Dave y apenas se fijaba en su entorno.

তার নাম ছিল ডেভ, এবং সে তার চারপাশের পরিবেশ খুব একটা খেয়াল করত না।

Dormía a menudo, comía tranquilamente y bostezaba de vez en cuando.

সে প্রায়ই ঘুমাতো, চুপচাপ খেতো, আর মাঝে মাঝে হাই তুলতো।

El barco zumbaba constantemente con la hélice golpeando debajo.

নীচের প্রপেলারের আঘাতে জাহাজটি ক্রমাগত গুনগুন করছিল।

Los días pasaron con pocos cambios, pero el clima se volvió más frío.

দিনগুলো খুব একটা পরিবর্তন ছাড়াই কেটে গেল, কিন্তু আবহাওয়া আরও ঠান্ডা হয়ে গেল।

Buck podía sentirlo en sus huesos y notó que los demás también lo sentían.

বাক তার হাড়ে হাড়ে তা অনুভব করতে পারল, এবং লক্ষ্য করল অন্যরাও তা অনুভব করেছে।

Entonces, una mañana, la hélice se detuvo y todo quedó en silencio.

তারপর একদিন সকালে, প্রোপেলারটি থেমে গেল এবং সবকিছু স্থির হয়ে গেল।

Una energía recorrió la nave; algo había cambiado.

জাহাজের মধ্যে একটা শক্তি বয়ে গেল; কিছু একটা বদলে গেল।

François bajó, les puso las correas y los trajo arriba.

ফ্রাঁসোয়া নেমে এলেন, ওদেরকে ফিতে বেঁধে উপরে তুললেন।

Buck salió y encontró el suelo suave, blanco y frío.

বাক বেরিয়ে এসে মাটি নরম, সাদা এবং ঠান্ডা দেখতে পেল।

Saltó hacia atrás alarmado y resopló totalmente confundido.

সে আতঙ্কিত হয়ে পিছনে লাফিয়ে উঠল এবং সম্পূর্ণ বিভ্রান্তিতে নাক ডাকল।

Una extraña sustancia blanca caía del cielo gris.

ধূসর আকাশ থেকে অদ্ভুত সাদা জিনিস পড়ছিল।
Se sacudió, pero los copos blancos seguían cayendo sobre él.

সে নিজেকে ঝাঁকালো, কিন্তু সাদা দাগগুলো তার উপর পড়তেই
থাকলো।
Olió con cuidado la sustancia blanca y lamió algunos
trocitos helados.

সে সাদা জিনিসগুলো সাবধানে শুঁকে নিল এবং কয়েকটা বরফের
টুকরো চেটে নিল।
El polvo ardió como fuego y luego desapareció de su lengua.

পাউডারটি আগুনের মতো জ্বলে উঠল, তারপর তার জিভ থেকে
অদৃশ্য হয়ে গেল।
Buck lo intentó de nuevo, desconcertado por la extraña
frialdad que desaparecía.

অদ্ভুত অদৃশ্য হওয়া শীতলতা দেখে হতবাক হয়ে বাক আবার চেষ্টা
করল।
Los hombres que lo rodeaban se rieron y Buck se sintió
avergonzado.

তার চারপাশের লোকেরা হেসে উঠল, আর বাক লজ্জা পেল।
No sabía por qué, pero le avergonzaba su reacción.

সে জানত না কেন, কিন্তু তার প্রতিক্রিয়ায় সে লজ্জিত ছিল।
Fue su primera experiencia con la nieve y le confundió.

তুষারপাতের সাথে এটি তার প্রথম অভিজ্ঞতা ছিল, এবং এটি তাকে
বিভ্রান্ত করেছিল।

La ley del garrote y el colmillo

ক্লাব এবং ফ্যাং এর আইন

El primer día de Buck en la playa de Dyea se sintió como una terrible pesadilla.

ডাইয়া সৈকতে বাকের প্রথম দিনটা একটা ভয়াবহ দুঃস্বপ্নের মতো মনে হলো।

Cada hora traía nuevas sorpresas y cambios inesperados para Buck.

প্রতিটি ঘন্টা বাকের জন্য নতুন ধাক্কা এবং অপ্রত্যাশিত পরিবর্তন নিয়ে আসত।

Lo habían sacado de la civilización y lo habían arrojado a un caos salvaje.

তাকে সভ্যতা থেকে টেনে নিয়ে বন্য বিশৃঙ্খলার মধ্যে ফেলে দেওয়া হয়েছিল।

Aquella no era una vida soleada y tranquila, llena de aburrimiento y descanso.

এটা কোন রৌদ্রোজ্জ্বল, অলস জীবন ছিল না যেখানে একঘেয়েমি আর বিশ্রাম ছিল।

No había paz, ni descanso, ni momento sin peligro.

কোন শান্তি ছিল না, কোন বিশ্রাম ছিল না, এবং বিপদ ছাড়া কোন মুহূর্ত ছিল না।

La confusión lo dominaba todo y el peligro siempre estaba cerca.

বিভ্রান্তি সবকিছুকে শাসন করত, এবং বিপদ সবসময়ই কাছে ছিল।

Buck tuvo que mantenerse alerta porque estos hombres y perros eran diferentes.

বাককে সতর্ক থাকতে হয়েছিল কারণ এই মানুষগুলো এবং কুকুরগুলো আলাদা ছিল।

No eran de pueblos; eran salvajes y sin piedad.

তারা শহরের ছিল না; তারা ছিল বন্য এবং করুণাহীন।

Estos hombres y perros sólo conocían la ley del garrote y el colmillo.

এই মানুষ আর কুকুরগুলো শুধু ক্লাব আর ফ্যাংয়ের আইন জানত।

Buck nunca había visto perros pelear como estos salvajes huskies.

বাক কখনও কুকুরদের এই বর্বর কুঁচকির মতো লড়াই করতে দেখেনি।

Su primera experiencia le enseñó una lección que nunca olvidaría.

তার প্রথম অভিজ্ঞতা তাকে এমন একটি শিক্ষা দিয়েছিল যা সে কখনও ভুলবে না।

Tuvo suerte de que no fuera él, o habría muerto también.

সে ভাগ্যবান যে এটা সে ছিল না, নইলে সেও মারা যেত।

Curly fue el que sufrió mientras Buck observaba y aprendía.

বাক যখন দেখছিল এবং শিখছিল, তখন কার্লিই কষ্ট পেয়েছিল।

Habían acampado cerca de una tienda construida con troncos.

তারা কাঠ দিয়ে তৈরি একটি দোকানের কাছে তাঁবু গেড়েছিল।

Curly intentó ser amigable con un husky grande, parecido a un lobo.

কার্লি একটি বৃহৎ, নেকড়ে-সদৃশ ভুষির সাথে বন্ধুত্বপূর্ণ আচরণ করার চেষ্টা করেছিল।

El husky era más pequeño que Curly, pero parecía salvaje y malvado.

হাস্কিটি কার্লির চেয়ে ছোট ছিল, কিন্তু দেখতে বন্য এবং নীচু ছিল।

Sin previo aviso, saltó y le abrió el rostro.

কোনও সতর্কবার্তা না দিয়েই, সে লাফিয়ে তার মুখ কেটে ফেলল।

Sus dientes la atravesaron desde el ojo hasta la mandíbula en un solo movimiento.

তার দাঁত এক নড়ে তার চোখ থেকে চোয়াল পর্যন্ত কেটে ফেলল।

Así era como peleaban los lobos: golpeaban rápido y saltaban.

নেকড়েরা এভাবেই লড়াই করত—দ্রুত আঘাত করত এবং লাফিয়ে পালিয়ে যেত।

Pero había mucho más que aprender de ese único ataque.

কিন্তু সেই আক্রমণ থেকে শেখার চেয়েও আরও অনেক কিছু ছিল।

Decenas de huskies entraron corriendo y formaron un círculo silencioso.

কয়েক ডজন হাস্কি ছুটে এসে নীরব বৃত্ত তৈরি করল।

Observaron atentamente y se lamieron los labios con hambre.

তারা খুব কাছ থেকে দেখল এবং ক্ষুধায় ঠোঁট চাটল।

Buck no entendió su silencio ni sus miradas ansiosas.

বাক তাদের নীরবতা বা তাদের উৎসুক চোখ বুঝতে পারল না।

Curly se apresuró a atacar al husky por segunda vez.

কার্লি দ্বিতীয়বারের মতো হাস্কিকে আক্রমণ করার জন্য ছুটে গেল।

Él usó su pecho para derribarla con un movimiento fuerte.

সে তার বুক ব্যবহার করে জোরে জোরে তাকে আছড়ে ফেলল।

Ella cayó de lado y no pudo levantarse más.

সে তার পাশে পড়ে গেল এবং আর উঠতে পারল না।

Eso era lo que los demás habían estado esperando todo el tiempo.

অন্যরা এতদিন ধরে এটাই অপেক্ষা করছিল।

Los perros esquimales saltaron sobre ella, aullando y gruñendo frenéticamente.

হাস্কিরা তার উপর ঝাঁপিয়ে পড়ল, উন্মত্তভাবে চিৎকার করে উঠল।

Ella gritó cuando la enterraron bajo una pila de perros.

কুকুরের স্তূপের নিচে তাকে কবর দেওয়ার সময় সে চিৎকার করে উঠল।

El ataque fue tan rápido que Buck se quedó paralizado por la sorpresa.

আক্রমণটি এত দ্রুত ছিল যে বাক ধাক্কায় জায়গায় থমকে গেল।

Vio a Spitz sacar la lengua de una manera que parecía una risa.

সে দেখল স্পিটজ তার জিভ এমনভাবে বের করে ফেলছে যেন হাসির মতো লাগছে।

François cogió un hacha y corrió directamente hacia el grupo de perros.

ফ্রাঁসোয়া একটা কুড়াল ধরে সোজা কুকুরের দলে ছুটে গেল।

Otros tres hombres usaron palos para ayudar a ahuyentar a los perros esquimales.

আরও তিনজন লোক লাঠি ব্যবহার করে হাস্কিদের তাড়াতে সাহায্য করেছিল।

En sólo dos minutos, la pelea terminó y los perros desaparecieron.

মাত্র দুই মিনিটের মধ্যেই লড়াই শেষ হয়ে গেল এবং কুকুরগুলো চলে গেল।

Curly yacía muerta en la nieve roja y pisoteada, con su cuerpo destrozado.

লাল, পদদলিত তুষারের মধ্যে কোঁকড়া মেয়েটি মৃত অবস্থায় পড়ে ছিল, তার শরীর ছিন্নভিন্ন হয়ে গিয়েছিল।

Un hombre de piel oscura estaba de pie sobre ella, maldiciendo la brutal escena.

একজন কালো চামড়ার লোক তার পাশে দাঁড়িয়ে নৃশংস দৃশ্যের প্রতি অভিশাপ দিচ্ছিল।

El recuerdo permaneció con Buck y atormentó sus sueños por la noche.

স্মৃতিটা বাকের সাথেই থেকে যেত এবং রাতে তার স্বপ্নগুলোকে তাড়া করত।

Así era aquí: sin justicia, sin segundas oportunidades.

এখানেও তাই ছিল; কোন ন্যায্যতা নেই, কোন দ্বিতীয় সুযোগ নেই।

Una vez que un perro caía, los demás lo mataban sin piedad.

একবার একটি কুকুর পড়ে গেলে, অন্যরা বিনা দয়ায় হত্যা করত।

Buck decidió entonces que nunca se permitiría caer.

বাক তখন সিদ্ধান্ত নিলেন যে তিনি কখনও নিজেকে পতনের অনুমতি দেবেন না।

Spitz volvió a sacar la lengua y se rió de la sangre.

স্পিটজ আবার জিভ বের করে রক্ত দেখে হেসে উঠল।

Desde ese momento, Buck odió a Spitz con todo su corazón.

সেই মুহূর্ত থেকে, বাক স্পিটজকে তার সমস্ত হৃদয় দিয়ে ঘৃণা করতে লাগল।

Antes de que Buck pudiera recuperarse de la muerte de Curly, sucedió algo nuevo.

কার্লির মৃত্যুর পর বাক সুস্থ হওয়ার আগেই, নতুন কিছু ঘটে গেল।

François se acercó y ató algo alrededor del cuerpo de Buck.

ফ্রাঁসোয়া এসে বাকের শরীরের চারপাশে কিছু একটা বেঁধে দিল।

Era un arnés como los que usaban los caballos en el rancho.

এটি ছিল খামারের ঘোড়ায় ব্যবহৃত জোতাগুলির মতোই একটি জোতা।

Así como Buck había visto trabajar a los caballos, ahora él también estaba obligado a trabajar.

বাক যেমন ঘোড়াদের কাজ করতে দেখেছিল, এখন তাকেও কাজ করতে বাধ্য করা হয়েছে।

Tuvo que arrastrar a François en un trineo hasta el bosque cercano.

তাকে ফ্রাঁসোয়াকে স্লেজে করে কাছের জঙ্গলে টেনে আনতে হয়েছিল।

Después tuvo que arrastrar una carga de leña pesada.

তারপর তাকে ভারী কাঠের বোঝা টেনে আনতে হয়েছিল।

Buck era orgulloso, por eso le dolía que lo trataran como a un animal de trabajo.

বাক গর্বিত ছিল, তাই তাকে কাজের পশুর মতো ব্যবহার করাটা তার জন্য কষ্টের ছিল।

Pero él era sabio y no intentó luchar contra la nueva situación.

কিন্তু তিনি জ্ঞানী ছিলেন এবং নতুন পরিস্থিতির সাথে লড়াই করার চেষ্টা করেননি।

Aceptó su nueva vida y dio lo mejor de sí en cada tarea.

সে তার নতুন জীবনকে গ্রহণ করেছিল এবং প্রতিটি কাজে তার সেরাটা দিয়েছিল।

Todo en la obra le resultaba extraño y desconocido.

কাজের সবকিছুই তার কাছে অদ্ভুত এবং অপরিচিত ছিল।

Francisco era estricto y exigía obediencia sin demora.

ফ্রাঁসোয়া কঠোর ছিলেন এবং বিলম্ব না করে বাধ্যতা দাবি করতেন।

Su látigo garantizaba que cada orden fuera seguida al instante.

তার চাবুক নিশ্চিত করত যে প্রতিটি আদেশ একবারে পালন করা হচ্ছে।

Dave era el que conducía el trineo, el perro que estaba más cerca de él, detrás de Buck.

ডেভ ছিল হুইলারের চালক, বাকের পিছনে স্লেজের সবচেয়ে কাছের কুকুর।

Dave mordió a Buck en las patas traseras si cometía un error.

ডেভ ভুল করলে বাকের পিছনের পায়ে কামড় দেয়।

Spitz era el perro líder, hábil y experimentado en su función.

স্পিটজ ছিলেন প্রধান কুকুর, ভূমিকায় দক্ষ এবং অভিজ্ঞ।

Spitz no pudo alcanzar a Buck fácilmente, pero aún así lo corrigió.

স্পিটজ বাকের কাছে সহজে পৌঁছাতে পারেননি, তবুও তাকে সংশোধন করেছিলেন।

Gruñó con dureza o tiró del trineo de maneras que le enseñaron a Buck.

সে জোরে গর্জন করত অথবা স্লেজটা এমনভাবে টানত যেভাবে বাককে শেখাত।

Con este entrenamiento, Buck aprendió más rápido de lo que cualquiera de ellos esperaba.

এই প্রশিক্ষণের অধীনে, বাক তাদের প্রত্যাশার চেয়ে দ্রুত শিখেছে।

Trabajó duro y aprendió tanto de François como de los otros perros.

সে কঠোর পরিশ্রম করেছিল এবং ফ্রাঁসোয়া এবং অন্যান্য কুকুর উভয়ের কাছ থেকে শিখেছিল।

Cuando regresaron, Buck ya conocía los comandos clave.

যখন তারা ফিরে এলো, বাক ইতিমধ্যেই মূল কমান্ডগুলি জেনে গেছে।

Aprendió a detenerse al oír la palabra "ho" gracias a François.

সে ফ্রাঁসোয়াদের কাছ থেকে "হো" শব্দে থামতে শিখেছিল।

Aprendió cuando tenía que tirar del trineo y correr.

সে শিখেছে কখন তাকে স্লেজ টেনে দৌড়াতে হবে।

Aprendió a girar abiertamente en las curvas del camino sin problemas.

সে পথের বাঁকগুলোতে ঝামেলা ছাড়াই চওড়া করে ঘুরতে শিখেছে।

También aprendió a evitar a Dave cuando el trineo descendía rápidamente.

স্লেজটি দ্রুত নীচে নেমে গেলে সে ডেভকে এড়িয়ে চলতে শিখেছিল।

"Son perros muy buenos", le dijo orgulloso François a Perrault.

"ওরা খুব ভালো কুকুর," ফ্রাঁসোয়া গর্বের সাথে পেরেল্টকে বললেন।

"Ese Buck tira como un demonio. Le enseño rapidísimo".

"ওই বাকটা খুব টানে - আমি ওকে যত তাড়াতাড়ি সম্ভব শিখিয়ে দেই।"

Más tarde ese día, Perrault regresó con dos perros husky más.

সেদিন পরে, পেরোল আরও দুটি ভুষি কুকুর নিয়ে ফিরে এলো।

Se llamaban Billee y Joe y eran hermanos.

তাদের নাম ছিল বিলি এবং জো, এবং তারা ভাই ছিল।

Venían de la misma madre, pero no se parecían en nada.

তারা একই মায়ের কাছ থেকে এসেছে, কিন্তু মোটেও এক রকম ছিল না।

Billee era de carácter dulce y muy amigable con todos.

বিলি ছিল মিষ্টি স্বভাবের এবং সবার সাথে খুব বন্ধুত্বপূর্ণ।

Joe era todo lo contrario: tranquilo, enojado y siempre gruñendo.

জো ছিল বিপরীত—নীরব, রাগান্বিত, এবং সর্বদা গর্জনকারী।

Buck los saludó de manera amigable y se mostró tranquilo con ambos.

বাক তাদের বন্ধুত্বপূর্ণভাবে অভ্যর্থনা জানালেন এবং উভয়ের সাথেই শান্ত ছিলেন।

Dave no les prestó atención y permaneció en silencio como siempre.

ডেভ তাদের দিকে কোন মনোযোগ দিল না এবং যথারীতি চুপ করে রইল।

Spitz atacó primero a Billee, luego a Joe, para demostrar su dominio.

স্পিটজ তার আধিপত্য দেখানোর জন্য প্রথমে বিলিকে, তারপর জোকে আক্রমণ করেন।

Billee movió la cola y trató de ser amigable con Spitz.

বিলি তার লেজ নাড়ালো এবং স্পিটজের সাথে বন্ধুত্বপূর্ণ আচরণ করার চেষ্টা করলো।

Cuando eso no funcionó, intentó huir.

যখন তাতেও কাজ হলো না, তখন সে পালানোর চেষ্টা করলো।

Lloró tristemente cuando Spitz lo mordió fuerte en el costado.

স্পিটজ যখন তাকে পাশে জোরে কামড় দিল, তখন সে দুঃখের সাথে কেঁদে উঠল।

Pero Joe era muy diferente y se negaba a dejarse intimidar.

কিন্তু জো একেবারেই আলাদা ছিল এবং ধমক খেতে অস্বীকৃতি জানাত।

Cada vez que Spitz se acercaba, Joe giraba rápidamente para enfrentarlo.

স্পিটজ যখনই কাছে আসত, জো তার মুখোমুখি হওয়ার জন্য দ্রুত ঘুরত।

Su pelaje se erizó, sus labios se curvaron y sus dientes chasquearon salvajemente.

তার পশম ঝাঁকুনি দিচ্ছিল, ঠোঁট কুঁচকে যাচ্ছিল, আর দাঁতগুলো ভীষণভাবে ছিঁড়ে যাচ্ছিল।

Los ojos de Joe brillaron de miedo y rabia, desafiando a Spitz a atacar.

জো'র চোখ দুটো ভয় আর ক্রোধে জ্বলজ্বল করছিল, স্পিটজকে আঘাত করার সাহস দেখাচ্ছিল।

Spitz abandonó la lucha y se alejó, humillado y enojado.

স্পিটজ লড়াই ছেড়ে দিলেন এবং অপমানিত ও রাগান্বিত হয়ে মুখ ফিরিয়ে নিলেন।

Descargó su frustración en el pobre Billee y lo ahuyentó.

সে বেচারা বিলির উপর তার বিরক্তি প্রকাশ করে তাকে তাড়িয়ে দিল।

Esa noche, Perrault añadió un perro más al equipo.

সেই সন্ধ্যায়, পেরাল্ট দলে আরও একটি কুকুর যোগ করলেন।

Este perro era viejo, delgado y cubierto de cicatrices de batalla.

এই কুকুরটি ছিল বৃদ্ধ, রোগা এবং যুদ্ধের ক্ষতচিহ্নে ঢাকা।

Le faltaba un ojo, pero el otro brillaba con poder.

তার একটি চোখ অনুপস্থিত ছিল, কিন্তু অন্যটি শক্তিতে ঝলমল করছিল।

El nombre del nuevo perro era Solleks, que significaba "el enojado".

নতুন কুকুরটির নাম ছিল সোলেক্স, যার অর্থ ছিল রাগান্বিত।

Al igual que Dave, Solleks no pidió nada a los demás y no dio nada a cambio.

ডেভের মতো, সোলেক্সও অন্যদের কাছ থেকে কিছুই চায়নি, এবং কিছুই ফেরত দেয়নি।

Cuando Solleks entró lentamente al campamento, incluso Spitz se mantuvo alejado.

যখন সোলেক্স ধীরে ধীরে ক্যাম্পে ঢুকে পড়ল, এমনকি স্পিটজও দূরে থাকল।

Tenía un hábito extraño que Buck tuvo la mala suerte de descubrir.

তার একটা অদ্ভুত অভ্যাস ছিল যা বাকের দুর্ভাগ্যক্রমে আবিষ্কার হয়নি।

A Solleks le disgustaba que se acercaran a él por el lado donde estaba ciego.

সোলেক্স যে পাশে অন্ধ ছিল, সেই পাশে কেউ তাকে দেখতে পায়নি, সেটা তার কাছে অপছন্দের ছিল।

Buck no sabía esto y cometió ese error por accidente.

বাক এটা জানত না এবং দুর্ঘটনাক্রমে এই ভুলটি করে ফেলে।

Solleks se dio la vuelta y cortó el hombro de Buck profunda y rápidamente.

সোলেক্স ঘুরে বাকের কাঁধে গভীর এবং দ্রুত আঘাত করল।

A partir de ese momento, Buck nunca se acercó al lado ciego de Solleks.

সেই মুহূর্ত থেকে, বাক আর কখনও সোলেক্সের অন্ধ পাশে আসেনি।

Nunca volvieron a tener problemas durante el resto del tiempo que estuvieron juntos.

বাকি সময়টা একসাথে কাটানোর সময় তাদের আর কখনও ঝামেলা হয়নি।

Solleks sólo quería que lo dejaran solo, como el tranquilo Dave.

সোলেক্স কেবল একা থাকতে চেয়েছিল, শান্ত ডেভের মতো।

Pero Buck se enteraría más tarde de que cada uno tenía otro objetivo secreto.

কিন্তু বাক পরে জানতে পারে যে তাদের প্রত্যেকেরই আরেকটি গোপন লক্ষ্য ছিল।

Esa noche, Buck se enfrentó a un nuevo y preocupante desafío: cómo dormir.

সেই রাতে বাক একটি নতুন এবং ঝামেলাপূর্ণ চ্যালেঞ্জের মুখোমুখি হলেন - কীভাবে ঘুমাবেন।

La tienda brillaba cálidamente con la luz de las velas en el campo nevado.

তুষারাবৃত মাঠে মোমবাতির আলোয় তাঁবুটি উষ্ণভাবে জ্বলজ্বল করছিল।

Buck entró, pensando que podría descansar allí como antes.

বাক ভেতরে চলে গেল, ভাবলো সে আগের মতোই সেখানে বিশ্রাম নিতে পারবে।

Pero Perrault y François le gritaron y le lanzaron sartenes.

কিন্তু পেরোল এবং ফ্রাঁসোয়া তাকে চিৎকার করে এবং প্যান ছুঁড়ে মারে।

Sorprendido y confundido, Buck corrió hacia el frío helado.

হতবাক এবং বিভ্রান্ত হয়ে, বাক ঠান্ডার মধ্যে দৌড়ে বেরিয়ে গেল।

Un viento amargo le azotó el hombro herido y le congeló las patas.

একটা তীব্র বাতাস তার আহত কাঁধে আঘাত করে এবং তার থাবা বরফ করে দেয়।

Se tumbó en la nieve y trató de dormir al aire libre.

সে বরফে শুয়ে পড়ল এবং খোলা আকাশের নিচে ঘুমানোর চেষ্টা করল।

Pero el frío pronto le obligó a levantarse de nuevo, temblando mucho.

কিন্তু ঠান্ডার কারণে শীঘ্রই তাকে আবার উঠতে বাধ্য করা হল, প্রচণ্ড কাঁপতে লাগল।

Deambuló por el campamento intentando encontrar un lugar más cálido.

সে ক্যাম্পের মধ্যে দিয়ে ঘুরে বেড়ালো, একটা উষ্ণ জায়গা খুঁজে বের করার চেষ্টা করলো।

Pero cada rincón estaba tan frío como el anterior.

কিন্তু প্রতিটি কোণ আগেরটির মতোই ঠান্ডা ছিল।

A veces, perros salvajes saltaban sobre él desde la oscuridad.

মাঝে মাঝে অন্ধকার থেকে হিংস্র কুকুরগুলো তার উপর ঝাঁপিয়ে পড়ত।

Buck erizó su pelaje, mostró los dientes y gruñó en señal de advertencia.

বাক তার পশম আঁচড়ালো, দাঁত বের করলো, এবং সতর্ক করে বললো।

Estaba aprendiendo rápido y los otros perros se alejaban rápidamente.

সে দ্রুত শিখছিল, এবং অন্যান্য কুকুরগুলি দ্রুত পিছিয়ে গেল।

Aún así, no tenía dónde dormir ni idea de qué hacer.

তবুও, তার ঘুমানোর কোন জায়গা ছিল না, আর কী করবে সেও বুঝতে পারছিল না।

Por fin se le ocurrió una idea: ver cómo estaban sus compañeros de equipo.

অবশেষে, তার মনে একটা বুদ্ধি এলো—তার সতীর্থদের খোঁজখবর নেওয়া।

Regresó a su zona y se sorprendió al descubrir que habían desaparecido.

সে তাদের এলাকায় ফিরে এসে তাদের চলে যেতে দেখে অবাক হয়ে গেল।

Nuevamente buscó por todo el campamento, pero todavía no pudo encontrarlos.

আবার সে শিবিরে খোঁজ করল, কিন্তু এখনও তাদের খুঁজে পেল না।
Sabía que ellos no podían estar en la tienda, o él también lo estaría.

সে জানত যে তারা তাঁবুতে থাকতে পারবে না, অথবা সেও থাকবে।
Entonces ¿a dónde se habían ido todos los perros en este campamento helado?

তাহলে এই হিমায়িত শিবিরের সব কুকুরগুলো কোথায় গেল?
Buck, frío y miserable, caminó lentamente alrededor de la tienda.

বাক, ঠান্ডা এবং কৃপণ, ধীরে ধীরে তাঁবুর চারপাশে ঘুরে বেড়াল।
De repente, sus patas delanteras se hundieron en la nieve blanda y lo sobresaltó.

হঠাৎ, তার সামনের পা নরম তুষারে ডুবে গেল এবং তাকে চমকে দিল।
Algo se movió bajo sus pies y saltó hacia atrás asustado.

তার পায়ের নিচে কিছু একটা নড়ে উঠল, আর সে ভয়ে লাফিয়ে পিছনে ফিরে গেল।
Gruñó y rugió sin saber qué había debajo de la nieve.

সে গর্জন করতে লাগলো আর গর্জন করতে লাগলো, তুষারের নিচে কী লুকিয়ে আছে তা না জেনে।
Entonces oyó un ladrido amistoso que alivió su miedo.

তারপর সে একটা বন্ধুত্বপূর্ণ ছোট্ট ঘেউ ঘেউ শব্দ শুনতে পেল যা তার ভয় কমিয়ে দিল।
Olfateó el aire y se acercó para ver qué estaba oculto.

সে বাতাসের গন্ধ নিল এবং কাছে এসে দেখতে লাগল কী লুকানো আছে।
Bajo la nieve, acurrucada en una bola cálida, estaba la pequeña Billee.

তুষারের নিচে, উষ্ণ বলের মতো কুঁচকে যাওয়া ছোট্ট বিলি ছিল।
Billee movió la cola y lamió la cara de Buck para saludarlo.

বিলি তার লেজ নাড়িয়ে বাকের মুখ চেটে তাকে অভ্যর্থনা জানালো।

Buck vio cómo Billee había hecho un lugar para dormir en la nieve.

বাক দেখল কিভাবে বিলি বরফের মধ্যে ঘুমানোর জায়গা তৈরি করেছে।

Había cavado y usado su propio calor para mantenerse caliente.

সে মাটি খুঁড়ে নিজের তাপ ব্যবহার করে উষ্ণ ছিল।

Buck había aprendido otra lección: así era como dormían los perros.

বাক আরেকটি শিক্ষা পেয়েছিল—কুকুররা এভাবেই ঘুমাতো।

Eligió un lugar y comenzó a cavar su propio hoyo en la nieve.

সে একটা জায়গা বেছে নিল এবং তুষারের মধ্যে নিজের গর্ত খুঁড়তে শুরু করল।

Al principio, se movía demasiado y desperdiciaba energía.

প্রথমে, সে খুব বেশি ঘোরাফেরা করত এবং শক্তি অপচয় করত।

Pero pronto su cuerpo calentó el espacio y se sintió seguro.

কিন্তু শীঘ্রই তার শরীর স্থানটিকে উষ্ণ করে তুলল, এবং সে নিরাপদ বোধ করল।

Se acurrucó fuertemente y al poco tiempo estaba profundamente dormido.

সে শক্ত করে কুঁচকে গেল, আর কিছুক্ষণের মধ্যেই সে গভীর ঘুমে আচ্ছন্ন হয়ে গেল।

El día había sido largo y duro, y Buck estaba exhausto.

দিনটি দীর্ঘ এবং কঠিন ছিল, এবং বাক ক্লান্ত ছিল।

Durmió profundamente y cómodamente, aunque sus sueños fueron salvajes.

যদিও তার স্বপ্নগুলো ছিল বন্য, তবুও সে গভীর এবং আরামে ঘুমাচ্ছিল।

Gruñó y ladró mientras dormía, retorciéndose mientras soñaba.

সে ঘুমের মধ্যে গর্জন করতো এবং ঘেউ ঘেউ করতো, স্বপ্ন দেখার সময় মোচড় দিত।

Buck no se despertó hasta que el campamento ya estaba cobrando vida.

শিবিরটি ইতিমধ্যেই প্রাণবন্ত হয়ে ওঠার আগে বাক ঘুম থেকে ওঠেনি।

Al principio, no sabía dónde estaba ni qué había sucedido.

প্রথমে, সে জানত না সে কোথায় আছে বা কী ঘটেছে।

Había nevado durante la noche y había enterrado completamente su cuerpo.

রাতভর তুষারপাত হয়ে তার দেহ পুরোপুরি মাটিতে মিশে যায়।

La nieve lo apretaba por todos lados.

তার চারপাশে তুষার চেপে ধরেছে, চারদিক থেকে শক্ত করে।

De repente, una ola de miedo recorrió todo el cuerpo de Buck.

হঠাৎ করেই বাকের সারা শরীরে ভয়ের ঢেউ বয়ে গেল।

Era el miedo a quedar atrapado, un miedo que provenía de instintos profundos.

এটা ছিল আটকা পড়ার ভয়, গভীর প্রবৃত্তি থেকে আসা ভয়।

Aunque nunca había visto una trampa, el miedo vivía dentro de él.

যদিও সে কখনও ফাঁদ দেখেনি, তবুও তার ভেতরে ভয় বাস করত।

Era un perro domesticado, pero ahora sus viejos instintos salvajes estaban despertando.

সে ছিল একটা পোষা কুকুর, কিন্তু এখন তার পুরনো বন্য প্রবৃত্তি জেগে উঠছিল।

Los músculos de Buck se tensaron y se le erizó el pelaje por toda la espalda.

বাকের পেশীগুলো টানটান হয়ে গেল, আর তার পশম পুরো পিঠে দাঁড়িয়ে গেল।

Gruñó ferozmente y saltó hacia arriba a través de la nieve.

সে প্রচণ্ডভাবে ঘেউ ঘেউ করে তুষারের উপর দিয়ে লাফিয়ে উঠে পড়ল।

La nieve voló en todas direcciones cuando estalló la luz del día.

দিনের আলো ফুটতে শুরু করলে তুষার চারদিকে উড়ে গেল।

Incluso antes de aterrizar, Buck vio el campamento extendido ante él.

অবতরণের আগেই, বাক তার সামনে শিবিরটি ছড়িয়ে থাকতে দেখেন।

Recordó todo del día anterior, de repente.

তার আগের দিনের সবকিছু একবারে মনে পড়ল।

Recordó pasear con Manuel y terminar en ese lugar.

তার মনে আছে ম্যানুয়েলের সাথে হেঁটে এই জায়গায় এসে পৌঁছানোর কথা।

Recordó haber cavado el hoyo y haberse quedado dormido en el frío.

তার মনে পড়ল গর্ত খুঁড়ে ঠান্ডায় ঘুমিয়ে পড়ার কথা।

Ahora estaba despierto y el mundo salvaje que lo rodeaba estaba claro.

এখন সে জেগে আছে, আর তার চারপাশের বন্য জগৎ স্পষ্ট দেখা যাচ্ছে।

Un grito de François saludó la repentina aparición de Buck.

ফ্রাঁসোয়া চিৎকার করে বাকের আকস্মিক উপস্থিতিকে স্বাগত জানালেন।

—¿Qué te dije? —gritó en voz alta el conductor del perro a Perrault.

"আমি কি বলেছিলাম?" কুকুর চালক জোরে চিৎকার করে পেরাল্টকে বললেন।

"Ese Buck sin duda aprende muy rápido", añadió François.

"সেই বাক নিশ্চিতভাবেই যেকোনো কিছুর মতো দ্রুত শেখে," ফ্রাঁসোয়া আরও বলেন।

Perrault asintió gravemente, claramente satisfecho con el resultado.

পেরাল্ট গম্ভীরভাবে মাথা নাড়লেন, ফলাফলে স্পষ্টতই খুশি।

Como mensajero del gobierno canadiense, transportaba despachos.

কানাডিয়ান সরকারের কুরিয়ার হিসেবে তিনি বার্তা বহন করতেন।

Estaba ansioso por encontrar los mejores perros para su importante misión.

সে তার গুরুত্বপূর্ণ মিশনের জন্য সেরা কুকুর খুঁজে পেতে আগ্রহী ছিল।

Se sintió especialmente complacido ahora que Buck era parte del equipo.

বাক দলের অংশ হওয়ায় সে এখন বিশেষভাবে খুশি বোধ করছে।

Se agregaron tres huskies más al equipo en una hora.

এক ঘন্টার মধ্যে দলে আরও তিনটি হাস্কি যুক্ত হয়েছিল।

Eso elevó el número total de perros en el equipo a nueve.

এর ফলে দলে মোট কুকুরের সংখ্যা নয়টিতে দাঁড়ালো।

En quince minutos todos los perros estaban en sus arneses.

পনের মিনিটের মধ্যেই সব কুকুর তাদের বগিতে ঢুকে গেল।

El equipo de trineos avanzaba por el sendero hacia Dyea Cañón.

স্লেজ দলটি ডাইয়া ক্যাননের দিকে পথ ধরে দুলছিল।

Buck se sintió contento de partir, incluso si el trabajo que tenía por delante era duro.

সামনের কাজটা কঠিন হলেও, বাক চলে যেতে পেরে খুশি হল।

Descubrió que no despreciaba especialmente el trabajo ni el frío.

সে দেখতে পেল যে সে শ্রম বা ঠান্ডাকে বিশেষভাবে ঘৃণা করে না।

Le sorprendió el entusiasmo que llenaba a todo el equipo.

পুরো দল যে আগ্রহে ভরে গিয়েছিল, তাতে তিনি অবাক হয়ে গেলেন।

Aún más sorprendente fue el cambio que se produjo en Dave y Solleks.

আরও অবাক করার মতো বিষয় ছিল ডেভ এবং সোলেক্সের মধ্যে যে পরিবর্তন এসেছিল।

Estos dos perros eran completamente diferentes cuando estaban enjaezados.

এই দুটি কুকুর যখন জোতায় নেওয়া হয়েছিল তখন তাদের চেহারা সম্পূর্ণ আলাদা ছিল।

Su pasividad y falta de preocupación habían desaparecido por completo.

তাদের নিষ্ক্রিয়তা এবং উদ্বেগের অভাব সম্পূর্ণরূপে অদৃশ্য হয়ে গিয়েছিল।

Estaban alertas y activos, y ansiosos por hacer bien su trabajo.

তারা সজাগ এবং সক্রিয় ছিল, এবং তাদের কাজ ভালোভাবে করতে আগ্রহী ছিল।

Se irritaban ferozmente ante cualquier cosa que causara retraso o confusión.

বিলম্ব বা বিভ্রান্তির কারণ হতে পারে এমন যেকোনো কিছুতে তারা প্রচণ্ড বিরক্ত হয়ে উঠত।

El duro trabajo en las riendas era el centro de todo su ser.

লাগামের উপর কঠোর পরিশ্রম ছিল তাদের সমগ্র সত্তার কেন্দ্রবিন্দু।

Tirar del trineo parecía ser lo único que realmente disfrutaban.

স্লেজ টানাটাই তাদের সত্যিকার অর্থে উপভোগ করার একমাত্র জিনিস বলে মনে হচ্ছিল।

Dave estaba en la parte de atrás del grupo, más cerca del trineo.

ডেভ দলের পিছনে ছিল, স্লেজের সবচেয়ে কাছে।

Buck fue colocado delante de Dave, y Solleks se adelantó a Buck.

বাককে ডেভের সামনে রাখা হয়েছিল, এবং সোলেক্স বাকের আগে এগিয়ে ছিল।

El resto de los perros estaban dispersos adelante, en una sola fila.

বাকি কুকুরগুলোকে একটা ফাইলের মধ্যে সামনের দিকে ঝুলিয়ে রাখা হয়েছিল।

La posición de cabeza en la parte delantera quedó ocupada por Spitz.

সামনের দিকের প্রধান অবস্থানটি স্পিটজ দ্বারা পূর্ণ ছিল।

Buck había sido colocado entre Dave y Solleks para recibir instrucción.

বাককে ডেভ এবং সোলেক্সের মাঝখানে নির্দেশনার জন্য রাখা হয়েছিল।

Él aprendía rápido y sus profesores eran firmes y capaces.

তিনি দ্রুত শিখতে পারতেন, এবং তারা ছিলেন দৃঢ় এবং দক্ষ শিক্ষক।

Nunca permitieron que Buck permaneciera en el error por mucho tiempo.

তারা বাককে বেশিদিন ভুলের মধ্যে থাকতে দেয়নি।

Enseñaron sus lecciones con dientes afilados cuando era necesario.

প্রয়োজনে তারা ধারালো দাঁত দিয়ে তাদের পাঠ শেখানো হত।

Dave era justo y mostraba un tipo de sabiduría tranquila y seria.

ডেভ ন্যায্য ছিলেন এবং এক ধরণের শান্ত, গম্ভীর প্রজ্ঞা দেখিয়েছিলেন।

Él nunca mordió a Buck sin una buena razón para hacerlo.

সে কখনোই বাককে কামড় দেয়নি কারণ ছাড়া।

Pero nunca dejó de morder cuando Buck necesitaba corrección.

কিন্তু যখন বাকের সংশোধনের প্রয়োজন হয়েছিল তখন তিনি কখনও কামড় দিতে ব্যর্থ হননি।

El látigo de Francisco estaba siempre listo y respaldaba su autoridad.

ফ্রাঁসোয়াদের চাবুক সর্বদা প্রস্তুত ছিল এবং তাদের কর্তৃত্বকে সমর্থন করত।

Buck pronto descubrió que era mejor obedecer que defenderse.

বাক শীঘ্রই বুঝতে পারলেন যে পাল্টা লড়াই করার চেয়ে আনুগত্য করা ভালো।

Una vez, durante un breve descanso, Buck se enredó en las riendas.

একবার, অল্প বিশ্রামের সময়, বাক লাগাম ধরে আটকে গেল।

Retrasó el inicio y confundió los movimientos del equipo.

তিনি শুরুটা বিলম্বিত করেছিলেন এবং দলের গতিবিধি বিভ্রান্ত করেছিলেন।

Dave y Solleks se abalanzaron sobre él y le dieron una paliza brutal.

ডেভ এবং সোলেক্স তার দিকে ঝাঁপিয়ে পড়ে এবং তাকে প্রচণ্ড মারধর করে।

El enredo sólo empeoró, pero Buck aprendió bien la lección.

জট আরও খারাপ হয়ে গেল, কিন্তু বাক তার শিক্ষা ভালোভাবে শিখে নিল।

A partir de entonces, mantuvo las riendas tensas y trabajó con cuidado.

তারপর থেকে, তিনি লাগাম টানটান রেখেছিলেন, এবং সাবধানে কাজ করেছিলেন।

Antes de que terminara el día, Buck había dominado gran parte de su tarea.

দিন শেষ হওয়ার আগেই, বাক তার কাজের অনেকটাই আয়ত্ত করে ফেলেছিল।

Sus compañeros casi dejaron de corregirlo y morderlo.

তার সতীর্থরা তাকে সংশোধন করা বা কামড়ানো প্রায় বন্ধ করে দিয়েছিল।

El látigo de François resonaba cada vez con menos frecuencia en el aire.

ফ্রাঁসোয়া'র চাবুক বাতাসে ক্রমশ ফেটে যাচ্ছিল।

Perrault incluso levantó los pies de Buck y examinó cuidadosamente cada pata.

পেরাল্ট এমনকি বাকের পা তুলে প্রতিটি থাবা সাবধানে পরীক্ষা করলেন।

Había sido un día de carrera duro, largo y agotador para todos ellos.

দিনটি তাদের সকলের জন্যই ছিল কঠিন, দীর্ঘ এবং ক্লান্তিকর।

Viajaron por el Cañón, atravesando Sheep Camp y pasando por Scales.

তারা ক্যানন পর্বতমালার উপরে, ভেড়ার শিবিরের মধ্য দিয়ে এবং স্কেলসের পাশ দিয়ে ভ্রমণ করেছিল।

Cruzaron la línea de árboles, luego glaciares y bancos de nieve de muchos metros de profundidad.

তারা কাঠের রেখা অতিক্রম করল, তারপর হিমবাহ এবং অনেক ফুট গভীর তুষারপাতের মধ্য দিয়ে গেল।

Escalaron la gran, fría y prohibitiva divisoria de Chilkoot.

তারা প্রচণ্ড ঠান্ডা এবং চিলকুট ডিভাইড নিষিদ্ধ করার উপর আরোহণ করেছিল।

Esa alta cresta se encontraba entre el agua salada y el interior helado.

সেই উঁচু ঢালটি লবণাক্ত জল এবং হিমায়িত অভ্যন্তরের মাঝখানে দাঁড়িয়ে ছিল।

Las montañas custodiaban con hielo y empinadas subidas el triste y solitario Norte.

পাহাড়গুলো বরফ এবং খাড়া আরোহণের মাধ্যমে বিষণ্ণ ও নির্জন উত্তরকে রক্ষা করেছিল।

Avanzaron a buen ritmo por una larga cadena de lagos debajo de la divisoria.

তারা বিভাজনের নীচে দীর্ঘ হ্রদের শৃঙ্খলে ভালো সময় কাটাল।

Esos lagos llenaban los antiguos cráteres de volcanes extintos.

সেই হ্রদগুলি বিলুপ্ত আগ্নেয়গিরির প্রাচীন গর্তগুলিকে পূর্ণ করে তুলেছিল।

Tarde esa noche, llegaron a un gran campamento en el lago Bennett.

সেই রাতেই তারা লেক বেনেটে একটি বড় ক্যাম্পে পৌঁছায়।

Miles de buscadores de oro estaban allí, construyendo barcos para la primavera.

হাজার হাজার সোনার সন্ধানী সেখানে ছিল, বসন্তের জন্য নৌকা তৈরি করছিল।

El hielo se rompería pronto y tenían que estar preparados.

বরফ শীঘ্রই ভেঙে যাচ্ছিল, এবং তাদের প্রস্তুত থাকতে হয়েছিল।

Buck cavó su hoyo en la nieve y cayó en un sueño profundo.

বাক তুষারে গর্ত খুঁড়ে গভীর ঘুমে তলিয়ে গেল।

Durmió como un trabajador, exhausto por la dura jornada de trabajo.

দিনের কঠোর পরিশ্রমের ক্লান্তিতে সে একজন শ্রমজীবী মানুষের মতো ঘুমিয়ে পড়ল।

Pero demasiado pronto, en la oscuridad, fue sacado del sueño.

কিন্তু অন্ধকারের খুব ভোরে, তাকে ঘুম থেকে টেনে তোলা হয়েছিল।

Fue enganchado nuevamente con sus compañeros y sujeto al trineo.

তাকে আবার তার সঙ্গীদের সাথে সংযুক্ত করা হয়েছিল এবং স্লেজের সাথে সংযুক্ত করা হয়েছিল।

Aquel día hicieron cuarenta millas, porque la nieve estaba muy pisoteada.

সেদিন তারা চল্লিশ মাইল পথ পাড়ি দিয়েছিল, কারণ তুষার ভালোভাবে মাড়ানো হয়েছিল।

Al día siguiente, y durante muchos días más, la nieve estaba blanda.

পরের দিন, এবং তার অনেক দিন পরেও, তুষার নরম ছিল।

Tuvieron que hacer el camino ellos mismos, trabajando más duro y moviéndose más lento.

তাদের নিজেরাই পথ তৈরি করতে হয়েছিল, আরও কঠোর পরিশ্রম করে এবং ধীর গতিতে এগিয়ে যেতে হয়েছিল।

Por lo general, Perrault caminaba delante del equipo con raquetas de nieve palmeadas.

সাধারণত, পেরাল্ট জালযুক্ত স্নোশু নিয়ে দলের আগে আগে হাঁটতেন।

Sus pasos compactaron la nieve, facilitando el movimiento del trineo.

তার পদক্ষেপ তুষারকে ঠাসা করে তুলেছিল, যার ফলে স্লেজটি চলাচল করা সহজ হয়ে গিয়েছিল।

François, que dirigía el barco desde la dirección, a veces tomaba el relevo.

ফ্রাঁসোয়া, যিনি জি-পোল থেকে নেতৃত্ব দিতেন, মাঝে মাঝে দায়িত্ব নিতেন।

Pero era raro que François tomara la iniciativa.

কিন্তু ফ্রাঁসোয়া নেতৃত্ব দেওয়ার ঘটনা বিরল ছিল।

porque Perrault tenía prisa por entregar las cartas y los paquetes.

কারণ পেরেল্ট চিঠি এবং পার্সেলগুলি পৌঁছে দেওয়ার জন্য তাড়াহুড়ো করছিলেন।

Perrault estaba orgulloso de su conocimiento de la nieve, y especialmente del hielo.

তুষার সম্পর্কে, বিশেষ করে বরফ সম্পর্কে তার জ্ঞান নিয়ে পেরেল্ট গর্বিত ছিলেন।

Ese conocimiento era esencial porque el hielo en otoño era peligrosamente delgado.

সেই জ্ঞান অপরিহার্য ছিল, কারণ শরতের বরফ বিপজ্জনকভাবে পাতলা ছিল।

Allí donde el agua fluía rápidamente bajo la superficie, no había hielo en absoluto.

যেখানে ভূপৃষ্ঠের নিচ দিয়ে জল দ্রুত প্রবাহিত হচ্ছিল, সেখানে কোনও বরফ ছিল না।

Día tras día, la misma rutina se repetía sin fin.

দিনের পর দিন, একই রুটিন অবিরাম পুনরাবৃত্তি হতে থাকল।

Buck trabajó incansablemente en las riendas desde el amanecer hasta la noche.

বাক ভোর থেকে রাত পর্যন্ত লাগাম টেনে ধরে অবিরাম পরিশ্রম করেছে।

Abandonaron el campamento en la oscuridad, mucho antes de que saliera el sol.

সূর্য ওঠার অনেক আগেই, অন্ধকারে তারা ক্যাম্প ত্যাগ করে।

Cuando amaneció, ya habían recorrido muchos kilómetros.

যখন দিনের আলো ফুটে উঠল, ততক্ষণে অনেক মাইল পিছিয়ে গেছে।

Acamparon después del anochecer, comieron pescado y excavaron en la nieve.

তারা সন্ধ্যার পরে শিবির স্থাপন করেছিল, মাছ খেয়েছিল এবং তুষারে গর্ত করেছিল।

Buck siempre tenía hambre y nunca estaba realmente satisfecho con su ración.

বাক সবসময় ক্ষুধার্ত থাকত এবং তার রেশনে কখনোই সত্যিকার অর্থে সন্তুষ্ট ছিল না।

Recibía una libra y media de salmón seco cada día.

তিনি প্রতিদিন দেড় পাউন্ড শুকনো স্যামন পেতেন।

Pero la comida parecía desaparecer dentro de él, dejando atrás el hambre.

কিন্তু খাবার যেন তার ভেতরে উধাও হয়ে গেল, ক্ষুধাও পেছনে ফেলে গেল।

Sufría constantes dolores de hambre y soñaba con más comida.

সে ক্রমাগত ক্ষুধার যন্ত্রণায় ভুগছিল, এবং আরও খাবারের স্বপ্ন দেখছিল।

Los otros perros sólo ganaron una libra, pero se mantuvieron fuertes.

অন্য কুকুরগুলো মাত্র এক পাউন্ড খাবার পেল, কিন্তু তারা শক্তিশালী রইল।

Eran más pequeños y habían nacido en la vida del norte.

তারা ছোট ছিল, এবং উত্তরাঞ্চলীয় জীবনে জন্মগ্রহণ করেছিল।

Perdió rápidamente la meticulosidad que había caracterizado su antigua vida.

সে দ্রুত তার পুরনো জীবনের সেই কপটতা হারিয়ে ফেলল।

Había sido un comensal delicado, pero ahora eso ya no era posible.

সে আগে খুব সুস্বাদু ভোজনরসিক ছিল, কিন্তু এখন আর তা সম্ভব ছিল না।

Sus compañeros terminaron primero y le robaron su ración sobrante.

তার বন্ধুরা প্রথমে কাজ শেষ করে এবং তার অসমাপ্ত রেশন লুট করে।

Una vez que empezaron, no había forma de defender su comida de ellos.

একবার তারা শুরু করলে, তাদের হাত থেকে তার খাবার রক্ষা করার কোন উপায় ছিল না।

Mientras él luchaba contra dos o tres perros, los otros le robaron el resto.

সে যখন দুই বা তিনটি কুকুরকে তাড়ালো, অন্যরা বাকিগুলো চুরি করে নিল।

Para solucionar esto, comenzó a comer tan rápido como los demás.

এটি ঠিক করার জন্য, সে অন্যদের মতো দ্রুত খেতে শুরু করল।

El hambre lo empujó tan fuerte que incluso tomó comida que no era suya.

ক্ষুধা তাকে এতটাই তাড়িত করেছিল যে, সে নিজের খাবারও খায়নি।

Observó a los demás y aprendió rápidamente de sus acciones.

সে অন্যদের দেখত এবং তাদের কাজ থেকে দ্রুত শিখত।

Vio a Pike, un perro nuevo, robarle una rebanada de tocino a Perrault.

সে দেখতে পেল পাইক, একটি নতুন কুকুর, পেরাল্টের কাছ থেকে এক টুকরো বেকন চুরি করছে।

Pike había esperado hasta que Perrault se dio la espalda para robarle el tocino.

বেকন চুরি করার জন্য পেরাল্টের পিঠ ঘুরানো পর্যন্ত পাইক অপেক্ষা করেছিল।

Al día siguiente, Buck copió a Pike y robó todo el trozo.

পরের দিন, বাক পাইককে নকল করে পুরো খণ্ডটি চুরি করে নিল।

Se produjo un gran alboroto, pero no se sospechó de Buck.

এরপর প্রচণ্ড হট্টগোল শুরু হয়, কিন্তু বাককে সন্দেহ করা হয়নি।

Dub, un perro torpe que siempre era atrapado, fue castigado.

ডাব, একটা আনাড়ি কুকুর যে সবসময় ধরা পড়ত, তাকে শাস্তি দেওয়া হয়েছিল।

Ese primer robo marcó a Buck como un perro apto para sobrevivir en el Norte.

সেই প্রথম চুরিটিই বাককে উত্তরে বেঁচে থাকার জন্য উপযুক্ত কুকুর হিসেবে চিহ্নিত করেছিল।

Demostró que podía adaptarse a nuevas condiciones y aprender rápidamente.

সে দেখিয়েছে যে সে নতুন পরিবেশের সাথে খাপ খাইয়ে নিতে পারে এবং দ্রুত শিখতে পারে।

Sin esa adaptabilidad, habría muerto rápida y gravemente.

এই ধরনের অভিযোজন ক্ষমতা না থাকলে, সে দ্রুত এবং খারাপভাবে মারা যেত।

También marcó el colapso de su naturaleza moral y de sus valores pasados.

এটি তার নৈতিক স্বভাব এবং অতীত মূল্যবোধের ভাঙ্গনকেও চিহ্নিত করেছিল।

En el Sur, había vivido bajo la ley del amor y la bondad.

সাউথল্যান্ডে, তিনি প্রেম এবং দয়ার আইনের অধীনে বাস করেছিলেন।

Allí tenía sentido respetar la propiedad y los sentimientos de los otros perros.

সেখানে সম্পত্তি এবং অন্যান্য কুকুরের অনুভূতিকে সম্মান করা যুক্তিসঙ্গত ছিল।

Pero en el Norte se aplicaba la ley del garrote y la ley del colmillo.

কিন্তু নর্থল্যান্ড ক্লাবের আইন এবং ফ্যাংয়ের আইন অনুসরণ করত।

Quienquiera que respetara los viejos valores aquí sería un tonto y fracasaría.

এখানে যারা পুরনো মূল্যবোধকে সম্মান করত তারা বোকা ছিল এবং ব্যর্থ হত।

Buck no razonó todo esto en su mente.

বাক মনে মনে এই সব যুক্তি তৈরি করেনি।

Estaba en forma y se adaptó sin necesidad de pensar.

সে ফিট ছিল, তাই সে চিন্তা না করেই মানিয়ে নিল।

Durante toda su vida, nunca había huido de una pelea.

সারা জীবন, সে কখনও লড়াই থেকে পালিয়ে যায়নি।

Pero el garrote de madera del hombre del suéter rojo cambió esa regla.

কিন্তু লাল সোয়েটার পরা লোকটির কাঠের লাঠি সেই নিয়ম বদলে দিল।

Ahora seguía un código más profundo y antiguo escrito en su ser.

এখন সে তার অস্তিত্বে লেখা একটি গভীর, পুরোনো কোড অনুসরণ করল।

No robó por placer sino por el dolor del hambre.

সে আনন্দ থেকে চুরি করেনি, বরং ক্ষুধার যন্ত্রণা থেকে চুরি করেছে।

Él nunca robaba abiertamente, sino que hurtaba con astucia y cuidado.

সে কখনো প্রকাশ্যে ডাকাতি করত না, বরং চালাকি ও যত্নের সাথে চুরি করত।

Actuó por respeto al garrote de madera y por miedo al colmillo.

কাঠের লাঠির প্রতি শ্রদ্ধা এবং ঝাঁকের ভয়ে সে অভিনয় করেছিল।

En resumen, hizo lo que era más fácil y seguro que no hacerlo.

সংক্ষেপে, তিনি যা না করার চেয়ে সহজ এবং নিরাপদ ছিল তা করেছিলেন।

Su desarrollo —o quizás su regreso a los viejos instintos— fue rápido.

তার বিকাশ—অথবা সম্ভবত তার পুরনো প্রবৃত্তিতে ফিরে আসা— দ্রুত ছিল।

Sus músculos se endurecieron hasta sentirse tan fuertes como el hierro.

তার পেশীগুলো শক্ত হয়ে গেল যতক্ষণ না সেগুলো লোহার মতো শক্ত মনে হলো।

Ya no le importaba el dolor, a menos que fuera grave.

ব্যথা আর তার কাছে গুরুত্বপূর্ণ ছিল না, যদি না তা গুরুতর হয়।

Se volvió eficiente por dentro y por fuera, sin desperdiciar nada.

সে ভেতরে ভেতরে দক্ষ হয়ে উঠল, কোনও কিছু নষ্ট করল না।

Podía comer cosas viles, podridas o difíciles de digerir.

সে এমন জিনিস খেতে পারত যা খারাপ, পচা, অথবা হজম করা কঠিন।

Todo lo que comía, su estómago aprovechaba hasta el último vestigio de valor.

সে যাই খায় না কেন, তার পেট তার শেষ মূল্যটুকুও ব্যবহার করেছে।

Su sangre transportaba los nutrientes a través de su poderoso cuerpo.

তার রক্ত তার শক্তিশালী শরীরের মধ্য দিয়ে পুষ্টি বহন করত।

Esto creó tejidos fuertes que le dieron una resistencia increíble.

এটি শক্তিশালী টিস্যু তৈরি করেছিল যা তাকে অবিশ্বাস্য ধৈর্য দিয়েছে।

Su vista y su olfato se volvieron mucho más sensibles que antes.

তার দৃষ্টিশক্তি এবং গন্ধ আগের চেয়ে অনেক বেশি সংবেদনশীল হয়ে উঠল।

Su audición se agudizó tanto que podía detectar sonidos débiles durante el sueño.

তার শ্রবণশক্তি এতটাই তীব্র হয়ে উঠল যে সে ঘুমের মধ্যে হালকা শব্দও বুঝতে পারল।

Sabía en sueños si los sonidos significaban seguridad o peligro.

সে স্বপ্নে বুঝতে পারল যে শব্দগুলোর অর্থ নিরাপত্তা নাকি বিপদ।

Aprendió a morder el hielo entre los dedos de los pies con los dientes.

সে দাঁত দিয়ে পায়ের আঙ্গুলের মাঝের বরফ কামড়াতে শিখেছে।
Si un charco de agua se congelaba, rompía el hielo con las piernas.

যদি কোনও জলের গর্ত জমে যেত, সে তার পা দিয়ে বরফ ভাঙত।
Se encabritó y golpeó con fuerza el hielo con sus rígidas patas delanteras.

সে উঠে দাঁড়ালো এবং শক্ত সামনের পা দিয়ে বরফের উপর জোরে আঘাত করলো।
Su habilidad más sorprendente era predecir los cambios del viento durante la noche.

তার সবচেয়ে উল্লেখযোগ্য ক্ষমতা ছিল রাতারাতি বাতাসের পরিবর্তনের পূর্বাভাস দেওয়া।
Incluso cuando el aire estaba quieto, elegía lugares protegidos del viento.

এমনকি যখন বাতাস স্থির ছিল, তখনও সে বাতাস থেকে সুরক্ষিত জায়গা বেছে নিত।
Dondequiera que cavaba su nido, el viento del día siguiente lo pasaba de largo.

সে যেখানেই বাসা খুঁড়ত, পরের দিনের বাতাস তাকে পাশ কাটিয়ে যেত।
Siempre acababa abrigado y protegido, a sotavento de la brisa.

সে সবসময় আরামদায়ক এবং সুরক্ষিত থাকত, বাতাসের ধারে।
Buck no sólo aprendió con la experiencia: sus instintos también regresaron.

বাক কেবল অভিজ্ঞতার মাধ্যমেই শিখেনি - তার সহজাত প্রবৃত্তিও ফিরে এসেছে।
Los hábitos de las generaciones domesticadas comenzaron a desaparecer.

গৃহপালিত প্রজন্মের অভ্যাসগুলি হারিয়ে যেতে শুরু করে।
De manera vaga, recordaba los tiempos antiguos de su raza.

অস্পষ্টভাবে, সে তার প্রজাতির প্রাচীন সময়ের কথা মনে করল।
Recordó cuando los perros salvajes corrían en manadas por los bosques.

সে তখনকার কথা ভাবলো যখন বন্য কুকুররা দলে দলে বনের মধ্য দিয়ে ছুটে বেড়াত।
Habían perseguido y matado a su presa mientras la perseguían.

তারা তাদের শিকারকে তাড়া করে মেরে ফেলেছিল, যখন তারা তাড়া করে ফেলেছিল।
Para Buck fue fácil aprender a pelear con dientes y velocidad.

দাঁত এবং দ্রুততার সাথে লড়াই করতে শেখা বাকের পক্ষে সহজ ছিল।
Utilizaba cortes, tajos y chasquidos rápidos igual que sus antepasados.

তিনি তার পূর্বপুরুষদের মতোই কাট, স্ল্যাশ এবং দ্রুত স্ন্যাপ ব্যবহার করতেন।
Aquellos antepasados se agitaron dentro de él y despertaron su naturaleza salvaje.

সেই পূর্বপুরুষরা তার ভেতরে আলোড়ন তুলেছিল এবং তার বন্য প্রকৃতিকে জাগিয়ে তুলেছিল।
Sus antiguas habilidades habían pasado a él a través de la línea de sangre.

তাদের পুরনো দক্ষতা রক্তের মাধ্যমে তার মধ্যে চলে এসেছিল।
Sus trucos ahora eran suyos, sin necesidad de práctica ni esfuerzo.

তাদের কৌশল এখন তার নিজের, অনুশীলন বা প্রচেষ্টার কোন প্রয়োজন ছিল না।

En las noches frías y quietas, Buck levantaba la nariz y aullaba.

শান্ত, ঠান্ডা রাতে, বাক তার নাক তুলে চিৎকার করত।

Aulló largo y profundamente, como lo hacían los lobos antaño.

সে দীর্ঘ এবং গভীরভাবে চিৎকার করল, যেমনটি অনেক আগে নেকড়েরা করেছিল।

A través de él, sus antepasados muertos apuntaron sus narices y aullaron.

তার মাধ্যমে, তার মৃত পূর্বপুরুষরা নাক ইশারা করে চিৎকার করে উঠলেন।

Aullaron a través de los siglos con su voz y su forma.

শতাব্দীর পর শতাব্দী ধরে তারা তার কণ্ঠস্বর এবং আকৃতিতে চিৎকার করে উঠল।

Sus cadencias eran las de ellos, viejos gritos que hablaban de dolor y frío.

তার ছন্দ ছিল তাদেরই মতো, পুরনো কান্না যা শোক এবং শীতের কথা বলে।

Cantaron sobre la oscuridad, el hambre y el significado del invierno.

তারা অন্ধকার, ক্ষুধা এবং শীতের অর্থের কথা গেয়েছিল।

Buck demostró cómo la vida está determinada por fuerzas ajenas a uno mismo.

বাক প্রমাণ করেছেন যে জীবন কীভাবে নিজের বাইরের শক্তি দ্বারা গঠিত হয়,

La antigua canción se elevó a través de Buck y se apoderó de su alma.

প্রাচীন গানটি বাকের মধ্য দিয়ে উঠে এসে তার আত্মাকে ধরে ফেলল।

Se encontró a sí mismo porque los hombres habían encontrado oro en el Norte.

তিনি নিজেকে খুঁজে পেলেন কারণ মানুষ উত্তরে সোনা খুঁজে পেয়েছিল।

Y se encontró porque Manuel, el ayudante del jardinero, necesitaba dinero.

আর সে নিজেকে খুঁজে পেল কারণ মালীর সাহায্যকারী ম্যানুয়েলের টাকার প্রয়োজন ছিল।

La Bestia Primordial Dominante
প্রধান আদিম জন্তু

La bestia primordial dominante era tan fuerte como siempre en Buck.

বাকের ক্ষেত্রে, প্রভাবশালী আদিম জন্তুটি আগের মতোই শক্তিশালী ছিল।

Pero la bestia primordial dominante yacía latente en él.

কিন্তু প্রভাবশালী আদিম পশুটি তার মধ্যে সুপ্ত অবস্থায় ছিল।

La vida en el camino era dura, pero fortalecía a la bestia que Buck llevaba dentro.

পথের জীবন ছিল কঠোর, কিন্তু এটি বাকের ভেতরের প্রাণীটিকে শক্তিশালী করেছিল।

En secreto, la bestia se hacía cada día más fuerte.

গোপনে জন্তুটি প্রতিদিন আরও শক্তিশালী হয়ে উঠল।

Pero ese crecimiento interior permaneció oculto para el mundo exterior.

কিন্তু সেই ভেতরের বিকাশ বাইরের জগতের কাছে লুকিয়ে রইল।

Una fuerza primordial, tranquila y calmada se estaba construyendo dentro de Buck.

বাকের ভেতরে একটা শান্ত ও আদিম শক্তি তৈরি হচ্ছিল।

Una nueva astucia le proporcionó a Buck equilibrio, calma, control y aplomo.

নতুন চালাকি বাককে ভারসাম্য, শান্ত নিয়ন্ত্রণ এবং ভারসাম্য এনে দিয়েছে।

Buck se concentró mucho en adaptarse, sin sentirse nunca totalmente relajado.

বাক খাপ খাইয়ে নেওয়ার উপর কঠোর মনোযোগ দিয়েছিলেন, কখনও পুরোপুরি স্বস্তি বোধ করেননি।

Él evitaba los conflictos, nunca iniciaba peleas ni buscaba problemas.

তিনি দ্বন্দ্ব এড়িয়ে চলতেন, কখনও মারামারি শুরু করতেন না, ঝামেলা খুঁজতেন না।

Una reflexión lenta y constante moldeó cada movimiento de Buck.

একটি ধীর, স্থির চিন্তাশীলতা বাকের প্রতিটি পদক্ষেপকে রূপ দিয়েছে।

Evitó las elecciones precipitadas y las decisiones repentinas e imprudentes.

তিনি তাড়াহুড়ো করে নেওয়া সিদ্ধান্ত এবং আকস্মিক, বেপরোয়া সিদ্ধান্ত এড়িয়ে চলতেন।

Aunque Buck odiaba profundamente a Spitz, no le mostró ninguna agresión.

যদিও বাক স্পিটজকে গভীরভাবে ঘৃণা করতেন, তবুও তিনি তাকে কোনও আগ্রাসন দেখাননি।

Buck nunca provocó a Spitz y mantuvo sus acciones moderadas.

বাক কখনও স্পিটজকে উত্তেজিত করেননি, এবং তার কর্মকাণ্ড সংযত রেখেছিলেন।

Spitz, por otro lado, percibió el creciente peligro en Buck.

অন্যদিকে, স্পিটজ বাকের ক্রমবর্ধমান বিপদ টের পেয়েছিলেন।

Él veía a Buck como una amenaza y un serio desafío a su poder.

তিনি বাককে তার ক্ষমতার জন্য হুমকি এবং একটি গুরুতর চ্যালেঞ্জ হিসেবে দেখেছিলেন।

Aprovechó cada oportunidad para gruñir y mostrar sus afilados dientes.

সে তার ধারালো দাঁতগুলো দেখানোর জন্য প্রতিটি সুযোগ কাজে লাগালো।

Estaba tratando de iniciar la pelea mortal que estaba por venir.

সে আসন্ন মারাত্মক লড়াই শুরু করার চেষ্টা করছিল।

Al principio del viaje casi se desató una pelea entre ellos.

ভ্রমণের শুরুতে, তাদের মধ্যে প্রায় ঝগড়া শুরু হয়ে যায়।

Pero un accidente inesperado detuvo la pelea.

কিন্তু একটি অপ্রত্যাশিত দুর্ঘটনা লড়াই থামিয়ে দেয়।

Esa tarde acamparon en el gélido lago Le Barge.

সেই সন্ধ্যায় তারা তীব্র ঠান্ডা লেক লে বার্জে ক্যাম্প স্থাপন করে।

La nieve caía con fuerza y el viento cortaba como un cuchillo.

তুষারপাত তীব্র হচ্ছিল, আর বাতাস ছুরির মতো আঘাত করছিল।

La noche había llegado demasiado rápido y la oscuridad los rodeaba.

রাত খুব তাড়াতাড়ি নেমে এসেছিল, আর অন্ধকার তাদের ঘিরে ধরেছিল।

Difícilmente podrían haber elegido un peor lugar para descansar.

বিশ্রামের জন্য এর চেয়ে খারাপ জায়গা তারা আর বেছে নিতে পারত না।

Los perros buscaban desesperadamente un lugar donde tumbarse.

কুকুরগুলো মরিয়া হয়ে শোয়ার জায়গা খুঁজছিল।

Detrás del pequeño grupo se alzaba una alta pared de roca.

ছোট দলটির পিছনে খাড়াভাবে উঁচু একটি উঁচু পাথরের দেয়াল উঠে গেল।

La tienda de campaña había sido abandonada en Dyea para aligerar la carga.

বোঝা হালকা করার জন্য তাঁবুটি ডাইয়ায় রেখে দেওয়া হয়েছিল।

No les quedó más remedio que hacer el fuego sobre el propio hielo.

বরফের উপর আগুন জ্বালানো ছাড়া তাদের আর কোন উপায় ছিল না।

Extendieron sus batas para dormir directamente sobre el lago helado.

তারা তাদের ঘুমের পোশাক সরাসরি হিমায়িত হ্রদের উপর বিছিয়ে দিল।

Unos cuantos palitos de madera flotante les dieron un poco de fuego.

কয়েকটি কাঠের কাঠিতে আগুন লেগেছিল।

Pero el fuego se construyó sobre el hielo y se descongeló a través de él.

কিন্তু আগুন বরফের উপর তৈরি হয়েছিল, এবং তা গলিয়ে নিভে গিয়েছিল।

Al final, estaban comiendo su cena en la oscuridad.

অবশেষে তারা অন্ধকারে তাদের রাতের খাবার খাচ্ছিল।

Buck se acurrucó junto a la roca, protegido del viento frío.

ঠান্ডা বাতাস থেকে বাক পাথরের পাশে কুঁকড়ে গেল।

El lugar era tan cálido y seguro que Buck odiaba mudarse.

জায়গাটা এতটাই উষ্ণ এবং নিরাপদ ছিল যে বাক সরে যেতে ঘৃণা করত।

Pero François había calentado el pescado y estaba repartiendo raciones.

কিন্তু ফ্রাঁসোয়া মাছ গরম করে খাবার বিতরণ করছিলেন।

Buck terminó de comer rápidamente y regresó a su cama.

বাক তাড়াতাড়ি খাওয়া শেষ করে বিছানায় ফিরে এলো।

Pero Spitz ahora estaba acostado donde Buck había hecho su cama.

কিন্তু স্পিটজ এখন সেখানেই শুয়ে আছে যেখানে বাক তার বিছানা তৈরি করেছিল।

Un gruñido bajo advirtió a Buck que Spitz se negaba a moverse.

একটা মৃদু শব্দে বাক সতর্ক হয়ে গেল যে স্পিটজ নড়তে রাজি নয়।

Hasta ahora, Buck había evitado esta pelea con Spitz.

এখন পর্যন্ত, বাক স্পিটজের সাথে এই লড়াই এড়িয়ে চলেছিলেন।

Pero en lo más profundo de Buck la bestia finalmente se liberó.

কিন্তু বাকের ভেতরে জন্তুটি অবশেষে বেরিয়ে এলো।
El robo de su lugar para dormir era algo demasiado difícil de tolerar.

তার ঘুমানোর জায়গা চুরি করাটা এতটাই কঠিন ছিল যে সহ্য করা যাচ্ছিল না।
Buck se lanzó hacia Spitz, lleno de ira y rabia.

বাক রাগ ও ক্রোধে ভরা স্পিটজের সাথে নিজেকে লড়লেন।
Hasta ahora Spitz había pensado que Buck era sólo un perro grande.

আগে স্পিটজ ভাবেনি বাক কেবল একটি বড় কুকুর।
No creía que Buck hubiera sobrevivido a través de su espíritu.

সে ভাবেনি যে বাক তার আত্মার জোরে বেঁচে গেছে।
Esperaba miedo y cobardía, no furia y venganza.

সে ভয় এবং কাপুরুষতা আশা করছিল, ক্রোধ এবং প্রতিশোধ নয়।
François se quedó mirando mientras los dos perros salían del nido en ruinas.

ধ্বংসপ্রাপ্ত বাসা থেকে কুকুর দুটি বেরিয়ে আসার সময় ফ্রাঁসোয়া একদৃষ্টিতে তাকিয়ে রইল।
Comprendió de inmediato lo que había iniciado la salvaje lucha.

সে তৎক্ষণাৎ বুঝতে পারল যে, কী কারণে এই বর্বর সংগ্রাম শুরু হয়েছে।
—¡Ah! —gritó François en apoyo del perro marrón.

"আ-আ!" বাদামী কুকুরটির সমর্থনে ফ্রাঁসোয়া চিৎকার করে উঠল।
¡Dale una paliza! ¡Por Dios, castiga a ese ladrón astuto!

"ওকে একটা মারধর করো! ঈশ্বরের কসম, ওই ছিঁচকে চোরকে শাস্তি দাও!"
Spitz mostró la misma disposición y un entusiasmo salvaje por luchar.

স্পিটজ লড়াই করার জন্য সমান প্রস্তুতি এবং তীব্র আগ্রহ
দেখিয়েছিল।
Gritó de rabia mientras giraba rápidamente en busca de una
abertura.

সে রাগে চিৎকার করে উঠল, দ্রুত চক্কর দিতে দিতে, একটা খোলা
জায়গা খুঁজতে লাগল।
Buck mostró el mismo hambre de luchar y la misma cautela.

বাকও লড়াই করার জন্য একই রকম ক্ষুধা এবং একই রকম
সতর্কতা দেখিয়েছিল।
También rodeó a su oponente, intentando obtener la ventaja
en la batalla.

যুদ্ধে প্রাধান্য লাভের চেষ্টায় সে তার প্রতিপক্ষকেও ঘিরে ফেলল।
Entonces sucedió algo inesperado y lo cambió todo.

তারপর অপ্রত্যাশিত কিছু ঘটে যা সবকিছু বদলে দেয়।
Ese momento retrasó la eventual lucha por el liderazgo.

সেই মুহূর্তটি নেতৃত্বের জন্য চূড়ান্ত লড়াই বিলম্বিত করেছিল।
Muchos kilómetros de camino y lucha aún nos esperaban
antes del final.

অনেক মাইল পথ এবং সংগ্রাম এখনও শেষের আগে অপেক্ষা
করছিল।
Perrault gritó un juramento cuando un garrote impactó
contra el hueso.

একটা লাঠি যখন হাড়ে আঘাত করছিল, তখন পেরাল্ট চিৎকার করে
শপথ নিলেন।
Se escuchó un agudo grito de dolor y luego el caos explotó
por todas partes.

যন্ত্রণার তীব্র চিৎকার, তারপর চারিদিকে বিশৃঙ্খলা ছড়িয়ে পড়ল।
En el campamento se movían figuras oscuras: perros
esquimales salvajes, hambrientos y feroces.

ক্যাম্পে কালো আকৃতির প্রাণীরা ঘুরে বেড়াচ্ছিল; বন্য কুঁচি, ক্ষুধার্ত
এবং হিংস্র।

Cuatro o cinco docenas de perros esquimales habían olfateado el campamento desde lejos.

চার-পাঁচ ডজন হাস্কি দূর থেকে ক্যাম্পে শুঁকেছিল।

Se habían colado sigilosamente mientras los dos perros peleaban cerca.

কাছাকাছি দুটি কুকুর যখন লড়াই করছিল, তখন তারা চুপচাপ ভেতরে ঢুকে পড়েছিল।

François y Perrault atacaron con garrotes a los invasores.

ফ্রাঁসোয়া এবং পেরাল্ট আক্রমণকারীদের দিকে লাঠি চালাতে শুরু করে।

Los perros esquimales hambrientos mostraron los dientes y contraatacaron frenéticamente.

ক্ষুধার্ত হাস্কিরা দাঁত দেখিয়ে উন্মত্তভাবে পাল্টা লড়াই করল।

El olor a carne y a pan les había hecho perder todo miedo.

মাংস আর রুটির গন্ধ তাদের সমস্ত ভয় কাটিয়ে তুলেছিল।

Perrault golpeó a un perro que había enterrado su cabeza en el cajón de comida.

পেরাল্ট একটা কুকুরকে মারধর করল যেটার মাথাটা লাউয়ের বাক্সে পুঁতে রাখা ছিল।

El golpe fue muy fuerte y la caja se volcó, derramándose comida.

জোরে আঘাত লাগলো, আর বাক্সটা উল্টে গেল, খাবার বেরিয়ে পড়লো।

En cuestión de segundos, una veintena de bestias salvajes destrozaron el pan y la carne.

কয়েক সেকেন্ডের মধ্যেই, কয়েকটা বন্য জন্তু রুটি আর মাংস ছিঁড়ে ফেলল।

Los garrotes de los hombres asestaron golpe tras golpe, pero ningún perro se apartó.

পুরুষদের ক্লাবগুলো একের পর এক আঘাত হানলো, কিন্তু কোন কুকুরই পিছু হটল না।

Aullaron de dolor, pero lucharon hasta que no quedó comida.

তারা যন্ত্রণায় চিৎকার করছিল, কিন্তু খাবার না থাকা পর্যন্ত লড়াই করছিল।

Mientras tanto, los perros de trineo habían saltado de sus camas nevadas.

ইতিমধ্যে, স্লেজ-কুকুরগুলো তাদের তুষারাবৃত বিছানা থেকে লাফিয়ে উঠেছিল।

Fueron atacados instantáneamente por los feroces y hambrientos huskies.

তারা তৎক্ষণাৎ ক্ষুধার্ত হিংস্র ক্ষুধার্ত পাখিদের আক্রমণের শিকার হল।

Buck nunca había visto criaturas tan salvajes y hambrientas antes.

বাক আগে কখনও এত বন্য এবং ক্ষুধার্ত প্রাণী দেখেনি।

Su piel colgaba suelta, ocultando apenas sus esqueletos.

তাদের চামড়া আলগা হয়ে ঝুলছিল, কঙ্কালগুলো সবেমাত্র লুকিয়ে রেখেছিল।

Había un fuego en sus ojos, de hambre y locura.

তাদের চোখে আগুন ছিল, ক্ষুধা আর উন্মাদনার আগুন।

No había manera de detenerlos, de resistirse a su ataque salvaje.

তাদের থামানো যাচ্ছিল না; তাদের বর্বর তাড়াহুড়ো প্রতিরোধ করারও কোনও উপায় ছিল না।

Los perros de trineo fueron empujados hacia atrás y presionados contra la pared del acantilado.

স্লেজ-কুকুরগুলোকে পিছনে ঠেলে পাহাড়ের দেয়ালে চেপে ধরা হল।

Tres perros esquimales atacaron a Buck a la vez, desgarrando su carne.

তিনটি হাস্কি একসাথে বাককে আক্রমণ করে, তার মাংস ছিঁড়ে ফেলে।

La sangre le brotaba de la cabeza y de los hombros, donde había recibido el corte.

তার মাথা এবং কাঁধ থেকে রক্ত ঝরছিল, যেখানে তাকে কেটে ফেলা হয়েছিল।

El ruido llenó el campamento: gruñidos, aullidos y gritos de dolor.

শিবিরজুড়ে আওয়াজ, গর্জন, আর যন্ত্রণার আর্তনাদ।

Billee gritó fuerte, como siempre, atrapada en la pelea y el pánico.

বিলি যথারীতি জোরে কেঁদে উঠল, আতঙ্কে আটকে গেল।

Dave y Solleks estaban uno al lado del otro, sangrando pero desafiantes.

ডেভ এবং সোলেক্স পাশাপাশি দাঁড়িয়ে ছিল, রক্তাক্ত কিন্তু অবাধ্য।

Joe peleó como un demonio, mordiendo todo lo que se acercaba.

জো একটা দানবের মতো লড়াই করত, কাছে যা আসত তাকেই কামড়াত।

Aplastó la pata de un husky con un brutal chasquido de sus mandíbulas.

সে তার চোয়ালের এক নিষ্ঠুর আঘাতে একটি হাস্কির পা পিষে দিল।

Pike saltó sobre el husky herido y le rompió el cuello instantáneamente.

পাইক আহত হাস্কির উপর ঝাঁপিয়ে পড়ে এবং সাথে সাথে তার ঘাড় ভেঙে দেয়।

Buck agarró a un husky por el cuello y le arrancó la vena.

বাক একটা হাস্কি গলা ধরে শিরা ছিঁড়ে ফেলল।

La sangre salpicó y el sabor cálido llevó a Buck al frenesí.

রক্তের ছিটা পড়ল, আর উষ্ণ স্বাদ বাককে উন্মাদনায় ফেলে দিল।

Se abalanzó sobre otro atacante sin dudarlo.

সে দ্বিধা না করেই অন্য আক্রমণকারীর দিকে নিজেকে ছুঁড়ে মারল।

En ese mismo momento, unos dientes afilados se clavaron en la garganta de Buck.

ঠিক সেই মুহূর্তে, ধারালো দাঁত বাকের নিজের গলায় ঢুকে গেল।
Spitz había atacado desde un costado, sin previo aviso.

স্পিটজ পাশ থেকে আঘাত করেছিল, কোনও সতর্কতা ছাড়াই আক্রমণ করেছিল।

Perrault y François habían derrotado a los perros robando la comida.

পেরোল এবং ফ্রাঁসোয়া খাবার চুরি করা কুকুরদের পরাজিত করেছিলেন।

Ahora se apresuraron a ayudar a sus perros a luchar contra los atacantes.

এবার তারা তাদের কুকুরদের আক্রমণকারীদের প্রতিহত করতে সাহায্য করার জন্য ছুটে গেল।

Los perros hambrientos se retiraron mientras los hombres blandían sus garrotes.

ক্ষুধার্ত কুকুরগুলো পিছু হটতে শুরু করলে, লোকগুলো তাদের লাঠিগুলো দোলাতে থাকে।

Buck se liberó del ataque, pero el escape fue breve.

বাক আক্রমণ থেকে মুক্ত হন, কিন্তু পালানো ছিল সংক্ষিপ্ত।

Los hombres corrieron a salvar a sus perros, y los huskies volvieron a atacarlos.

পুরুষরা তাদের কুকুরদের বাঁচাতে দৌড়ে গেল, আর হাস্কিরা আবার ঝাঁক বেঁধে এল।

Billee, aterrorizado y valiente, saltó hacia la jauría de perros.

বিলি, ভীত সাহসে, কুকুরের দলে ঝাঁপিয়ে পড়ল।

Pero luego huyó a través del hielo, presa del terror y el pánico.

কিন্তু তারপর সে বরফের উপর দিয়ে পালিয়ে গেল, তীব্র আতঙ্ক আর আতঙ্কে।

Pike y Dub los siguieron de cerca, corriendo para salvar sus vidas.

পাইক আর ডাব খুব কাছ থেকে তাদের অনুসরণ করল, প্রাণ বাঁচাতে দৌড়াতে লাগল।

El resto del equipo se separó y se dispersó, siguiéndolos.

দলের বাকিরা ভেঙে পড়ে এবং ছত্রভঙ্গ হয়ে তাদের পিছু পিছু ছুটে যায়।

Buck reunió sus fuerzas para correr, pero entonces vio un destello.

বাক দৌড়ানোর জন্য তার শক্তি সঞ্চয় করল, কিন্তু তারপর একটা ঝলক দেখতে পেল।

Spitz se abalanzó sobre el costado de Buck, intentando derribarlo al suelo.

স্পিটজ বাকের দিকে ঝাঁপিয়ে পড়ল, তাকে মাটিতে ফেলে দেওয়ার চেষ্টা করল।

Bajo esa turba de perros esquimales, Buck no habría tenido escapatoria.

ওই হাস্কিদের ভিড়ে, বাকের আর পালানোর সুযোগ থাকত না।

Pero Buck se mantuvo firme y se preparó para el golpe de Spitz.

কিন্তু বাক দৃঢ়ভাবে দাঁড়িয়ে রইলেন এবং স্পিটজের আঘাতের জন্য প্রস্তুত হলেন।

Luego se dio la vuelta y salió corriendo al hielo con el equipo que huía.

তারপর সে ঘুরে পলাতক দলের সাথে বরফের দিকে দৌড়ে গেল।

Más tarde, los nueve perros de trineo se reunieron al abrigo del bosque.

পরে, নয়টি স্লেজ-কুকুর বনের আশ্রয়ে জড়ো হল।

Ya nadie los perseguía, pero estaban maltratados y heridos.

কেউ আর তাদের তাড়া করেনি, কিন্তু তারা পিটিয়ে আহত হয়েছিল।

Cada perro tenía heridas: cuatro o cinco cortes profundos en cada cuerpo.

প্রতিটি কুকুরের শরীরে চার-পাঁচটি করে গভীর ক্ষতের চিহ্ন ছিল।
Dub tenía una pata trasera herida y ahora le costaba caminar.

ডাবের পেছনের পায়ে আঘাত লেগেছে এবং এখন হাঁটতেও কষ্ট হচ্ছে।
Dolly, la perrita más nueva de Dyea, tenía la garganta cortada.

ডাইয়ার নতুন কুকুর ডলির গলা কাটা ছিল।
Joe había perdido un ojo y la oreja de Billee estaba cortada en pedazos.

জো একটি চোখ হারিয়েছিল, এবং বিলির কান টুকরো টুকরো করে কেটে ফেলা হয়েছিল।
Todos los perros lloraron de dolor y derrota durante toda la noche.

সমস্ত কুকুর রাতভর যন্ত্রণা আর পরাজয়ে কেঁদেছিল।
Al amanecer regresaron al campamento doloridos y destrozados.

ভোরবেলা তারা বেদনাহত ও ভেঙে পড়া অবস্থায় ক্যাম্পে ফিরে এলো।
Los perros esquimales habían desaparecido, pero el daño ya estaba hecho.

হাস্কিগুলো উধাও হয়ে গিয়েছিল, কিন্তু ক্ষতি হয়ে গিয়েছিল।
Perrault y François estaban de mal humor ante las ruinas.

ধ্বংসস্তূপের উপর পেরেল্ট এবং ফ্রাঁসোয়া খুব বিরক্ত ছিলেন।
La mitad de la comida había desaparecido, robada por los ladrones hambrientos.

খাবারের অর্ধেক শেষ হয়ে গেল, ক্ষুধার্ত চোরেরা ছিনিয়ে নিল।
Los perros esquimales habían destrozado las ataduras y la lona del trineo.

স্লেজ বাইন্ডিং এবং ক্যানভাস ছিঁড়ে ফেলেছিল হাস্কিগুলো।
Todo lo que tenía olor a comida había sido devorado por completo.

খাবারের গন্ধযুক্ত যেকোনো জিনিসই পুরোপুরি গিলে ফেলা হয়েছিল।

Se comieron un par de botas de viaje de piel de alce de Perrault.

তারা পেরোল্টের মুস-চামড়ার তৈরি একজোড়া ভ্রমণ বুট খেয়ে ফেলে।

Masticaban correas de cuero y arruinaban las correas hasta dejarlas inservibles.

তারা চামড়ার রিজ চিবিয়ে খেয়ে ফেলে এবং ব্যবহারের অযোগ্য স্ট্র্যাপ নষ্ট করে দেয়।

François dejó de mirar el látigo roto para revisar a los perros.

কুকুরগুলোকে পরীক্ষা করার জন্য ফ্রাঁসোয়া ছেঁড়া দোররাটার দিকে তাকানো বন্ধ করে দিল।

—Ah, amigos míos —dijo en voz baja y llena de preocupación.

"আহ, আমার বন্ধুরা," সে বলল, তার কণ্ঠস্বর নিচু এবং উদ্বেগে ভরা।

"Tal vez todas estas mordeduras os conviertan en bestias locas."

"হয়তো এই সব কামড় তোমাকে পাগল পশুতে পরিণত করবে।"

—¡Quizás todos sean perros rabiosos, sacredam! ¿Qué opinas, Perrault?

"হয়তো সব পাগলা কুকুর, স্যাক্রেডাম! তোমার কী মনে হয়, পেরাল্ট?"

Perrault meneó la cabeza; sus ojos estaban oscuros por la preocupación y el miedo.

পেরাল্ট মাথা নাড়লেন, উদ্বেগ আর ভয়ে চোখ কালো।

Todavía había cuatrocientas millas entre ellos y Dawson.

তাদের আর ডসনের মধ্যে এখনও চারশো মাইল দূরত্ব।

La locura canina ahora podría destruir cualquier posibilidad de supervivencia.

কুকুরের উন্মাদনা এখন বেঁচে থাকার যেকোনো সম্ভাবনাকে ধ্বংস করে দিতে পারে।

Pasaron dos horas maldiciendo y tratando de arreglar el engranaje.

তারা দুই ঘন্টা ধরে গালিগালাজ করে এবং সরঞ্জাম ঠিক করার চেষ্টা করে।

El equipo herido finalmente abandonó el campamento, destrozado y derrotado.

আহত দলটি অবশেষে ভেঙে ও পরাজিত হয়ে ক্যাম্প ত্যাগ করে।

Éste fue el camino más difícil hasta ahora y cada paso era doloroso.

এটি ছিল এখনও পর্যন্ত সবচেয়ে কঠিন পথ, এবং প্রতিটি পদক্ষেপই ছিল বেদনাদায়ক।

El río Treinta Millas no se había congelado y su caudal corría con fuerza.

থার্টি মাইল নদী জমে যায়নি, এবং তীব্র বেগে ছুটে যাচ্ছিল।

Sólo en los lugares tranquilos y en los remolinos el hielo logró retenerse.

কেবল শান্ত জায়গা এবং ঘূর্ণিঝড়ের ঢেউয়েই বরফ ধরে রাখতে পেরেছিল।

Pasaron seis días de duro trabajo hasta recorrer las treinta millas.

ত্রিশ মাইল শেষ করতে ছয় দিন কঠোর পরিশ্রম করতে হয়েছে।

Cada kilómetro del camino traía consigo peligro y amenaza de muerte.

পথের প্রতিটি মাইল বিপদ এবং মৃত্যুর হুমকি নিয়ে এসেছিল।

Los hombres y los perros arriesgaban sus vidas con cada doloroso paso.

প্রতিটি বেদনাদায়ক পদক্ষেপে মানুষ এবং কুকুররা তাদের জীবনের ঝুঁকি নিয়েছিল।

Perrault rompió delgados puentes de hielo una docena de veces diferentes.

পেরোল্ট এক ডজন বিভিন্ন বার পাতলা বরফের সেতু ভেঙেছেন।

Llevó un palo y lo dejó caer sobre el agujero que había hecho su cuerpo.

সে একটা লাঠি বহন করল এবং তার শরীরের তৈরি গর্তের উপর দিয়ে সেটাকে পড়তে দিল।

Más de una vez ese palo salvó a Perrault de ahogarse.

একাধিকবার সেই খুঁটি পেরেল্টকে ডুবে যাওয়া থেকে বাঁচিয়েছিল।

La ola de frío se mantuvo firme y el aire estaba a cincuenta grados bajo cero.

ঠান্ডার তীব্রতা দৃঢ় ছিল, বাতাস শূন্যের পঞ্চাশ ডিগ্রি নিচে ছিল।

Cada vez que se caía, Perrault tenía que encender un fuego para sobrevivir.

যতবার সে ভেতরে পড়ে যেত, পেরেল্টকে বেঁচে থাকার জন্য আগুন জ্বালাতে হত।

La ropa mojada se congelaba rápidamente, por lo que la secaba cerca del calor abrasador.

ভেজা কাপড় দ্রুত জমে যেত, তাই সে প্রচণ্ড তাপের কাছে সেগুলো শুকাতেন।

Ningún miedo afectó jamás a Perrault, y eso lo convirtió en mensajero.

কোনও ভয় পেরাল্টকে কখনও স্পর্শ করেনি, এবং এটি তাকে একজন কুরিয়ার করে তুলেছে।

Fue elegido para el peligro y lo afrontó con tranquila resolución.

তাকে বিপদের জন্য বেছে নেওয়া হয়েছিল, এবং সে শান্ত সংকল্পের সাথে তা মোকাবেলা করেছিল।

Avanzó contra el viento, con el rostro arrugado y congelado.

সে বাতাসের দিকে এগিয়ে গেল, তার কুঁচকে যাওয়া মুখ হিমে কামড়ে গেল।

Desde el amanecer hasta el anochecer, Perrault los condujo hacia adelante.

ভোর থেকে রাত পর্যন্ত, পেরাল্ট তাদের এগিয়ে নিয়ে গেলেন।
Caminó sobre un estrecho borde de hielo que se agrietaba con cada paso.

সে সরু বরফের উপর দিয়ে হেঁটে গেল যা প্রতিটি পদক্ষেপের সাথে সাথে ফেটে যাচ্ছিল।
No se atrevieron a detenerse: cada pausa suponía el riesgo de un colapso mortal.

তারা থামার সাহস করেনি—প্রতিটি বিরতি মারাত্মক পতনের ঝুঁকি নিয়েছিল।
Una vez, el trineo se abrió paso y arrastró a Dave y Buck.

একবার স্লেজটি ভেঙে গেল, ডেভ এবং বাককে টেনে ভেতরে নিয়ে গেল।
Cuando los liberaron, ambos estaban casi congelados.

যখন তাদের টেনে বের করা হয়, তখন দুজনেই প্রায় জমে গিয়েছিল।
Los hombres hicieron un fuego rápidamente para mantener con vida a Buck y Dave.

বাক এবং ডেভকে বাঁচিয়ে রাখার জন্য লোকেরা দ্রুত আগুন জ্বালালো।
Los perros estaban cubiertos de hielo desde la nariz hasta la cola, rígidos como madera tallada.

কুকুরগুলো নাক থেকে লেজ পর্যন্ত বরফে ঢাকা ছিল, খোদাই করা কাঠের মতো শক্ত।
Los hombres los hicieron correr en círculos cerca del fuego para descongelar sus cuerpos.

পুরুষরা তাদের দেহ গলানোর জন্য আগুনের কাছে বৃত্তাকারে দৌড়াচ্ছিল।
Se acercaron tanto a las llamas que su pelaje se quemó.

তারা আগুনের এত কাছে এসে পড়েছিল যে তাদের পশম পুড়ে গিয়েছিল।
Luego Spitz rompió el hielo y arrastró al equipo detrás de él.

স্পিটজ এরপর বরফ ভেঙে দলটিকে টেনে নিয়ে তার পিছনে ঢুকে পড়ে।

La ruptura llegó hasta donde Buck estaba tirando.

বিরতিটা বাক যেখানে টানছিল সেখানে পর্যন্ত পৌঁছে গেল।

Buck se reclinó con fuerza hacia atrás, sus patas resbalaron y temblaron en el borde.

বাক শক্ত করে পিছনে ঝুঁকে পড়ল, তার থাবা পিছলে গেল এবং কিনারায় কাঁপতে লাগল।

Dave también se esforzó hacia atrás, justo detrás de Buck en la línea.

ডেভও পিছনের দিকে ঝুঁকে পড়ল, লাইনে বাকের ঠিক পিছনে।

François tiró del trineo; sus músculos crujían por el esfuerzo.

ফ্রাঁসোয়া স্লেজে করে টেনে তুলছিল, তার পেশীগুলো জোরে ফাটছিল।

En otra ocasión, el borde del hielo se agrietó delante y detrás del trineo.

আরেকবার, স্লেজের আগে এবং পিছনে রিমের বরফ ফেটে গেল।

No tenían otra salida que escalar una pared del acantilado congelado.

জমে থাকা খাড়া পাহাড়ের দেয়ালে ওঠা ছাড়া তাদের আর কোন উপায় ছিল না।

De alguna manera Perrault logró escalar el muro; un milagro lo mantuvo con vida.

পেরাল্ট কোনওভাবে দেয়াল বেয়ে উঠে গেলেন; একটি অলৌকিক ঘটনা তাকে জীবিত রাখল।

François se quedó abajo, rezando por tener la misma suerte.

ফ্রাঁসোয়া নীচেই রইলেন, একই ধরণের ভাগ্যের জন্য প্রার্থনা করলেন।

Ataron todas las correas, amarres y tirantes hasta formar una cuerda larga.

তারা প্রতিটি দড়ি, চাবুক এবং ট্রেসকে একটি লম্বা দড়িতে বেঁধে রাখল।

Los hombres subieron cada perro, uno a uno, hasta la cima.

পুরুষরা প্রতিটি কুকুরকে এক এক করে উপরে টেনে নিয়ে গেল।

François subió el último, después del trineo y toda la carga.

স্লেজ এবং পুরো বোঝার পরে, ফ্রাঁসোয়া শেষের দিকে উঠেছিলেন।

Entonces comenzó una larga búsqueda de un camino para bajar de los acantilados.

তারপর শুরু হলো পাহাড় থেকে নেমে আসার পথের জন্য দীর্ঘ অনুসন্ধান।

Finalmente descendieron usando la misma cuerda que habían hecho.

অবশেষে তারা যে দড়িটি তৈরি করেছিল সেই দড়িটি ব্যবহার করেই তারা নেমে এলো।

La noche cayó cuando regresaron al lecho del río, exhaustos y doloridos.

ক্লান্ত ও বেদনার্ত অবস্থায় তারা নদীর তলদেশে ফিরে আসতেই রাত নেমে এলো।

El día completo les había proporcionado sólo un cuarto de milla de ganancia.

মাত্র এক-চতুর্থাংশ মাইল অতিক্রম করতে তাদের পুরো দিন লেগেছিল।

Cuando llegaron a Hootalinqua, Buck estaba agotado.

যখন তারা হুটালিনকোয়ায় পৌঁছালো, তখন বাক ক্লান্ত হয়ে পড়েছিল।

Los demás perros sufrieron igual de mal las condiciones del sendero.

অন্যান্য কুকুরগুলোও পথের অবস্থায় ঠিক ততটাই খারাপভাবে ভুগছিল।

Pero Perrault necesitaba recuperar tiempo y los presionaba cada día.

কিন্তু পেরাল্টের সময় পুনরুদ্ধারের প্রয়োজন ছিল, এবং প্রতিদিনই তা এগিয়ে যেতেন।

El primer día viajaron treinta millas hasta Big Salmon.

প্রথম দিন তারা ত্রিশ মাইল ভ্রমণ করে বিগ স্যালমনে পৌঁছেছিল।

Al día siguiente viajaron treinta y cinco millas hasta Little Salmon.

পরের দিন তারা পঁয়ত্রিশ মাইল ভ্রমণ করে লিটল স্যামনের উদ্দেশ্যে রওনা দিল।

Al tercer día avanzaron a través de cuarenta largas y heladas millas.

তৃতীয় দিনে তারা চল্লিশ মাইল দীর্ঘ হিমায়িত পথ অতিক্রম করল।

Para entonces, se estaban acercando al asentamiento de Five Fingers.

ততক্ষণে, তারা ফাইভ ফিঙ্গার্সের বসতি স্থাপনের কাছাকাছি পৌঁছে গিয়েছিল।

Los pies de Buck eran más suaves que los duros pies de los huskies nativos.

বাকের পা দেশি হাস্কির শক্ত পায়ের চেয়ে নরম ছিল।

Sus patas se habían vuelto tiernas a lo largo de muchas generaciones civilizadas.

বহু সভ্য প্রজন্ম ধরে তার থাবা কোমল হয়ে উঠেছে।

Hace mucho tiempo, sus antepasados habían sido domesticados por hombres del río o cazadores.

অনেক আগে, তার পূর্বপুরুষদের নদীর মানুষ বা শিকারিরা পোষ মানিয়েছিল।

Todos los días Buck cojeaba de dolor, caminando sobre sus patas doloridas y en carne viva.

প্রতিদিন বাক ব্যথায় খুঁড়িয়ে খুঁড়িয়ে হাঁটত, কাঁচা, ব্যথাযুক্ত পায়ের উপর ভর দিয়ে।

En el campamento, Buck cayó como un cuerpo sin vida sobre la nieve.

ক্যাম্পে, বাক তুষারের উপর প্রাণহীন অবস্থায় পড়ে রইল।

Aunque estaba hambriento, Buck no se levantó a comer su cena.

ক্ষুধার্ত থাকা সত্ত্বেও, বাক তার রাতের খাবার খেতে ওঠেনি।

François le trajo a Buck su ración, poniendo pescado junto a su hocico.

ফ্রাঁসোয়া বাককে তার খাবার এনে দিল, তার মুখের কাছে মাছ রাখল।

Cada noche, el conductor frotaba los pies de Buck durante media hora.

প্রতি রাতে ড্রাইভার আধা ঘন্টা ধরে বাকের পা ঘষে।

François incluso cortó sus propios mocasines para hacer calzado para perros.

ফ্রাঁসোয়া এমনকি কুকুরের জুতা তৈরির জন্য নিজের মোকাসিন কেটেছিলেন।

Cuatro zapatos cálidos le dieron a Buck un gran y bienvenido alivio.

চারটি উষ্ণ জুতা বাককে দারুণ এবং স্বাগত স্বস্তি দিয়েছে।

Una mañana, François olvidó los zapatos y Buck se negó a levantarse.

একদিন সকালে, ফ্রাঁসোয়া জুতা ভুলে গেল, এবং বাক উঠতে অস্বীকৃতি জানাল।

Buck yacía de espaldas, con los pies en el aire, agitándolos lastimeramente.

বাক তার পিঠের উপর শুয়ে ছিল, পা বাতাসে তুলেছিল, করুণার সাথে তাদের নাড়ছিল।

Incluso Perrault sonrió al ver la dramática súplica de Buck.

বাকের নাটকীয় আবেদন দেখে পেরাল্টও হেসে ফেললেন।

Pronto los pies de Buck se endurecieron y los zapatos pudieron desecharse.

শীঘ্রই বাকের পা শক্ত হয়ে গেল, এবং জুতাগুলো ফেলে দেওয়া যেতে পারে।

En Pelly, durante el periodo de uso del arnés, Dolly emitió un aullido terrible.

পেলিতে, জোতা বাঁধার সময়, ডলি এক ভয়াবহ চিৎকার করে উঠল।

El grito fue largo y lleno de locura, sacudiendo a todos los perros.

কান্নাটা দীর্ঘ এবং উন্মাদনায় ভরা ছিল, যা প্রতিটি কুকুরকে কাঁপিয়ে দিচ্ছিল।

Cada perro se erizaba de miedo sin saber el motivo.

প্রতিটি কুকুরই কারণ না জেনে ভয়ে কেঁপে উঠল।

Dolly se volvió loca y se arrojó directamente hacia Buck.

ডলি রেগে গিয়েছিল এবং সোজা বাকের দিকে ঝাঁপিয়ে পড়ল।

Buck nunca había visto la locura, pero el horror llenó su corazón.

বাক কখনও পাগলামি দেখেনি, কিন্তু তার হৃদয় ভরা ছিল আতঙ্কে।

Sin pensarlo, se dio la vuelta y huyó presa del pánico absoluto.

কোনও চিন্তা না করেই, সে ঘুরে দাঁড়াল এবং চরম আতঙ্কে পালিয়ে গেল।

Dolly lo persiguió con los ojos desorbitados y la saliva saliendo de sus mandíbulas.

ডলি তাকে তাড়া করল, তার চোখ দুটো বন্য, তার চোয়াল থেকে লালা ঝরছে।

Ella se mantuvo justo detrás de Buck, sin ganar terreno ni quedarse atrás.

সে বাকের ঠিক পিছনেই ছিল, কখনও লাভ করেনি এবং কখনও পিছিয়ে পড়েনি।

Buck corrió a través del bosque, bajó por la isla y cruzó el hielo irregular.

বাক দ্বীপের নিচে, জঙ্গলের মধ্য দিয়ে, খাঁজকাটা বরফের উপর দিয়ে দৌড়ে গেল।

Cruzó hacia una isla, luego hacia otra, dando la vuelta nuevamente hasta el río.

সে একটা দ্বীপ পার হয়ে গেল, তারপর আরেকটা দ্বীপ পার হয়ে, আবার চক্কর দিয়ে নদীর দিকে ফিরে গেল।

Aún así Dolly lo persiguió, con su gruñido detrás de cada paso.

তবুও ডলি তাকে তাড়া করছিল, প্রতিটি পদক্ষেপে তার গর্জন পিছনে পিছনে।

Buck podía oír su respiración y su rabia, aunque no se atrevía a mirar atrás.

বাক তার নিঃশ্বাস এবং রাগ শুনতে পেল, যদিও সে পিছনে ফিরে তাকাতে সাহস পেল না।

François gritó desde lejos y Buck se giró hacia la voz.

ফ্রাঁসোয়া দূর থেকে চিৎকার করে উঠল, আর বাক কণ্ঠের দিকে মুখ ফিরিয়ে নিল।

Todavía jadeando en busca de aire, Buck pasó corriendo, poniendo toda su esperanza en François.

বাক তখনও হাঁপাতে হাঁপাতে পাশ কাটিয়ে চলে গেল, ফ্রাঁসোয়াকে সব আশা দিয়ে।

El conductor del perro levantó un hacha y esperó mientras Buck pasaba volando.

কুকুরচালক কুড়াল তুলে অপেক্ষা করতে লাগলো যখন বাক পাশ দিয়ে উড়ে গেল।

El hacha cayó rápidamente y golpeó la cabeza de Dolly con una fuerza mortal.

কুঠারটি দ্রুত নেমে এসে ডলির মাথায় মারাত্মক জোরে আঘাত করল।

Buck se desplomó cerca del trineo, jadeando e incapaz de moverse.

বাক স্লেজের কাছে পড়ে গেল, শ্বাসকষ্ট হচ্ছিল এবং নড়াচড়া করতে পারছিল না।

Ese momento le dio a Spitz la oportunidad de golpear a un enemigo exhausto.

সেই মুহূর্তটি স্পিটজকে ক্লান্ত শত্রুকে আঘাত করার সুযোগ দিয়েছিল।

Mordió a Buck dos veces, desgarrando la carne hasta el hueso blanco.

দুবার সে বাককে কামড় দিয়েছিল, মাংস ছিঁড়ে সাদা হাড় পর্যন্ত।

El látigo de François hizo chasquear el látigo y golpeó a Spitz con toda su fuerza y furia.

ফ্রাঁসোয়া'র চাবুক ফেটে গেল, পুরো, প্রচণ্ড শক্তি দিয়ে স্পিটজকে আঘাত করল।

Buck observó con alegría cómo Spitz recibía la paliza más dura que había recibido hasta entonces.

স্পিটজ যখন তার সবচেয়ে কঠোর প্রহারের শিকার হচ্ছিল, তখন বাক আনন্দের সাথে তাকাল।

"Es un demonio ese Spitz", murmuró Perrault para sí mismo.

"সে একটা শয়তান, ওই স্পিটজ," পেরাল্ট নিজের মনে বিড়বিড় করে বলল।

"Algún día, ese maldito perro matará a Buck, lo juro".

"কোন একদিন, সেই অভিশপ্ত কুকুরটি বাককে মেরে ফেলবে— আমি শপথ করছি।"

—Ese Buck tiene dos demonios dentro —respondió François asintiendo.

"ওই বাকের ভেতরে দুটি শয়তান আছে," ফ্রাঁসোয়া মাথা নাড়িয়ে উত্তর দিল।

"Cuando veo a Buck, sé que algo feroz le aguarda dentro".

"যখন আমি বাককে দেখি, আমি বুঝতে পারি তার মধ্যে ভয়ঙ্কর কিছু অপেক্ষা করছে।"

"Un día se pondrá furioso y destrozará a Spitz".

"একদিন, সে আগুনের মতো রেগে যাবে এবং স্পিটজকে টুকরো টুকরো করে ফেলবে।"

"Masticará a ese perro y lo escupirá en la nieve congelada".

"সে কুকুরটিকে চিবিয়ে খাবে এবং জমে থাকা তুষারের উপর থুতু দেবে।"

"Estoy seguro de que lo sé en lo más profundo de mi ser".

"অবশ্যই, আমি এটা আমার হাড়ের গভীরে জানি।"

A partir de ese momento los dos perros quedaron en guerra.

সেই মুহূর্ত থেকে, দুটি কুকুর যুদ্ধে লিপ্ত হয়।

Spitz lideró al equipo y mantuvo el poder, pero Buck lo desafió.

স্পিটজ দলকে নেতৃত্ব দিয়েছিলেন এবং ক্ষমতা ধরে রেখেছিলেন, কিন্তু বাক তা চ্যালেঞ্জ করেছিলেন।

Spitz vio su rango amenazado por este extraño extraño de Southland.

স্পিটজ দেখতে পেলেন সাউথল্যান্ডের এই অদ্ভুত অপরিচিত ব্যক্তির দ্বারা তার পদমর্যাদা হুমকির মুখে।

Buck no se parecía a ningún otro perro sureño que Spitz hubiera conocido antes.

বাক ছিল দক্ষিণাঞ্চলের যেকোনো কুকুরের মতো নয় যা স্পিটজ আগে জানত।

La mayoría de ellos fracasaron: eran demasiado débiles para sobrevivir al frío y al hambre.

তাদের বেশিরভাগই ব্যর্থ হয়েছিল—ঠান্ডা আর ক্ষুধার মধ্যে বেঁচে থাকার জন্য এত দুর্বল ছিল যে।

Murieron rápidamente bajo el trabajo, las heladas y el lento ardor del hambre.

প্রসব যন্ত্রণা, তুষারপাত এবং দুর্ভিক্ষের ধীরগতির জ্বালায় তারা দ্রুত মারা গেল।

Buck se destacó: cada día más fuerte, más inteligente y más salvaje.

বাক আলাদা হয়ে দাঁড়ালো—দিন দিন আরও শক্তিশালী, বুদ্ধিমান এবং আরও বর্বর।

Prosperó a pesar de las dificultades y creció hasta alcanzar el nivel de los perros esquimales del norte.

সে কষ্টের মধ্যেও উন্নতি লাভ করেছিল, উত্তরের হাস্কিদের সাথে তাল মিলিয়ে বেড়ে উঠেছিল।

Buck tenía fuerza, habilidad salvaje y un instinto paciente y mortal.

বাকের শক্তি, বন্য দক্ষতা এবং ধৈর্যশীল, মারাত্মক প্রবৃত্তি ছিল।

El hombre con el garrote había golpeado la temeridad de Buck.

ক্লাবওয়ালা লোকটি বাকের অহংকার কাটিয়ে উঠেছিল।

La furia ciega desapareció y fue reemplazada por una astucia silenciosa y control.

অন্ধ ক্রোধ চলে গেল, তার জায়গায় এসে গেল নীরব চালাকি এবং নিয়ন্ত্রণ।

Esperó, tranquilo y primario, observando el momento adecuado.

সে অপেক্ষা করছিল, শান্ত এবং আদিম, সঠিক মুহূর্তের জন্য অপেক্ষা করছিল।

Su lucha por el mando se hizo inevitable y clara.

তাদের কর্তৃত্বের লড়াই অনিবার্য এবং স্পষ্ট হয়ে ওঠে।

Buck deseaba el liderazgo porque su espíritu lo exigía.

বাক নেতৃত্ব চেয়েছিলেন কারণ তার আত্মা এটি দাবি করেছিল।

Lo impulsaba el extraño orgullo nacido del camino y del arnés.

ট্রেইল এবং জোতা থেকে জন্ম নেওয়া অদ্ভুত গর্ব তাকে চালিত করেছিল।

Ese orgullo hizo que los perros tiraran hasta caer sobre la nieve.

সেই গর্বের কারণে কুকুরগুলো তুষারের উপর পড়ে যাওয়ার আগ পর্যন্ত টানতে থাকে।
El orgullo los llevó a dar toda la fuerza que tenían.

অহংকার তাদের সমস্ত শক্তি বিলিয়ে দিতে প্রলুব্ধ করেছিল।
El orgullo puede atraer a un perro de trineo incluso hasta el punto de la muerte.

অহংকার একটি স্লেজ-কুকুরকে মৃত্যুর দিকেও ঠেলে দিতে পারে।
La pérdida del arnés dejó a los perros rotos y sin propósito.

জোতা হারানোর ফলে কুকুরগুলো ভেঙে পড়ে এবং উদ্দেশ্যহীন হয়ে পড়ে।
El corazón de un perro de trineo puede quedar aplastado por la vergüenza cuando se retira.

একটি স্লেজ-কুকুর যখন অবসর নেয়, তখন লজ্জায় তাদের হৃদয় ভেঙে যেতে পারে।
Dave vivió con ese orgullo mientras arrastraba el trineo desde atrás.

ডেভ সেই গর্বের সাথে বেঁচে ছিল যখন সে পিছন থেকে স্লেজটি টেনে নিয়ে যাচ্ছিল।
Solleks también lo dio todo con fuerza y lealtad.

সোলেক্সও তার সর্বস্ব দিয়ে দিয়েছিলেন তীব্র শক্তি এবং আনুগত্যের সাথে।
Cada mañana, el orgullo los transformaba de amargados a decididos.

প্রতিদিন সকালে, অহংকার তাদের তিক্ততা থেকে দৃঢ়প্রতিজ্ঞ করে তুলত।
Empujaron todo el día y luego se quedaron en silencio al final del campamento.

তারা সারাদিন ধাক্কাধাক্কি করেছে, তারপর ক্যাম্পের শেষে চুপ করে গেছে।
Ese orgullo le dio a Spitz la fuerza para poner a raya a los evasores.

সেই গর্ব স্পিটজকে শিরকারদের পরাজিত করে লাইনে দাঁড় করানোর শক্তি দিয়েছিল।

Spitz temía a Buck porque Buck tenía ese mismo orgullo profundo.

স্পিটজ বাককে ভয় পেত কারণ বাক একই গভীর অহংকার বহন করত।

El orgullo de Buck ahora se agitó contra Spitz, y no se detuvo.

বাকের গর্ব এখন স্পিটজের উপর জেগে উঠল, এবং সে থামল না।

Buck desafió el poder de Spitz y le impidió castigar a los perros.

বাক স্পিটজের ক্ষমতাকে অমান্য করে এবং তাকে কুকুরদের শাস্তি দেওয়া থেকে বিরত রাখে।

Cuando otros fallaron, Buck se interpuso entre ellos y su líder.

যখন অন্যরা ব্যর্থ হয়, বাক তাদের এবং তাদের নেতার মাঝখানে চলে আসে।

Lo hizo con intención, dejando claro y abierto su desafío.

তিনি উদ্দেশ্যপ্রণোদিতভাবে এটি করেছিলেন, তার চ্যালেঞ্জটি উন্মুক্ত এবং স্পষ্ট করে তুলেছিলেন।

Una noche, una fuerte nevada cubrió el mundo con un profundo silencio.

এক রাতে ভারী তুষার পৃথিবীকে গভীর নীরবতায় ঢেকে ফেলেছিল।

A la mañana siguiente, Pike, perezoso como siempre, no se levantó para ir a trabajar.

পরের দিন সকালে, পাইক, আগের মতোই অলস, কাজে উঠল না।

Se quedó escondido en su nido bajo una gruesa capa de nieve.

সে তার বাসায় পুরু তুষারের আস্তরণের নিচে লুকিয়ে রইল।

François gritó y buscó, pero no pudo encontrar al perro.

ফ্রাঁসোয়া ডাকলেন এবং অনেক খোঁজাখুঁজি করলেন, কিন্তু
কুকুরটিকে খুঁজে পেলেন না।

Spitz se puso furioso y atravesó furioso el campamento
cubierto de nieve.

স্পিটজ রেগে গেল এবং তুষারাবৃত শিবিরের মধ্য দিয়ে ছুটে গেল।

Gruñó y olfateó, cavando frenéticamente con ojos
llameantes.

সে গর্জন করল আর শুঁকে নিল, জ্বলন্ত চোখে পাগলের মতো খুঁড়তে
লাগল।

Su rabia era tan feroz que Pike tembló de miedo bajo la
nieve.

তার রাগ এতটাই তীব্র ছিল যে পাইক ভয়ে তুষারের নীচে কাঁপতে
লাগল।

Cuando finalmente encontraron a Pike, Spitz se abalanzó
sobre él para castigar al perro que estaba escondido.

অবশেষে যখন পাইককে খুঁজে পাওয়া গেল, তখন স্পিটজ লুকিয়ে
থাকা কুকুরটিকে শাস্তি দেওয়ার জন্য ঝাঁপিয়ে পড়ল।

Pero Buck saltó entre ellos con una furia igual a la de Spitz.

কিন্তু বাক স্পিটজের মতোই ক্রোধ নিয়ে তাদের মধ্যে ঝগড়া করতে
লাগল।

El ataque fue tan repentino e inteligente que Spitz cayó al
suelo.

আক্রমণটি এতটাই আকস্মিক এবং চতুর ছিল যে স্পিটজ তার পা
থেকে পড়ে গেল।

Pike, que estaba temblando, se animó ante este desafío.

পাইক, যিনি কাঁপছিলেন, এই অবাধ্যতা থেকে সাহস পেলেন।

Saltó sobre el Spitz caído, siguiendo el audaz ejemplo de
Buck.

বাকের সাহসী উদাহরণ অনুসরণ করে সে পড়ে যাওয়া স্পিটজের
উপর লাফিয়ে পড়ল।

Buck, que ya no estaba obligado por la justicia, se unió a la huelga de Spitz.

বাক, আর ন্যায্যতার দ্বারা আবদ্ধ না হয়ে, স্পিটজের ধর্মঘটে যোগ দিলেন।

François, divertido pero firme en su disciplina, blandió su pesado látigo.

ফ্রাঁসোয়া, মজাদার কিন্তু শৃঙ্খলায় দৃঢ়, তার ভারী চাবুকটি ঘুরিয়ে দিল।

Golpeó a Buck con todas sus fuerzas para acabar con la pelea.

সে তার সমস্ত শক্তি দিয়ে বাককে আঘাত করে লড়াই ভেঙে দেয়।

Buck se negó a moverse y se quedó encima del líder caído.

বাক নড়তে অস্বীকৃতি জানালেন এবং পতিত নেতার উপরেই রইলেন।

François entonces utilizó el mango del látigo y golpeó con fuerza a Buck.

ফ্রাঁসোয়া তখন চাবুকের হাতল ব্যবহার করে বাককে জোরে আঘাত করেন।

Tambaleándose por el golpe, Buck cayó hacia atrás bajo el asalto.

আঘাতে হতবাক হয়ে, বাক আক্রমণের কবলে পড়ে গেল।

François golpeó una y otra vez mientras Spitz castigaba a Pike.

স্পিটজ যখন পাইককে শাস্তি দিচ্ছিলেন, তখন ফ্রাঁসোয়া বারবার আঘাত করছিলেন।

Pasaron los días y Dawson City estaba cada vez más cerca.

দিন কেটে গেল, আর ডসন সিটি আরও কাছে আসতে লাগল।

Buck seguía interfiriendo, interponiéndose entre Spitz y otros perros.

বাক বারবার হস্তক্ষেপ করতে থাকল, স্পিটজ এবং অন্যান্য কুকুরের মাঝখানে পিছলে গেল।

Elegía bien sus momentos, esperando siempre que François se marchase.

সে তার মুহূর্তগুলো ভালোভাবে বেছে নিত, সবসময় ফ্রাঁসোয়া চলে যাওয়ার জন্য অপেক্ষা করত।

La rebelión silenciosa de Buck se extendió y el desorden se arraigó en el equipo.

বাকের নীরব বিদ্রোহ ছড়িয়ে পড়ে এবং দলে বিশৃঙ্খলা শিকড় গেড়ে বসে।

Dave y Solleks se mantuvieron leales, pero otros se volvieron rebeldes.

ডেভ এবং সোলেক্স অনুগত ছিলেন, কিন্তু অন্যরা অবাধ্য হয়ে ওঠেন।

El equipo empeoró: se volvió inquieto, pendenciero y fuera de lugar.

দলটি আরও খারাপ হয়ে উঠল—অস্থির, ঝগড়াটে এবং নিয়মের বাইরে।

Ya nada funcionaba con fluidez y las peleas se volvieron algo habitual.

আর কোনও কিছুই সুষ্ঠুভাবে কাজ করছিল না, এবং মারামারি সাধারণ হয়ে উঠল।

Buck permaneció en el corazón del problema, provocando siempre malestar.

বাক সমস্যার মূলে থেকে গেল, সবসময় অস্থিরতা উস্কে দিত।

François se mantuvo alerta, temeroso de la pelea entre Buck y Spitz.

ফ্রাঁসোয়া সতর্ক ছিলেন, বাক এবং স্পিটজের মধ্যে লড়াইয়ের ভয়ে।

Cada noche, las peleas lo despertaban, temiendo que finalmente llegara el comienzo.

প্রতি রাতে, ঝগড়া তাকে জাগিয়ে তুলত, ভয় পেত যে অবশেষে শুরুটা এসে গেছে।

Saltó de su túnica, dispuesto a detener la pelea.

সে তার পোশাক থেকে লাফিয়ে পড়ল, লড়াই ভাঙার জন্য প্রস্তুত।

Pero el momento nunca llegó y finalmente llegaron a Dawson.

কিন্তু সেই মুহূর্তটি আর আসেনি, এবং অবশেষে তারা ডসনের কাছে পৌঁছেছে।

El equipo entró en la ciudad una tarde sombría, tensa y silenciosa.

দলটি এক বিষণ্ণ বিকেলে শহরে প্রবেশ করল, উত্তেজনাপূর্ণ এবং নীরব।

La gran batalla por el liderazgo todavía estaba suspendida en el aire.

নেতৃত্বের জন্য মহান লড়াই এখনও স্থির ছিল।

Dawson estaba lleno de hombres y perros de trineo, todos ocupados con el trabajo.

ডসনে মানুষ আর স্লেজ-কুকুর ছিল, সবাই কাজে ব্যস্ত।

Buck observó a los perros tirar cargas desde la mañana hasta la noche.

বাক সকাল থেকে রাত পর্যন্ত কুকুরদের বোঝা টেনে তুলতে দেখত।

Transportaban troncos y leña y transportaban suministros a las minas.

তারা কাঠ এবং জ্বালানি কাঠ পরিবহন করত, খনিতে সরবরাহ করত।

Donde antes trabajaban los caballos en las tierras del sur, ahora trabajaban los perros.

সাউথল্যান্ডে যেখানে একসময় ঘোড়া কাজ করত, এখন সেখানে কুকুররা কাজ করে।

Buck vio algunos perros del sur, pero la mayoría eran huskies parecidos a lobos.

বাক দক্ষিণ থেকে আসা কিছু কুকুর দেখেছিল, কিন্তু বেশিরভাগই ছিল নেকড়ে-সদৃশ ভুসি।

Por la noche, como un reloj, los perros alzaban sus voces cantando.

রাতে, ঘড়ির কাঁটার মতো, কুকুরগুলো গানের সুরে তাদের কণ্ঠস্বর উচ্চস্বরে তুলত।

A las nueve, a las doce y de nuevo a las tres, empezó el canto.

নয়টায়, মধ্যরাতে, এবং আবার তিনটায়, গান শুরু হয়।

A Buck le encantaba unirse a su canto misterioso, de sonido salvaje y antiguo.

বাক তাদের অদ্ভুত গানের সাথে যোগ দিতে ভালোবাসত, শব্দে বন্য এবং প্রাচীন।

La aurora llameó, las estrellas bailaron y la nieve cubrió la tierra.

অরোরা জ্বলে উঠল, তারারা নাচল, আর তুষারে ঢাকা পড়ল পৃথিবী।

El canto de los perros se elevó como un grito contra el silencio y el frío intenso.

কুকুরের গান নীরবতা এবং তীব্র ঠান্ডার বিরুদ্ধে আর্তনাদ হিসেবে উঠে এল।

Pero su aullido contenía tristeza, no desafío, en cada larga nota.

কিন্তু তাদের আর্তনাদ প্রতিটি লম্বা সুরে অবাধ্যতা নয়, দুঃখ ধারণ করেছিল।

Cada grito lamentable estaba lleno de súplica: el peso de la vida misma.

প্রতিটি কান্না ছিল অনুনয়-বিনয়ে পরিপূর্ণ; জীবনের বোঝা।

Esa canción era vieja, más vieja que las ciudades y más vieja que los incendios.

সেই গানটি পুরনো ছিল—শহরের চেয়েও পুরনো, আগুনের চেয়েও পুরনো

Aquella canción era más antigua incluso que las voces de los hombres.

সেই গানটি মানুষের কণ্ঠের চেয়েও প্রাচীন ছিল।

Era una canción del mundo joven, cuando todas las canciones eran tristes.

এটি ছিল তরুণ জগতের একটি গান, যখন সব গানই ছিল বিষণ্ণ।

La canción transportaba el dolor de incontables generaciones de perros.

গানটি অসংখ্য প্রজন্মের কুকুরের দুঃখ বহন করেছিল।

Buck sintió la melodía profundamente, gimiendo por un dolor arraigado en los siglos.

বাক সুরটি গভীরভাবে অনুভব করলেন, যুগ যুগ ধরে প্রোথিত যন্ত্রণায় কাতরাতে কাতরাতে।

Sollozaba por un dolor tan antiguo como la sangre salvaje en sus venas.

তার শিরায় বন্য রক্তের মতো পুরনো শোকে সে কেঁদে উঠল।

El frío, la oscuridad y el misterio tocaron el alma de Buck.

ঠান্ডা, অন্ধকার, আর রহস্য বাকের আত্মাকে স্পর্শ করল।

Esa canción demostró hasta qué punto Buck había regresado a sus orígenes.

সেই গানটি প্রমাণ করেছিল যে বাক তার উৎপত্তিস্থলে কতটা ফিরে এসেছিলেন।

Entre la nieve y los aullidos había encontrado el comienzo de su propia vida.

তুষার আর আর্তনাদ ভেদ করে সে তার নিজের জীবনের সূচনা খুঁজে পেয়েছিল।

Siete días después de llegar a Dawson, partieron nuevamente.

ডসনে পৌঁছানোর সাত দিন পর, তারা আবার রওনা দিল।

El equipo descendió del cuartel hasta el sendero Yukon.

দলটি ব্যারাক থেকে ইউকন ট্রেইলে নেমে গেল।

Comenzaron el viaje de regreso hacia Dyea y Salt Water.

তারা ডাইয়া এবং লবণাক্ত জলের দিকে ফিরে যাত্রা শুরু করল।

Perrault llevaba despachos aún más urgentes que antes.

পেরোল আগের চেয়েও বেশি জরুরি বার্তা পাঠাতেন।

También se sintió dominado por el orgullo por el sendero y se propuso establecer un récord.

তিনি ট্রেইল প্রাইডে আচ্ছন্ন হয়ে পড়েছিলেন এবং একটি রেকর্ড গড়ার লক্ষ্যে ছিলেন।

Esta vez, varias ventajas estaban del lado de Perrault.

এবার, বেশ কিছু সুবিধা পেরাল্টের পক্ষে ছিল।

Los perros habían descansado durante una semana entera y recuperaron su fuerza.

কুকুরগুলো পুরো এক সপ্তাহ বিশ্রাম নিয়েছিল এবং তাদের শক্তি ফিরে পেয়েছিল।

El camino que ellos habían abierto ahora estaba compactado por otros.

তারা যে পথটি ভেঙে ফেলেছিল তা এখন অন্যদের দ্বারা শক্ত হয়ে গেছে।

En algunos lugares, la policía había almacenado comida tanto para perros como para hombres.

কোথাও কোথাও পুলিশ কুকুর এবং পুরুষ উভয়ের জন্যই খাবার মজুদ করেছিল।

Perrault viajaba ligero, moviéndose rápido y con poco que lo pesara.

পেরাল্ট হালকা ভ্রমণ করতেন, খুব দ্রুত চলতেন, কিন্তু তাকে চাপে রাখার মতো খুব কম জিনিস ছিল।

Llegaron a Sixty-Mile, un recorrido de cincuenta millas, en la primera noche.

প্রথম রাতের মধ্যেই তারা পঞ্চাশ মাইল দৌড়ে ষাট মাইল দৌড়ে পৌঁছে গেল।

El segundo día, se apresuraron a subir por el Yukón hacia Pelly.

দ্বিতীয় দিনে, তারা ইউকন ধরে পেলির দিকে দ্রুত এগিয়ে গেল।

Pero estos grandes avances implicaron un gran esfuerzo para François.

কিন্তু এত সূক্ষ্ম অগ্রগতি ফ্রাঁসোয়াদের জন্য অনেক চাপের সাথে এসেছিল।

La rebelión silenciosa de Buck había destrozado la disciplina del equipo.

বাকের নীরব বিদ্রোহ দলের শৃঙ্খলা ভেঙে দিয়েছিল।

Ya no tiraban juntos como una sola bestia bajo las riendas.

তারা আর লাগাম ধরে থাকা এক পশুর মতো একসাথে টানছিল না।

Buck había llevado a otros al desafío mediante su valiente ejemplo.

বাক তার সাহসী উদাহরণের মাধ্যমে অন্যদেরকে অবাধ্যতার দিকে ঠেলে দিয়েছিলেন।

La orden de Spitz ya no fue recibida con miedo ni respeto.

স্পিটজের আদেশ আর ভয় বা শ্রদ্ধার সাথে পূরণ করা হয়নি।

Los demás perdieron el respeto que le tenían y se atrevieron a resistirse a su gobierno.

অন্যরা তার প্রতি তাদের বিস্ময় হারিয়ে ফেলে এবং তার শাসন প্রতিরোধ করার সাহস করে।

Una noche, Pike robó medio pescado y se lo comió bajo la mirada de Buck.

এক রাতে, পাইক অর্ধেক মাছ চুরি করে বাকের চোখের সামনে দিয়ে খেয়ে ফেলল।

Otra noche, Dub y Joe pelearon contra Spitz y quedaron impunes.

আরেক রাতে, ডাব এবং জো স্পিটজের সাথে লড়াই করেছিল এবং শাস্তি ছাড়াই রয়ে গিয়েছিল।

Incluso Billee se quejó con menos dulzura y mostró una nueva agudeza.

এমনকি বিলিও কম মিষ্টি করে কাঁদল এবং নতুন তীক্ষ্ণতা দেখাল।
Buck le gruñó a Spitz cada vez que se cruzaban.

স্পিটজ যখনই রাস্তা পার হতো, বাক তখনই তাকে বকবক করত।
La actitud de Buck se volvió audaz y amenazante, casi como la de un matón.

বাকের মনোভাব সাহসী এবং হুমকিস্বরূপ হয়ে উঠল, প্রায় একজন ধর্ষকের মতো।
Caminó delante de Spitz con arrogancia, lleno de amenaza burlona.

সে স্পিটজের সামনে দৌড়ে গেল, ঠাট্টা-বিদ্রুপে ভরা।
Ese colapso del orden se extendió también entre los perros de trineo.

সেই শৃঙ্খলার পতন স্লেজ-কুকুরদের মধ্যেও ছড়িয়ে পড়ে।
Pelearon y discutieron más que nunca, llenando el campamento de ruido.

তারা আগের চেয়েও বেশি মারামারি এবং তর্ক শুরু করে, পুরো ক্যাম্প কোলাহলে ভরে যায়।
La vida en el campamento se convertía cada noche en un caos salvaje y aullante.

ক্যাম্পের জীবন প্রতি রাতে এক বন্য, চিৎকার-চেঁচামেচিপূর্ণ বিশৃঙ্খলায় পরিণত হয়েছিল।
Sólo Dave y Solleks permanecieron firmes y concentrados.

কেবল ডেভ এবং সোলেক্সই স্থির এবং মনোযোগী ছিলেন।
Pero incluso ellos se enojaron por las peleas constantes.

কিন্তু ক্রমাগত ঝগড়ার কারণে তারাও রেগে গেল।
François maldijo en lenguas extrañas y pisoteó con frustración.

ফ্রাঁসোয়া অদ্ভুত ভাষায় অভিশাপ দিলেন এবং হতাশায় পা টিপে ধরলেন।
Se tiró del pelo y gritó mientras la nieve volaba bajo sus pies.

পায়ের তলা দিয়ে তুষার উড়ে যাওয়ার সময় সে তার চুল ছিঁড়ে চিৎকার করে উঠল।

Su látigo azotó a la manada, pero apenas logró mantenerlos bajo control.

তার চাবুকটি দলটির উপর দিয়ে ঝাঁপিয়ে পড়ল কিন্তু তাদের সবেমাত্র লাইনে রাখতে পারল না।

Cada vez que él le daba la espalda, la lucha estallaba de nuevo.

যখনই তার পিঠ ঘুরিয়ে দেওয়া হতো, আবার লড়াই শুরু হতো।

François utilizó el látigo para azotar a Spitz, mientras Buck lideraba a los rebeldes.

ফ্রাঁসোয়া স্পিটজের জন্য দোররা ব্যবহার করেছিলেন, যখন বাক বিদ্রোহীদের নেতৃত্ব দিয়েছিলেন।

Cada uno conocía el papel del otro, pero Buck evitó cualquier culpa.

প্রত্যেকেই একে অপরের ভূমিকা জানত, কিন্তু বাক কোনও দোষ এড়িয়ে গেল।

François nunca sorprendió a Buck iniciando una pelea o eludiendo su trabajo.

ফ্রাঁসোয়া কখনোই বাককে ঝগড়া শুরু করতে বা তার কাজ এড়িয়ে যেতে দেখেননি।

Buck trabajó duro con el arnés; el trabajo ahora emocionaba su espíritu.

বাক জোতায় কঠোর পরিশ্রম করত—শ্রম এখন তার মনোবলকে রোমাঞ্চিত করছিল।

Pero encontró aún más alegría al provocar peleas y caos en el campamento.

কিন্তু ক্যাম্পে মারামারি এবং বিশৃঙ্খলা সৃষ্টি করার মধ্যে সে আরও বেশি আনন্দ খুঁজে পেত।

Una noche, en la desembocadura del Tahkeena, Dub asustó a un conejo.

এক সন্ধ্যায় তাহকিনার মুখে, ডাব একটি খরগোশকে চমকে দিল।

Falló el tiro y el conejo con raquetas de nieve saltó lejos.

সে ধরা মিস করল, আর স্নোশু খরগোশটা লাফিয়ে পালিয়ে গেল।

En cuestión de segundos, todo el equipo de trineo los persiguió con gritos salvajes.

কয়েক সেকেন্ডের মধ্যেই, পুরো স্লেজ দলটি বন্য চিৎকার দিয়ে তাড়া করে।

Cerca de allí, un campamento de la Policía del Noroeste albergaba cincuenta perros husky.

কাছাকাছি, একটি উত্তর-পশ্চিম পুলিশ ক্যাম্পে পঞ্চাশটি ভুষি কুকুর ছিল।

Se unieron a la caza y navegaron juntos por el río helado.

তারা শিকারে যোগ দিল, একসাথে হিমায়িত নদীর ধারে লাফিয়ে লাফিয়ে নেমে গেল।

El conejo se desvió del río y huyó hacia el lecho congelado del arroyo.

খরগোশটি নদী ছেড়ে বরফের মতো খালের ধারে পালিয়ে গেল।

El conejo saltaba suavemente sobre la nieve mientras los perros se abrían paso con dificultad.

কুকুরগুলো যখন তুষারের উপর দিয়ে লড়াই করছিল, তখন খরগোশটি তুষারের উপর দিয়ে হালকা লাফিয়ে

Buck lideró la enorme manada de sesenta perros en cada curva.

বাক প্রতিটি বাঁকের চারপাশে ষাটটি কুকুরের বিশাল দলকে নেতৃত্ব দিচ্ছিল।

Avanzó lentamente y con entusiasmo, pero no pudo ganar terreno.

সে সামনের দিকে এগিয়ে গেল, নিচু স্বরে এবং উৎসুকভাবে, কিন্তু স্থির থাকতে পারল না।

Su cuerpo brillaba bajo la pálida luna con cada poderoso salto.

প্রতিটি শক্তিশালী লাফের সাথে ফ্যাকাশে চাঁদের নীচে তার শরীর ঝলমল করছিল।

Más adelante, el conejo se movía como un fantasma, silencioso y demasiado rápido para atraparlo.

সামনের দিকে, খরগোশটি ভূতের মতো এগিয়ে চলল, নীরব এবং ধরার জন্য খুব দ্রুত।

Todos esos viejos instintos —el hambre, la emoción— se apoderaron de Buck.

সেই সমস্ত পুরনো প্রবৃত্তি—ক্ষুধা, রোমাঞ্চ—বাকের মধ্যে ছুটে গেল।

Los humanos a veces sienten este instinto y se ven impulsados a cazar con armas de fuego y balas.

মানুষ মাঝে মাঝে এই প্রবৃত্তি অনুভব করে, বন্দুক এবং গুলি নিয়ে শিকার করতে প্ররোচিত হয়।

Pero Buck sintió este sentimiento a un nivel más profundo y personal.

কিন্তু বাক এই অনুভূতিটি আরও গভীর এবং ব্যক্তিগত স্তরে অনুভব করেছিলেন।

No podían sentir lo salvaje en su sangre como Buck podía sentirlo.

বাক যেভাবে অনুভব করতে পেরেছিল, তারা তাদের রক্তের মধ্যে বন্যতা অনুভব করতে পারেনি।

Persiguió carne viva, dispuesto a matar con los dientes y saborear la sangre.

সে জীবন্ত মাংসের পিছনে ছুটছিল, দাঁত দিয়ে হত্যা করতে এবং রক্তের স্বাদ নিতে প্রস্তুত ছিল।

Su cuerpo se tensó de alegría, queriendo bañarse en la cálida vida roja.

তার শরীর আনন্দে কেঁপে উঠল, উষ্ণ লাল জীবনে স্নান করতে চাইল।

Una extraña alegría marca el punto más alto que la vida puede alcanzar.

এক অদ্ভুত আনন্দ জীবনের সর্বোচ্চ বিন্দুতে পৌঁছাতে পারে।

La sensación de una cima donde los vivos olvidan que están vivos.

এমন এক শিখরের অনুভূতি যেখানে জীবিতরা ভুলে যায় যে তারা বেঁচে আছে।

Esta alegría profunda conmueve al artista perdido en una inspiración ardiente.

এই গভীর আনন্দ জ্বলন্ত অনুপ্রেরণায় হারিয়ে যাওয়া শিল্পীকে স্পর্শ করে।

Esta alegría se apodera del soldado que lucha salvajemente y no perdona a ningún enemigo.

এই আনন্দ সেই সৈনিককে আকৃষ্ট করে যে বর্বরভাবে লড়াই করে এবং কোনও শত্রুকে রেহাই দেয় না।

Esta alegría ahora se apoderó de Buck mientras lideraba la manada con hambre primaria.

এই আনন্দ এখন বাককে দাবি করে, যখন সে আদিম ক্ষুধার মধ্যে দলকে নেতৃত্ব দিচ্ছিল।

Aulló con el antiguo grito del lobo, emocionado por la persecución en vida.

জীবন্ত তাড়া দেখে রোমাঞ্চিত হয়ে সে প্রাচীন নেকড়েদের ডাকে চিৎকার করে উঠল।

Buck recurrió a la parte más antigua de sí mismo, perdida en la naturaleza.

বাক নিজের সবচেয়ে পুরনো অংশে টোকা দিল, বনের মধ্যে হারিয়ে গেল।

Llegó a lo más profundo, más allá de la memoria, al tiempo crudo y antiguo.

সে অতীত স্মৃতির গভীরে, কাঁচা, প্রাচীন সময়ে পৌঁছে গেল।

Una ola de vida pura recorrió cada músculo y tendón.

প্রতিটি পেশী এবং টেন্ডনের মধ্য দিয়ে বিশুদ্ধ জীবনের এক ঢেউ বয়ে গেল।

Cada salto gritaba que vivía, que avanzaba a través de la muerte.

প্রতিটি লাফ চিৎকার করে বলছিল যে সে বেঁচে আছে, মৃত্যুর মধ্য দিয়ে গেছে।

Su cuerpo se elevaba alegremente sobre una tierra quieta y fría que nunca se movía.

তার শরীর আনন্দে উড়ে গেল শান্ত, ঠান্ডা জমির উপর যা কখনও নড়েনি।

Spitz se mantuvo frío y astuto, incluso en sus momentos más salvajes.

স্পিটজ তার সবচেয়ে বর্বর মুহূর্তগুলিতেও ঠান্ডা এবং ধূর্ত ছিলেন।

Dejó el sendero y cruzó el terreno donde el arroyo se curvaba ampliamente.

সে পথ ছেড়ে সেই জমি পার হল যেখানে খালটি বাঁকা হয়ে প্রশস্ত ছিল।

Buck, sin darse cuenta de esto, permaneció en el sinuoso camino del conejo.

বাক, এই বিষয়ে অজান্তেই, খরগোশের আঁকাবাঁকা পথেই রইল।

Entonces, cuando Buck dobló una curva, el conejo fantasmal estaba frente a él.

তারপর, বাক যখন একটা বাঁক ঘুরিয়ে ঘুরিয়ে এগিয়ে গেল, তখন ভূতের মতো খরগোশটি তার সামনে এসে দাঁড়াল।

Vio una segunda figura saltar desde la orilla delante de la presa.

সে দেখতে পেল শিকারের সামনে থেকে দ্বিতীয় একটি চিত্র তীর থেকে লাফিয়ে উঠছে।

La figura era Spitz, aterrizando justo en el camino del conejo que huía.

সেই মূর্তিটি ছিল স্পিটজ, পালিয়ে যাওয়া খরগোশের পথেই অবতরণ
করছিল।

El conejo no pudo girar y se encontró con las fauces de Spitz
en el aire.

খরগোশটি আর ঘুরে দাঁড়াতে পারল না এবং মাঝ আকাশে
স্পিটজের চোয়ালে আঘাত করল।

La columna vertebral del conejo se rompió con un chillido
tan agudo como el grito de un humano moribundo.

খরগোশের মেরুদণ্ড ভেঙে গেল, মৃতপ্রায় মানুষের কান্নার মতো তীব্র
চিৎকারে।

Ante ese sonido, la caída de la vida a la muerte, la manada
aulló fuerte.

জীবন থেকে মৃত্যুর দিকে পতনের সেই শব্দে, দলটি জোরে চিৎকার
করে উঠল।

Un coro salvaje se elevó detrás de Buck, lleno de oscuro
deleite.

বাকের পেছন থেকে একটা বর্বর কোরাস ভেসে এলো, অন্ধকার
আনন্দে ভরা।

Buck no emitió ningún grito ni sonido y se lanzó
directamente hacia Spitz.

বাক কোন চিৎকার করল না, কোন শব্দ করল না, এবং সোজা
স্পিটজের উপর ঝাঁপিয়ে পড়ল।

Apuntó a la garganta, pero en lugar de eso golpeó el hombro.

সে গলার দিকে তাক করল, কিন্তু তার বদলে কাঁধে আঘাত করল।

Cayeron sobre la nieve blanda; sus cuerpos trabados en
combate.

তারা নরম তুষার ভেদ করে গড়িয়ে পড়ল; তাদের দেহ যুদ্ধে আটকে
গেল।

Spitz se levantó rápidamente, como si nunca lo hubieran
derribado.

স্পিটজ দ্রুত লাফিয়ে উঠল, যেন কখনও পড়ে যায়নি।

Cortó el hombro de Buck y luego saltó para alejarse de la pelea.

সে বাকের কাঁধ কেটে ফেলল, তারপর লড়াই থেকে লাফিয়ে বেরিয়ে গেল।

Sus dientes chasquearon dos veces como trampas de acero y sus labios se curvaron y fueron feroces.

দুবার তার দাঁত ইস্পাতের ফাঁদের মতো ভেঙে পড়ল, ঠোঁট কুঁচকে গেল এবং হিংস্র হয়ে উঠল।

Retrocedió lentamente, buscando terreno firme bajo sus pies.

সে ধীরে ধীরে পিছিয়ে গেল, পায়ের তলায় শক্ত মাটি খুঁজতে।

Buck comprendió el momento instantánea y completamente.

বাক তাৎক্ষণিকভাবে এবং সম্পূর্ণরূপে মুহূর্তটি বুঝতে পারলেন।

Había llegado el momento; la lucha iba a ser una lucha a muerte.

সময় এসে গেছে; লড়াইটা হবে মৃত্যু পর্যন্ত লড়াই।

Los dos perros daban vueltas, gruñendo, con las orejas planas y los ojos entrecerrados.

কুকুর দুটি চক্কর দিচ্ছিল, গর্জন করছিল, কান সমতল, চোখ সরু।

Cada perro esperaba que el otro mostrara debilidad o un paso en falso.

প্রতিটি কুকুর অন্যটির দুর্বলতা বা ভুল দেখানোর জন্য অপেক্ষা করছিল।

Para Buck, la escena era inquietantemente conocida y recordada profundamente.

বাকের কাছে দৃশ্যটি অদ্ভুতভাবে পরিচিত এবং গভীরভাবে স্মরণীয় মনে হয়েছিল।

El bosque blanco, la tierra fría, la batalla bajo la luz de la luna.

সাদা বন, ঠান্ডা মাটি, চাঁদের আলোয় যুদ্ধ।

Un pesado silencio llenó la tierra, profundo y antinatural.

একটা ভারী নীরবতা পুরো দেশ জুড়ে, গভীর এবং অস্বাভাবিক।

Ningún viento se agitó, ninguna hoja se movió, ningún sonido rompió la quietud.

কোন বাতাস নড়েনি, কোন পাতা নড়েনি, কোন শব্দও সেই নীরবতা ভাঙেনি।

El aliento de los perros se elevaba como humo en el aire helado y silencioso.

হিমায়িত, শান্ত বাতাসে কুকুরের নিঃশ্বাস ধোঁয়ার মতো উপরে উঠছিল।

El conejo fue olvidado hace mucho tiempo por la manada de bestias salvajes.

বন্য পশুদের দল খরগোশটিকে অনেক আগেই ভুলে গিয়েছিল।

Estos lobos medio domesticados ahora permanecían quietos formando un amplio círculo.

এই অর্ধ-নিয়ন্ত্রিত নেকড়েরা এখন একটি বিস্তৃত বৃত্তে স্থির হয়ে দাঁড়িয়ে আছে।

Estaban en silencio, sólo sus ojos brillantes revelaban su hambre.

তারা চুপচাপ ছিল, কেবল তাদের জ্বলন্ত চোখ তাদের ক্ষুধা প্রকাশ করছিল।

Su respiración se elevó mientras observaban cómo comenzaba la pelea final.

চূড়ান্ত লড়াই শুরু হতে দেখে তাদের নিঃশ্বাস উপরের দিকে ভেসে উঠল।

Para Buck, esta batalla era vieja y esperada, nada extraña.

বাকের কাছে, এই যুদ্ধটি পুরনো এবং প্রত্যাশিত ছিল, মোটেও অদ্ভুত নয়।

Parecía el recuerdo de algo que siempre estuvo destinado a suceder.

এটা এমন একটা স্মৃতির মতো মনে হচ্ছিল যা সবসময় ঘটবে।

Spitz era un perro de pelea entrenado, perfeccionado por innumerables peleas salvajes.

স্পিটজ ছিল একজন প্রশিক্ষিত যোদ্ধা কুকুর, যা অসংখ্য বন্য ঝগড়ার শিকার হয়েছিল।

Desde Spitzbergen hasta Canadá, había vencido a muchos enemigos.

স্পিটজবার্গেন থেকে কানাডা পর্যন্ত, তিনি অনেক শত্রুকে পরাজিত করেছিলেন।

Estaba lleno de furia, pero nunca dejó controlar la rabia.

তিনি ক্রোধে ভরা ছিলেন, কিন্তু কখনও রাগ নিয়ন্ত্রণ করেননি।

Su pasión era aguda, pero siempre templada por un duro instinto.

তার আবেগ ছিল তীক্ষ্ণ, কিন্তু সর্বদা কঠোর প্রবৃত্তি দ্বারা দমিত।

Nunca atacó hasta que su propia defensa estuvo en su lugar.

নিজের প্রতিরক্ষা ঠিক না হওয়া পর্যন্ত তিনি কখনও আক্রমণ করেননি।

Buck intentó una y otra vez alcanzar el vulnerable cuello de Spitz.

বাক বারবার স্পিটজের দুর্বল ঘাড়ে পৌঁছানোর চেষ্টা করল।

Pero cada golpe era correspondido con un corte de los afilados dientes de Spitz.

কিন্তু প্রতিটি আঘাতই স্পিটজের ধারালো দাঁতের আঘাতে ঘটত।

Sus colmillos chocaron y ambos perros sangraron por los labios desgarrados.

তাদের দাঁতগুলো সংঘর্ষে লিপ্ত হলো, এবং দুটি কুকুরের ঠোঁট ছিঁড়ে রক্ত ঝরতে লাগল।

No importaba cuánto se lanzara Buck, no podía romper la defensa.

বাক যতই লাফালাফি করুক না কেন, সে প্রতিরক্ষা ভাঙতে পারেনি।

Se puso más furioso y se abalanzó con salvajes ráfagas de poder.

সে আরও রেগে গেল, তীব্র শক্তির সাথে ছুটে গেল।

Una y otra vez, Buck atacó la garganta blanca de Spitz.

বারবার, বাক স্পিটজের সাদা গলায় আঘাত করলো।

Cada vez que Spitz esquivaba el ataque, contraatacaba con un mordisco cortante.

প্রতিবারই স্পিটজ এড়িয়ে যেত এবং একটা কাটা কামড় দিয়ে পাল্টা আঘাত করত।

Entonces Buck cambió de táctica y se abalanzó nuevamente hacia la garganta.

তারপর বাক কৌশল বদলালো, যেন আবার গলার দিকে ছুটে গেল।

Pero él retrocedió a mitad del ataque y se giró para atacar desde un costado.

কিন্তু সে আক্রমণের মাঝপথে ফিরে আসে, পাশ থেকে স্ট্রাইকে মোড় নেয়।

Le lanzó el hombro a Spitz con la intención de derribarlo.

সে স্পিটজকে ছিটকে ফেলার লক্ষ্যে তার কাঁধ ছুঁড়ে মারল।

Cada vez que lo intentaba, Spitz lo esquivaba y contraatacaba con un corte.

প্রতিবার চেষ্টা করার সময়, স্পিটজ এড়িয়ে যেত এবং এক লাঠি দিয়ে পাল্টা আক্রমণ করত।

El hombro de Buck se enrojeció cuando Spitz saltó después de cada golpe.

প্রতিটি আঘাতের পর স্পিটজ যখন লাফিয়ে লাফিয়ে বেরিয়ে আসছিলেন, তখন বাকের কাঁধে ব্যথা হচ্ছিল।

Spitz no había sido tocado, mientras que Buck sangraba por muchas heridas.

স্পিটজকে স্পর্শ করা হয়নি, আর বাক অনেক ক্ষত থেকে রক্তক্ষরণ করছিল।

La respiración de Buck era rápida y pesada y su cuerpo estaba cubierto de sangre.

বাকের নিঃশ্বাস দ্রুত এবং ভারী হয়ে উঠল, তার শরীর রক্তে ভিজে গেল।

La pelea se volvió más brutal con cada mordisco y embestida.

প্রতিটি কামড় এবং আক্রমণের সাথে সাথে লড়াই আরও নিষ্ঠুর হয়ে ওঠে।

A su alrededor, sesenta perros silenciosos esperaban que cayera el primero.

তাদের চারপাশে, ষাটটি নীরব কুকুর প্রথমটি পড়ার জন্য অপেক্ষা করছিল।

Si un perro caía, la manada terminaría la pelea.

যদি একটি কুকুর পড়ে যায়, তাহলে দলটি লড়াই শেষ করে দেবে।

Spitz vio que Buck se estaba debilitando y comenzó a presionar para atacar.

স্পিটজ বাককে দুর্বল হতে দেখলেন, এবং আক্রমণে চাপ দিতে শুরু করলেন।

Mantuvo a Buck fuera de equilibrio, obligándolo a luchar para mantener el equilibrio.

সে বাককে ভারসাম্যহীন করে রেখেছিল, তাকে পা রাখার জন্য লড়াই করতে বাধ্য করেছিল।

Una vez Buck tropezó y cayó, y todos los perros se levantaron.

একবার বাক হোঁচট খেয়ে পড়ে গেল, আর সব কুকুর উঠে পড়ল।

Pero Buck se enderezó a mitad de la caída y todos volvieron a caer.

কিন্তু বাক শরতের মাঝামাঝি নিজেকে ঠিক করে নিল, এবং সবাই আবার ডুবে গেল।

Buck tenía algo poco común: una imaginación nacida de un instinto profundo.

বাকের কিছু বিরল ছিল—গভীর প্রবৃত্তি থেকে জন্ম নেওয়া কল্পনা।

Peleó con impulso natural, pero también peleó con astucia.

তিনি স্বাভাবিকভাবেই লড়াই করেছিলেন, কিন্তু তিনি ধূর্ততার সাথেও লড়াই করেছিলেন।

Cargó de nuevo como si repitiera su truco de ataque con el hombro.

সে আবার আক্রমণ করল যেন তার কাঁধে আক্রমণের কৌশলটি পুনরাবৃত্তি করছে।

Pero en el último segundo, se agachó y pasó por debajo de Spitz.

কিন্তু শেষ মুহূর্তে, সে নীচে নেমে স্পিটজের নিচে নেমে গেল।

Sus dientes se clavaron en la pata delantera izquierda de Spitz con un chasquido.

স্পিটজের সামনের বাম পায়ে এক ধাক্কায় তার দাঁত আটকে গেল।

Spitz ahora estaba inestable, con su peso sobre sólo tres patas.

স্পিটজ এখন অস্থিরভাবে দাঁড়িয়ে আছে, তার ওজন মাত্র তিনটি পায়ে।

Buck atacó de nuevo e intentó derribarlo tres veces.

বাক আবার আঘাত করল, তিনবার চেষ্টা করল তাকে নামানোর জন্য।

En el cuarto intento utilizó el mismo movimiento con éxito.

চতুর্থ প্রচেষ্টায় তিনি একই চাল ব্যবহার করে সফল হন।

Esta vez Buck logró morder la pata derecha de Spitz.

এবার বাক স্পিটজের ডান পা কামড়ে ধরতে সক্ষম হল।

Spitz, aunque lisiado y en agonía, siguió luchando por sobrevivir.

স্পিটজ, যদিও পঙ্গু এবং যন্ত্রণায় ভুগছিলেন, তবুও বেঁচে থাকার জন্য সংগ্রাম চালিয়ে যাচ্ছিলেন।

Vio que el círculo de huskies se estrechaba, con las lenguas afuera y los ojos brillantes.

সে দেখতে পেল ভুষির বৃত্তটি শক্ত হয়ে গেছে, জিভ বের করে আনা হয়েছে, চোখ জ্বলছে।

Esperaron para devorarlo, tal como habían hecho con los otros.

তারা তাকে গ্রাস করার জন্য অপেক্ষা করছিল, ঠিক যেমন তারা অন্যদের সাথে করেছিল।

Esta vez, él estaba en el centro; derrotado y condenado.

এবার, তিনি কেন্দ্রে দাঁড়িয়েছিলেন; পরাজিত এবং ধ্বংসপ্রাপ্ত।

Ya no había opción de escapar para el perro blanco.

সাদা কুকুরটির জন্য এখন পালানোর আর কোন বিকল্প ছিল না।

Buck no mostró piedad, porque la piedad no pertenecía a la naturaleza.

বাক কোন করুণা দেখায়নি, কারণ করুণা বন্যের অধিকারে ছিল না।

Buck se movió con cuidado, preparándose para la carga final.

বাক সাবধানে নড়াচড়া করল, চূড়ান্ত চার্জের জন্য প্রস্তুত হল।

El círculo de perros esquimales se cerró; sintió sus respiraciones cálidas.

হাস্কির বৃত্তটি বন্ধ হয়ে গেল; সে তাদের উষ্ণ নিঃশ্বাস অনুভব করল।

Se agacharon, preparados para saltar cuando llegara el momento.

তারা নিচু হয়ে বসন্তের জন্য প্রস্তুত ছিল, যখন মুহূর্তটি আসবে।

Spitz temblaba en la nieve, gruñendo y cambiando su postura.

স্পিটজ তুষারে কাঁপতে লাগলো, ঘেউ ঘেউ করে তার অবস্থান পরিবর্তন করলো।

Sus ojos brillaban, sus labios se curvaron y sus dientes brillaron en una amenaza desesperada.

তার চোখ জ্বলজ্বল করছিল, ঠোঁট কুঁচকে যাচ্ছিল, মরিয়া হুমকিতে দাঁত ঝিকিমিকি করছিল।

Se tambaleó, todavía intentando contener el frío mordisco de la muerte.

সে টলমল করে উঠল, মৃত্যুর ঠান্ডা কামড় আটকানোর চেষ্টা করছিল।

Ya había visto esto antes, pero siempre desde el lado ganador.

সে এটা আগেও দেখেছে, কিন্তু সবসময় বিজয়ী পক্ষ থেকে।
Ahora estaba en el bando perdedor; el derrotado; la presa; la muerte.

এখন সে হেরে যাওয়ার পক্ষে ছিল; পরাজিত; শিকার; মৃত্যু।
Buck voló en círculos para asestar el golpe final, mientras el círculo de perros se acercaba cada vez más.

বাক শেষ আঘাতের জন্য চক্কর দিল, কুকুরের দলটি আরও কাছে এসে দাঁড়াল।
Podía sentir sus respiraciones calientes; listas para matar.

সে তাদের গরম নিঃশ্বাস অনুভব করতে পারছিল; হত্যার জন্য প্রস্তুত।
Se hizo un silencio absoluto, todo estaba en su lugar, el tiempo se había detenido.

একটা নীরবতা নেমে এলো; সবকিছু তার জায়গায় ছিল; সময় থেমে গেছে।
Incluso el aire frío entre ellos se congeló por un último momento.

এমনকি তাদের মধ্যেকার ঠান্ডা বাতাসও শেষ মুহূর্তের জন্য স্থবির হয়ে গেল।
Sólo Spitz se movió, intentando contener su amargo final.

কেবল স্পিটজ নড়েচড়ে বসল, তার তিক্ত পরিণতি ঠেকানোর চেষ্টা করে।
El círculo de perros se iba cerrando a su alrededor, tal como era su destino.

কুকুরের বৃত্ত তার চারপাশে ঘনিয়ে আসছিল, ঠিক যেমন তার নিয়তিও ছিল।
Ahora estaba desesperado, sabiendo lo que estaba a punto de suceder.

সে এখন মরিয়া হয়ে উঠল, জানত কী ঘটতে চলেছে।
Buck saltó y hombro con hombro chocó una última vez.

বাক লাফিয়ে ভেতরে এলো, শেষবারের মতো কাঁধের মুখোমুখি হলো।

Los perros se lanzaron hacia adelante, cubriendo a Spitz en la oscuridad nevada.

কুকুরগুলো তুষারময় অন্ধকারে স্পিটজকে ঢেকে সামনের দিকে এগিয়ে গেল।

Buck observaba, erguido, vencedor en un mundo salvaje.

বাক দাঁড়িয়ে তাকিয়ে রইল; এক বর্বর জগতের বিজয়ী।

La bestia primordial dominante había cometido su asesinato, y fue bueno.

প্রভাবশালী আদিম জন্তুটি তার হত্যা করেছে, এবং এটি ভালো ছিল।

Aquel que ha alcanzado la maestría
যিনি প্রভুত্ব অর্জন করেছেন

¿Eh? ¿Qué dije? Digo la verdad cuando digo que Buck es un demonio.

"এহ? আমি কি বলেছিলাম? আমি যখন বলি বাক একটা শয়তান, তখন আমি সত্যি বলি।"

François dijo esto a la mañana siguiente después de descubrir que Spitz había desaparecido.

পরের দিন সকালে স্পিটজকে নিখোঁজ দেখে ফ্রাঁসোয়া এই কথা বলেন।

Buck permaneció allí, cubierto de heridas por la feroz pelea.

বাক সেখানে দাঁড়িয়ে ছিল, ভয়াবহ লড়াইয়ের ক্ষত দিয়ে ঢাকা।

François acercó a Buck al fuego y señaló las heridas.

ফ্রাঁসোয়া বাককে আগুনের কাছে টেনে নিলেন এবং আঘাতের দিকে আঙুল তুলে দেখালেন।

"Ese Spitz peleó como Devik", dijo Perrault, mirando los profundos cortes.

"সেই স্পিটজ দেবিকের মতোই লড়াই করেছিল," গভীর ক্ষতের দিকে তাকিয়ে পেরাল্ট বলল।

—Y ese Buck peleó como dos demonios —respondió François inmediatamente.

"আর সেই বাক দুটি শয়তানের মতো লড়াই করেছিল," ফ্রাঁসোয়া তৎক্ষণাৎ উত্তর দিল।

"Ahora iremos a buen ritmo; no más Spitz, no más problemas".

"এখন আমরা ভালো সময় কাটাবো; আর কোন স্পিটজ নেই, আর কোন ঝামেলা নেই।"

Perrault estaba empacando el equipo y cargando el trineo con cuidado.

পেরোল্ট সরঞ্জাম গুছিয়ে নিচ্ছিলেন এবং স্লেজটি সাবধানে লোড করছিলেন।

François enjaezó a los perros para prepararlos para la carrera del día.

দিনের দৌড়ের প্রস্তুতি হিসেবে ফ্রাঁসোয়া কুকুরগুলোকে কাজে লাগিয়েছিলেন।

Buck trotó directamente a la posición de liderazgo que alguna vez ocupó Spitz.

বাক সোজা এগিয়ে গেলেন স্পিটজের দখলে থাকা শীর্ষস্থানে।

Pero François, sin darse cuenta, condujo a Solleks hacia el frente.

কিন্তু ফ্রাঁসোয়া, খেয়াল না করে, সোলেক্সকে সামনের দিকে এগিয়ে নিয়ে গেলেন।

A juicio de François, Solleks era ahora el mejor perro guía.

ফ্রাঁসোয়াদের মতে, সোলেক্স এখন সেরা লিড-ডগ ছিলেন।

Buck se abalanzó furioso sobre Solleks y lo hizo retroceder en protesta.

বাক ক্রোধে সোলেক্সের উপর ঝাঁপিয়ে পড়ে এবং প্রতিবাদে তাকে তাড়িয়ে দেয়।

Se situó en el mismo lugar que una vez estuvo Spitz, ocupando la posición de liderazgo.

স্পিটজ যেখানে একসময় দাঁড়িয়েছিলেন, তিনি সেখানেই দাঁড়িয়েছিলেন, নেতৃত্বের পদ দাবি করেছিলেন।

—¿Eh? ¿Eh? —gritó François, dándose palmadas en los muslos, divertido.

"এহ? এহ?" ফ্রাঁসোয়া চিৎকার করে উঠল, আনন্দে তার উরুতে থাপ্পড় মারল।

—Mira a Buck. Mató a Spitz y ahora quiere aceptar el trabajo.

"বাককে দেখো—সে স্পিটজকে মেরে ফেলেছে, এখন সে চাকরিটা নিতে চায়!"

—¡Vete, Chook! —gritó, intentando ahuyentar a Buck.

"চলে যাও, চুক!" সে চিৎকার করে বলল, বাককে তাড়িয়ে দেওয়ার চেষ্টা করছে।

Pero Buck se negó a moverse y se mantuvo firme en la nieve.

কিন্তু বাক নড়তে অস্বীকৃতি জানালেন এবং তুষারের উপর দৃঢ়ভাবে দাঁড়িয়ে রইলেন।

François agarró a Buck por la nuca y lo arrastró a un lado.

ফ্রাঁসোয়া বাককে হাতের মুঠোয় ধরে একপাশে টেনে নিয়ে গেল।

Buck gruñó bajo y amenazante, pero no atacó.

বাক নিচু স্বরে এবং হুমকিস্বরূপ গর্জন করল কিন্তু আক্রমণ করল না।

François puso a Solleks de nuevo en cabeza, intentando resolver la disputa.

ফ্রাঁসোয়া সোলেকসকে আবারও নেতৃত্ব দেন, বিরোধ নিষ্পত্তির চেষ্টা করেন।

El perro viejo mostró miedo de Buck y no quería quedarse.

বুড়ো কুকুরটি বাককে ভয় পেল এবং থাকতে চাইল না।

Cuando François le dio la espalda, Buck expulsó nuevamente a Solleks.

ফ্রাঁসোয়া যখন মুখ ফিরিয়ে নিলেন, বাক আবার সোলেক্সকে তাড়িয়ে দিলেন।

Solleks no se resistió y se hizo a un lado silenciosamente una vez más.

সোলেক্স আর প্রতিরোধ করলেন না এবং আবারও চুপচাপ সরে গেলেন।

François se enojó y gritó: "¡Por Dios, te arreglo!"

ফ্রাঁসোয়া রেগে গেলেন এবং চিৎকার করে বললেন, "ঈশ্বরের কসম, আমি তোমাকে ঠিক করে দিচ্ছি!"

Se acercó a Buck sosteniendo un pesado garrote en su mano.

সে একটা ভারী লাঠি হাতে নিয়ে বাকের দিকে এগিয়ে এলো।

Buck recordaba bien al hombre del suéter rojo.

বাকের লাল সোয়েটার পরা লোকটির কথা ভালো করে মনে আছে।

Se retiró lentamente, observando a François, pero gruñendo profundamente.

সে ধীরে ধীরে পিছু হটল, ফ্রাঁসোয়াকে দেখছিল, কিন্তু গভীরভাবে গর্জন করছিল।

No se apresuró a regresar, incluso cuando Solleks ocupó su lugar.

সোলেক্স যখন তার জায়গায় দাঁড়িয়েছিল, তখনও সে তাড়াহুড়ো করে পিছু হটেনি।

Buck voló en círculos fuera de su alcance, gruñendo con furia y protesta.

বাক নাগালের বাইরে ঘুরতে ঘুরতে রাগে আর প্রতিবাদে চিৎকার করতে লাগল।

Mantuvo la vista fija en el palo, dispuesto a esquivarlo si François lanzaba.

সে ক্লাবের দিকে চোখ রেখেছিল, ফ্রাঁসোয়া যদি ছুড়ে মারে তাহলে তা এড়াতে প্রস্তুত ছিল।

Se había vuelto sabio y cauteloso en cuanto a las costumbres de los hombres con armas.

অস্ত্রধারী মানুষের আচরণে সে জ্ঞানী এবং সতর্ক হয়ে উঠেছিল।

François se dio por vencido y llamó a Buck nuevamente a su antiguo lugar.

ফ্রাঁসোয়া হাল ছেড়ে দিলেন এবং বাককে আবার তার আগের জায়গায় ডেকে পাঠালেন।

Pero Buck retrocedió con cautela, negándose a obedecer la orden.

কিন্তু বাক সাবধানে পিছিয়ে গেলেন, আদেশ মানতে অস্বীকৃতি জানালেন।

François lo siguió, pero Buck sólo retrocedió unos pasos más.

ফ্রাঁসোয়া পিছু পিছু এলেন, কিন্তু বাক আরও কয়েক ধাপ পিছিয়ে গেলেন।

Después de un tiempo, François arrojó el arma al suelo, frustrado.

কিছুক্ষণ পর, ফ্রাঁসোয়া হতাশায় অস্ত্রটি নিচে ছুঁড়ে ফেলে দিল।

Pensó que Buck tenía miedo de que le dieran una paliza y que iba a venir sin hacer mucho ruido.

সে ভেবেছিল বাক মারধরের ভয় পাচ্ছে এবং চুপচাপ চলে আসবে।

Pero Buck no estaba evitando el castigo: estaba luchando por su rango.

কিন্তু বাক শাস্তি এড়াচ্ছিলেন না - তিনি পদমর্যাদার জন্য লড়াই করছিলেন।

Se había ganado el puesto de perro líder mediante una pelea a muerte.

মৃত্যুর সাথে লড়াই করে সে লিড-ডগ স্থান অর্জন করেছিল।

No iba a conformarse con nada menos que ser el líder.

তিনি নেতা হওয়ার চেয়ে কম কিছুতেই সন্তুষ্ট থাকতে রাজি ছিলেন না।

Perrault participó en la persecución para ayudar a atrapar al rebelde Buck.

বিদ্রোহী বাককে ধরতে পেরেল্ট তাড়া করতে সাহায্য করেছিলেন।

Juntos lo hicieron correr alrededor del campamento durante casi una hora.

একসাথে, তারা তাকে প্রায় এক ঘন্টা ধরে ক্যাম্পে ঘুরিয়ে বেড়ায়।

Le lanzaron garrotes, pero Buck los esquivó hábilmente.

তারা তার দিকে লাঠি ছুঁড়ে মারল, কিন্তু বাক দক্ষতার সাথে প্রতিটি লাঠি এড়িয়ে গেল।

Lo maldijeron a él, a sus padres, a sus descendientes y a cada cabello que tenía.

তারা তাকে, তার পূর্বপুরুষদের, তার বংশধরদের এবং তার শরীরের প্রতিটি চুলকে অভিশাপ দিল।
Pero Buck sólo gruñó y se quedó fuera de su alcance.

কিন্তু বাক কেবল পিছু হটল এবং তাদের নাগালের বাইরেই রইল।
Nunca intentó huir, sino que rodeó el campamento deliberadamente.

সে কখনও পালানোর চেষ্টা করেনি বরং ইচ্ছাকৃতভাবে শিবিরের চারপাশে ঘুরেছে।
Dejó claro que obedecería una vez que le dieran lo que quería.

সে স্পষ্ট করে দিয়েছিল যে, যখন সে যা চাইবে তা তাকে দেওয়া হবে, তখন সে তা মেনে চলবে।
François finalmente se sentó y se rascó la cabeza con frustración.

ফ্রাঁসোয়া অবশেষে বসে পড়লেন এবং হতাশায় মাথা চুলকালেন।
Perrault miró su reloj, maldijo y murmuró algo sobre el tiempo perdido.

পেরাল্ট তার ঘড়িটা দেখল, শপথ করল, আর হারিয়ে যাওয়া সময়ের কথা বিড়বিড় করল।
Ya había pasado una hora cuando debían estar en el sendero.

যখন তাদের পথ চলার কথা ছিল, তখন এক ঘন্টা পেরিয়ে গেছে।
François se encogió de hombros tímidamente y miró al mensajero, quien suspiró derrotado.

ফ্রাঁসোয়া লজ্জায় কুরিয়ারের দিকে কাঁধ ঝাঁকিয়ে বললেন, যিনি পরাজয়ের দীর্ঘশ্বাস ফেললেন।
Entonces François se acercó a Solleks y llamó a Buck una vez más.

তারপর ফ্রাঁসোয়া সোলেক্সের কাছে গেলেন এবং আবারও বাককে ডাকলেন।
Buck se rió como se ríe un perro, pero mantuvo una distancia cautelosa.

বাক কুকুরের মতো হেসে উঠল, কিন্তু সাবধানে দূরত্ব বজায় রাখল।
François le quitó el arnés a Solleks y lo devolvió a su lugar.

ফ্রাঁসোয়া সোলেক্সের জোতা খুলে ফেলে তাকে তার জায়গায় ফিরিয়ে আনেন।
El equipo de trineo estaba completamente arneses y solo había un lugar libre.

স্লেজ দলটি সম্পূর্ণরূপে প্রস্তুত ছিল, কেবল একটি জায়গা খালি ছিল।
La posición de liderazgo quedó vacía, claramente destinada solo para Buck.

লিড পজিশনটি খালিই রয়ে গেল, স্পষ্টতই কেবল বাকের জন্যই।
François volvió a llamar, y nuevamente Buck rió y se mantuvo firme.

ফ্রাঁসোয়া আবার ফোন করলেন, এবং আবারও হেসে নিজের অবস্থান ধরে রাখলেন।
—Tira el garrote —ordenó Perrault sin dudarlo.

"ক্লাবটি ফেলে দাও," পেরাল্ট দ্বিধা ছাড়াই আদেশ দিলেন।
François obedeció y Buck inmediatamente trotó hacia adelante orgulloso.

ফ্রাঁসোয়া কথা মানলেন, এবং বাক তৎক্ষণাৎ গর্বের সাথে সামনের দিকে এগিয়ে গেলেন।
Se rió triunfante y asumió la posición de líder.

সে জয়ধ্বনি করে হেসে উঠল এবং প্রধান অবস্থানে পা রাখল।
François aseguró sus correajes y el trineo se soltó.

ফ্রাঁসোয়া তার চিহ্নগুলো সুরক্ষিত করল, এবং স্লেজটি ভেঙে ফেলা হল।
Ambos hombres corrieron al lado del equipo mientras corrían hacia el sendero del río.

দলটি নদীর ধারে দৌড়ে যাওয়ার সময় দুজনেই পাশাপাশি দৌড়েছিল।
François tenía en alta estima a los "dos demonios" de Buck.

ফ্রাঁসোয়া বাকের "দুই শয়তান" সম্পর্কে খুব ভালোভাবে চিন্তা করেছিলেন,

Pero pronto se dio cuenta de que en realidad había subestimado al perro.

কিন্তু শীঘ্রই সে বুঝতে পারল যে সে আসলে কুকুরটিকে অবমূল্যায়ন করেছে।

Buck asumió rápidamente el liderazgo y trabajó con excelencia.

বাক দ্রুত নেতৃত্ব গ্রহণ করেন এবং উৎকৃষ্টতার সাথে কাজ করেন।

En juicio, pensamiento rápido y acción veloz, Buck superó a Spitz.

বিচারবুদ্ধি, দ্রুত চিন্তাভাবনা এবং দ্রুত পদক্ষেপের ক্ষেত্রে, বাক স্পিটজকে ছাড়িয়ে গেছেন।

François nunca había visto un perro igual al que Buck mostraba ahora.

বাক এখন যা দেখাচ্ছে, তার সমান কুকুর ফ্রাঁসোয়া কখনও দেখেনি।

Pero Buck realmente sobresalía en imponer el orden e imponer respeto.

কিন্তু বাক সত্যিই শৃঙ্খলা রক্ষা এবং সম্মান অর্জনে অসাধারণ ছিলেন।

Dave y Solleks aceptaron el cambio sin preocupación ni protesta.

ডেভ এবং সোলেক্স কোনও উদ্বেগ বা প্রতিবাদ ছাড়াই পরিবর্তনটি মেনে নিয়েছিলেন।

Se concentraron únicamente en el trabajo y en tirar con fuerza de las riendas.

তারা কেবল কাজ এবং কঠোর পরিশ্রমের উপর মনোনিবেশ করেছিল।

A ellos les importaba poco quién iba delante, siempre y cuando el trineo siguiera moviéndose.

যতক্ষণ স্লেজটি চলতে থাকে, ততক্ষণ কে নেতৃত্ব দিচ্ছে তা নিয়ে তাদের খুব একটা মাথাব্যথা ছিল না।

Billee, la alegre, podría haber liderado todo lo que a ellos les importaba.

বিলি, সেই হাসিখুশি, তাদের যতটুকু প্রয়োজন ছিল, নেতৃত্ব দিতে পারত।

Lo que les importaba era la paz y el orden en las filas.

তাদের কাছে যা গুরুত্বপূর্ণ ছিল তা হল সৈন্যদের মধ্যে শান্তি ও শৃঙ্খলা।

El resto del equipo se había vuelto rebelde durante la decadencia de Spitz.

স্পিটজের পতনের সময় দলের বাকিরা অশান্ত হয়ে উঠেছিল।

Se sorprendieron cuando Buck inmediatamente los puso en orden.

বাক যখন তাৎক্ষণিকভাবে সেগুলো অর্ডার করে আনলেন, তখন তারা হতবাক হয়ে গেলেন।

Pike siempre había sido perezoso y arrastraba los pies detrás de Buck.

পাইক সবসময় অলস ছিল এবং বাকের পিছনে পা টেনে নিয়ে যেত।

Pero ahora el nuevo liderazgo lo ha disciplinado severamente.

কিন্তু এখন নতুন নেতৃত্ব তাকে কঠোরভাবে শাসিত করেছে।

Y rápidamente aprendió a aportar su granito de arena en el equipo.

এবং সে দ্রুত দলে নিজের ওজন কমাতে শিখে গেল।

Al final del día, Pike trabajó más duro que nunca.

দিনের শেষে, পাইক আগের চেয়েও বেশি পরিশ্রম করল।

Esa noche en el campamento, Joe, el perro amargado, finalmente fue sometido.

ক্যাম্পে সেই রাতে, জো, টক কুকুর, অবশেষে পরাজিত হয়েছিল।

Spitz no logró disciplinarlo, pero Buck no falló.

স্পিটজ তাকে শাসন করতে ব্যর্থ হয়েছিল, কিন্তু বাক ব্যর্থ হয়নি।

Utilizando su mayor peso, Buck superó a Joe en segundos.

তার বেশি ওজন ব্যবহার করে, বাক কয়েক সেকেন্ডের মধ্যেই জোকে পরাজিত করে।

Mordió y golpeó a Joe hasta que gimió y dejó de resistirse.

সে জোকে কামড় দিয়ে মারধর করে যতক্ষণ না সে ফিসফিস করে এবং প্রতিরোধ বন্ধ করে দেয়।

Todo el equipo mejoró a partir de ese momento.

সেই মুহূর্ত থেকে পুরো দল উন্নতি করতে থাকে।

Los perros recuperaron su antigua unidad y disciplina.

কুকুরগুলো তাদের পুরনো ঐক্য এবং শৃঙ্খলা ফিরে পেল।

En Rink Rapids, se unieron dos nuevos huskies nativos, Teek y Koona.

রিঙ্ক র্যাপিডসে, দুটি নতুন দেশীয় হাস্কি, টিক এবং কুনা, যোগ দিয়েছে।

El rápido entrenamiento que Buck les dio sorprendió incluso a François.

বাকের দ্রুত প্রশিক্ষণ ফ্রাঁসোয়াকেও অবাক করে দিয়েছিল।

"¡Nunca hubo un perro como ese Buck!" gritó con asombro.

"ওই বাকের মতো কুকুর আর কখনও ছিল না!" সে অবাক হয়ে চিৎকার করে উঠল।

¡No, jamás! ¡Vale mil dólares, por Dios!

"না, কখনোই না! ঈশ্বরের কসম, সে এক হাজার ডলারেরও মূল্যবান!"

—¿Eh? ¿Qué dices, Perrault? —preguntó con orgullo.

"এহ? তুমি কী বলো, পেরাল্ট?" সে গর্বের সাথে জিজ্ঞাসা করল।

Perrault asintió en señal de acuerdo y revisó sus notas.

পেরাল্ট সম্মতিতে মাথা নাড়লেন এবং তার নোটগুলি পরীক্ষা করলেন।

Ya vamos por delante del cronograma y ganamos más cada día.

আমরা ইতিমধ্যেই নির্ধারিত সময়ের চেয়ে এগিয়ে আছি এবং প্রতিদিন আরও বেশি লাভ করছি।

El sendero estaba duro y liso, sin nieve fresca.

পথটি ছিল কঠিন এবং মসৃণ, কোনও নতুন তুষারপাত হয়নি।

El frío era constante, rondando los cincuenta grados bajo cero durante todo el tiempo.

ঠান্ডা স্থির ছিল, সর্বত্র শূন্যের নিচে পঞ্চাশে।

Los hombres cabalgaban y corrían por turnos para entrar en calor y ganar tiempo.

পুরুষরা পালাক্রমে ঘোড়ায় চড়ে এবং দৌড়াতে লাগলো উষ্ণ থাকার জন্য এবং সময় কাটানোর জন্য।

Los perros corrían rápido, con pocas paradas y siempre avanzando.

কুকুরগুলো খুব দ্রুত দৌড়াচ্ছিল, কয়েকবার থামলেও, সবসময় সামনের দিকে ঠেলে দৌড়াচ্ছিল।

El río Thirty Mile estaba casi congelado y era fácil cruzarlo.

থার্টি মাইল নদীর বেশিরভাগ অংশই হিমায়িত ছিল এবং সহজেই পারাপারের উপযোগী ছিল।

Salieron en un día lo que habían tardado diez días en llegar.

যেদিন আসতে দশ দিন লেগেছিল, সেদিন তারা একদিনেই বেরিয়ে গেল।

Hicieron una carrera de sesenta millas desde el lago Le Barge hasta White Horse.

তারা লেক লে বার্জ থেকে হোয়াইট হর্স পর্যন্ত ষাট মাইল দৌড়েছিল।

A través de los lagos Marsh, Tagish y Bennett se movieron increíblemente rápido.

মার্শ, ট্যাগিশ এবং বেনেট লেক জুড়ে তারা অবিশ্বাস্যভাবে দ্রুত এগিয়ে গেল।

El hombre corriendo remolcado detrás del trineo por una cuerda.

দৌড়ে থাকা লোকটি দড়ির উপর দিয়ে স্লেজের পেছনে টেনে নিল।

En la última noche de la segunda semana llegaron a su destino.

দ্বিতীয় সপ্তাহের শেষ রাতে তারা তাদের গন্তব্যে পৌঁছে গেল।

Habían llegado juntos a la cima del Paso Blanco.

তারা একসাথে হোয়াইট পাসের চূড়ায় পৌঁছেছিল।

Descendieron al nivel del mar con las luces de Skaguay debajo de ellos.

তারা সমুদ্রপৃষ্ঠে নেমে গেল, স্কাগুয়ের আলো তাদের নীচে।

Había sido una carrera que estableció un récord a través de kilómetros de desierto frío.

এটি ছিল মাইলের পর মাইল ঠান্ডা প্রান্তরের মধ্য দিয়ে একটি রেকর্ড-স্থাপনকারী দৌড়।

Durante catorce días seguidos, recorrieron un promedio de cuarenta millas.

টানা চৌদ্দ দিন ধরে, তারা গড়ে চল্লিশ মাইল শক্তিশালী পথ পাড়ি দিয়েছিল।

En Skaguay, Perrault y François transportaban mercancías por la ciudad.

স্কাগুয়েতে, পেরাল্ট এবং ফ্রাঁসোয়া শহরের মধ্য দিয়ে পণ্য পরিবহন করতেন।

Fueron aplaudidos y la multitud admirada les ofreció muchas bebidas.

জনতা তাদের উল্লাসিত করে এবং প্রচুর পানীয় পরিবেশন করে।

Los cazadores de perros y los trabajadores se reunieron alrededor del famoso equipo de perros.

কুকুর-নিধনকারী এবং শ্রমিকরা বিখ্যাত কুকুর দলের চারপাশে জড়ো হয়েছিল।

Luego, los forajidos del oeste llegaron a la ciudad y sufrieron una derrota violenta.

তারপর পশ্চিমা দস্যুরা শহরে এসে সহিংস পরাজয়ের সম্মুখীন হয়।

La gente pronto se olvidó del equipo y se centró en un nuevo drama.

লোকেরা শীঘ্রই দলটিকে ভুলে গেল এবং নতুন নাটকের দিকে মনোনিবেশ করল।

Luego vinieron las nuevas órdenes que cambiaron todo de golpe.

তারপর নতুন আদেশ এল যা মুহূর্তের মধ্যে সবকিছু বদলে দিল।

François llamó a Buck y lo abrazó con orgullo entre lágrimas.

ফ্রাঁসোয়া বাককে কাছে ডেকে অশ্রুসিক্ত গর্বের সাথে জড়িয়ে ধরলেন।

Ese momento fue la última vez que Buck volvió a ver a François.

সেই মুহূর্তটিই ছিল বাক ফ্রাঁসোয়াকে আবার শেষবারের মতো দেখেছিলেন।

Como muchos hombres antes, tanto François como Perrault se habían ido.

আগের অনেক পুরুষের মতো, ফ্রাঁসোয়া এবং পেরাও দুজনেই চলে গেলেন।

Un mestizo escocés se hizo cargo de Buck y sus compañeros de equipo de perros de trineo.

একটি স্কচ অর্ধ-জাত কুকুর বাক এবং তার স্লেজ কুকুরের সতীর্থদের দায়িত্ব নিয়েছিল।

Con una docena de otros equipos de perros, regresaron por el sendero hasta Dawson.

আরও এক ডজন কুকুরের দল নিয়ে, তারা পথ ধরে ডসনের দিকে ফিরে গেল।

Ya no era una carrera rápida, solo un trabajo duro con una carga pesada cada día.

এখন আর দ্রুত দৌড় ছিল না—শুধু প্রতিদিন ভারী বোঝা সহ ভারী পরিশ্রম।

Éste era el tren correo que llevaba noticias a los buscadores de oro cerca del Polo.

এটি ছিল মেইল ট্রেন, যা মেরুর কাছে সোনা শিকারিদের কাছে খবর পৌঁছে দিচ্ছিল।

A Buck no le gustaba el trabajo, pero lo soportaba bien y se enorgullecía de su esfuerzo.

বাক কাজটি অপছন্দ করতেন কিন্তু তিনি কাজটি ভালোভাবেই সামলে নিতেন, নিজের প্রচেষ্টায় গর্বিত ছিলেন।

Al igual que Dave y Solleks, Buck mostró devoción por cada tarea diaria.

ডেভ এবং সোলেক্সের মতো, বাকও প্রতিদিনের প্রতিটি কাজে নিষ্ঠা দেখিয়েছিলেন।

Se aseguró de que cada uno de sus compañeros hiciera su parte.

তিনি নিশ্চিত করেছিলেন যে তার সতীর্থরা প্রত্যেকেই তাদের ন্যায্য ওজন টেনেছে।

La vida en el sendero se volvió aburrida, repetida con la precisión de una máquina.

পথের জীবন একঘেয়ে হয়ে উঠল, যন্ত্রের নির্ভুলতার সাথে পুনরাবৃত্তি হল।

Cada día parecía igual, una mañana se fundía con la siguiente.

প্রতিটি দিন একই রকম অনুভূত হচ্ছিল, একটা সকাল অন্যটার সাথে মিশে যাচ্ছিল।

A la misma hora, los cocineros se levantaron para hacer fogatas y preparar la comida.

একই সময়ে, রাঁধুনিরা আগুন জ্বালাতে এবং খাবার তৈরি করতে উঠে পড়ল।

Después del desayuno, algunos abandonaron el campamento mientras otros enjaezaron los perros.

নাস্তার পর, কেউ কেউ ক্যাম্প ছেড়ে চলে গেল, আবার কেউ কেউ কুকুরগুলোকে কাজে লাগাল।

Se pusieron en marcha antes de que la tenue señal del amanecer tocara el cielo.

ভোরের মৃদু সতর্কীকরণ আকাশ স্পর্শ করার আগেই তারা পথ ধরে এগিয়ে গেল।

Por la noche se detenían para acampar, cada hombre con una tarea determinada.

রাতে, তারা ক্যাম্প করার জন্য থামল, প্রত্যেকেরই নির্দিষ্ট দায়িত্ব ছিল।

Algunos montaron tiendas de campaña, otros cortaron leña y recogieron ramas de pino.

কেউ তাঁবু খাটালো, কেউ জ্বালানি কাঠ কাটলো আর পাইন গাছের ডাল কুড়ালো।

Se llevaba agua o hielo a los cocineros para la cena.

রাতের খাবারের জন্য রাঁধুনিদের কাছে জল বা বরফ ফিরিয়ে আনা হত।

Los perros fueron alimentados y esta fue la mejor parte del día para ellos.

কুকুরগুলোকে খাওয়ানো হয়েছিল, আর এটাই ছিল তাদের জন্য দিনের সেরা সময়।

Después de comer pescado, los perros se relajaron y descansaron cerca del fuego.

মাছ খাওয়ার পর, কুকুরগুলো আরাম করে আগুনের কাছে শুয়ে পড়ল।

Había otros cien perros en el convoy con los que mezclarse.

কনভয়ে আরও একশটি কুকুর ছিল যাদের সাথে মিশতে হয়েছিল।

Muchos de esos perros eran feroces y rápidos para pelear sin previo aviso.

সেই কুকুরগুলির মধ্যে অনেকগুলিই ছিল হিংস্র এবং সতর্কতা ছাড়াই দ্রুত লড়াই করত।

Pero después de tres victorias, Buck dominó incluso a los luchadores más feroces.

কিন্তু তিনটি জয়ের পর, বাক সবচেয়ে ভয়ঙ্কর যোদ্ধাদেরও আয়ত্ত করতে সক্ষম হন।

Cuando Buck gruñó y mostró los dientes, se hicieron a un lado.

এখন যখন বাক গর্জন করে দাঁত দেখালো, তখন তারা সরে গেল।

Quizás lo mejor de todo es que a Buck le encantaba tumbarse cerca de la fogata parpadeante.

সম্ভবত সবচেয়ে ভালো কথা, বাক জ্বলন্ত ক্যাম্প ফায়ারের কাছে শুয়ে থাকতে ভালোবাসত।

Se agachó con las patas traseras dobladas y las patas delanteras estiradas hacia adelante.

সে পিছনের পা দুটো আটকে রেখে এবং সামনের পা দুটো সামনের দিকে প্রসারিত করে কুঁচকে গেল।

Levantó la cabeza mientras parpadeaba suavemente ante las llamas brillantes.

জ্বলন্ত আগুনের দিকে তাকিয়ে মৃদুভাবে পলক ফেলতে পড়তেই তার মাথা উঁচু হয়ে গেল।

A veces recordaba la gran casa del juez Miller en Santa Clara.

মাঝে মাঝে তার সান্তা ক্লারায় জজ মিলারের বড় বাড়ির কথা মনে পড়ত।

Pensó en la piscina de cemento, en Ysabel y en el pug llamado Toots.

সে সিমেন্টের পুলের কথা ভাবল, ইসাবেলের কথা, আর টুটস নামক পাগের কথা।

Pero más a menudo recordaba el garrote del hombre del suéter rojo.

কিন্তু তার বেশি মনে পড়ত লাল সোয়েটার ক্লাব পরা লোকটির কথা।

Recordó la muerte de Curly y su feroz batalla con Spitz.

সে কার্লির মৃত্যু এবং স্পিটজের সাথে তার তীব্র যুদ্ধের কথা মনে রাখল।

También recordó la buena comida que había comido o con la que aún soñaba.

সে সেই সুস্বাদু খাবারের কথাও মনে করলো যেগুলো সে খেয়েছিল অথবা এখনও স্বপ্নে দেখেছে।

Buck no sentía nostalgia: el cálido valle era distante e irreal.

বাকের বাড়ির জন্য খুব একটা মন খারাপ ছিল না—উষ্ণ উপত্যকাটি ছিল অনেক দূরে এবং অবাস্তব।

Los recuerdos de California ya no ejercían ninguna atracción sobre él.

ক্যালিফোর্নিয়ার স্মৃতি আর তাকে আর টানতে পারেনি।

Más fuertes que la memoria eran los instintos profundos en su linaje.

স্মৃতির চেয়েও শক্তিশালী ছিল তার রক্তধারার গভীরে প্রবৃত্তি।

Los hábitos que una vez se habían perdido habían regresado, revividos por el camino y la naturaleza.

একবার হারিয়ে যাওয়া অভ্যাসগুলো আবার ফিরে এসেছিল, পথ আর বন্য পরিবেশের কারণে আবার নতুন করে সঞ্জীবিত হয়েছিল।

Mientras Buck observaba la luz del fuego, a veces se convertía en otra cosa.

বাক যখন আগুনের আলো দেখত, তখন মাঝে মাঝে এটি অন্যরকম হয়ে যেত।

Vio a la luz del fuego otro fuego, más antiguo y más profundo que el actual.

আগুনের আলোয় সে আরেকটি আগুন দেখতে পেল, বর্তমানের চেয়েও পুরোনো এবং গভীর।

Junto a ese otro fuego se agazapaba un hombre que no se parecía en nada al cocinero mestizo.

সেই আগুনের পাশেই আরেকজন লোক বসে ছিল, যে অর্ধ-জাতের রাঁধুনির মতো নয়।

Esta figura tenía piernas cortas, brazos largos y músculos duros y anudados.

এই মূর্তিটির পা ছোট, বাহু লম্বা এবং শক্ত, গিঁটে বাঁধা পেশী ছিল।

Su cabello era largo y enmarañado, y caía hacia atrás desde los ojos.

তার চুল লম্বা এবং জট পাকানো ছিল, চোখ থেকে পিছনের দিকে ঢালু ছিল।

Hizo ruidos extraños y miró con miedo hacia la oscuridad.

সে অদ্ভুত শব্দ করল এবং ভয়ে অন্ধকারের দিকে তাকিয়ে রইল।

Sostenía agachado un garrote de piedra, firmemente agarrado con su mano larga y áspera.

সে একটা পাথরের গদা নিচু করে ধরেছিল, তার লম্বা রুক্ষ হাতে শক্ত করে ধরেছিল।

El hombre vestía poco: sólo una piel carbonizada que le colgaba por la espalda.

লোকটি খুব কম পোশাক পরেছিল; কেবল একটি পোড়া চামড়া যা তার পিঠে ঝুলছিল।

Su cuerpo estaba cubierto de espeso vello en los brazos, el pecho y los muslos.

তার শরীর বাহু, বুক এবং উরু জুড়ে ঘন লোমে ঢাকা ছিল।

Algunas partes del cabello estaban enredadas en parches de pelaje áspero.

চুলের কিছু অংশ রুক্ষ পশমের টুকরোয় জট পাকিয়ে গিয়েছিল।

No se mantenía erguido, sino inclinado hacia delante desde las caderas hasta las rodillas.

সে সোজা হয়ে দাঁড়ালো না বরং কোমর থেকে হাঁটু পর্যন্ত সামনের দিকে ঝুঁকে রইলো।

Sus pasos eran elásticos y felinos, como si estuviera siempre dispuesto a saltar.

তার পদক্ষেপগুলি ছিল বসন্তের মতো এবং বিড়ালের মতো, যেন সর্বদা লাফ দেওয়ার জন্য প্রস্তুত।

Había un estado de alerta agudo, como si viviera con miedo constante.

একটা তীব্র সতর্কতা ছিল, যেন সে ক্রমাগত ভয়ের মধ্যে বাস করছিল।

Este hombre anciano parecía esperar el peligro, ya sea que lo viera o no.

এই প্রাচীন মানুষটি বিপদের আশা করেছিলেন বলে মনে হচ্ছিল, বিপদ দেখা যাক বা না যাক।

A veces, el hombre peludo dormía junto al fuego, con la cabeza metida entre las piernas.

মাঝে মাঝে লোমশ লোকটি আগুনের ধারে ঘুমাতো, মাথাটা তার দুই পায়ের মাঝখানে লুকিয়ে রাখতো।

Sus codos descansaban sobre sus rodillas, sus manos entrelazadas sobre su cabeza.

তার কনুই হাঁটুর উপর রাখা ছিল, হাত মাথার উপরে আঁকড়ে ধরে ছিল।

Como un perro, usó sus brazos peludos para protegerse de la lluvia que caía.

কুকুরের মতো সে তার লোমশ বাহু ব্যবহার করে বৃষ্টি ঝরালো।

Más allá de la luz del fuego, Buck vio dos brasas brillando en la oscuridad.

আগুনের আলোর ওপারে, বাক অন্ধকারে জোড়া কয়লা জ্বলতে দেখল।

Siempre de dos en dos, eran los ojos de las bestias rapaces al acecho.

সর্বদা দুই একজন করে, তারা ছিল শিকারী পশুদের চোখ।

Escuchó cuerpos chocando contra la maleza y ruidos en la noche.

সে শুনতে পেল ঝোপঝাড়ের মধ্য দিয়ে মৃতদেহগুলো ভেঙে পড়ার শব্দ এবং রাতে তৈরি হওয়া শব্দ।

Acostado en la orilla del Yukón, parpadeando, Buck soñaba junto al fuego.

ইউকন নদীর তীরে শুয়ে, পলক ফেলতে ফেলতে, বাক আগুনের ধারে স্বপ্ন দেখল।

Las vistas y los sonidos de ese mundo salvaje le ponían los pelos de punta.

সেই বন্য পৃথিবীর দৃশ্য এবং শব্দ তার লোম দাঁড়িয়ে দিল।

El pelaje se le subió por la espalda, los hombros y el cuello.

পশমটি তার পিঠ, কাঁধ এবং ঘাড় পর্যন্ত উঠে গেল।

Él gimió suavemente o emitió un gruñido bajo y profundo en su pecho.

সে মৃদুভাবে ফিসফিস করে বলল অথবা বুকের গভীরে একটা নিচু গর্জন করল।

Entonces el cocinero mestizo gritó: "¡Oye, Buck, despierta!"

তারপর অর্ধ-জাত রাঁধুনি চিৎকার করে বলল, "এই, তুমি বাক, জেগে ওঠো!"

El mundo de los sueños desapareció y la vida real regresó a los ojos de Buck.

স্বপ্নের জগৎ অদৃশ্য হয়ে গেল, এবং বাস্তব জীবন বাকের চোখে ফিরে এল।

Iba a levantarse, estirarse y bostezar, como si acabara de despertar de una siesta.

সে উঠে দাঁড়াবে, হাত-পা ঝাড়বে, আর হাই তুলবে, যেন ঘুম থেকে জেগে উঠেছে।

El viaje fue duro, con el trineo del correo arrastrándose detrás de ellos.

যাত্রাটা কঠিন ছিল, মেইল স্লেজটা তাদের পিছনে টেনে নিয়ে যাচ্ছিল।

Las cargas pesadas y el trabajo duro agotaban a los perros cada largo día.

ভারী বোঝা এবং কঠোর পরিশ্রম কুকুরগুলিকে প্রতিদিন ক্লান্ত করে তুলত।

Llegaron a Dawson delgados, cansados y necesitando más de una semana de descanso.

তারা ডসনে পৌঁছেছিল, রোগা, ক্লান্ত এবং এক সপ্তাহেরও বেশি সময় বিশ্রামের প্রয়োজন ছিল।

Pero sólo dos días después, emprendieron nuevamente el descenso por el Yukón.

কিন্তু মাত্র দুই দিন পরে, তারা আবার ইউকন দ্বীপে যাত্রা শুরু করে।

Estaban cargados con más cartas destinadas al mundo exterior.

বাইরের জগতের জন্য আরও চিঠিপত্রে ভরপুর ছিল।

Los perros estaban exhaustos y los hombres se quejaban constantemente.

কুকুরগুলো ক্লান্ত ছিল এবং পুরুষরা ক্রমাগত অভিযোগ করছিল।

La nieve caía todos los días, suavizando el camino y ralentizando los trineos.

প্রতিদিন তুষারপাত হচ্ছিল, পথ নরম করছিল এবং স্লেজ চালানোর গতি কমিয়ে দিচ্ছিল।

Esto provocó que el tirón fuera más difícil y hubo más resistencia para los corredores.

এর ফলে দৌড়বিদদের টানাটানি আরও কঠিন হয়ে পড়ে এবং তাদের টেনে আনা আরও কঠিন হয়ে পড়ে।

A pesar de eso, los pilotos fueron justos y se preocuparon por sus equipos.

তা সত্ত্বেও, চালকরা সৎ ছিলেন এবং তাদের দলের প্রতি যত্নবান ছিলেন।

Cada noche, los perros eran alimentados antes de que los hombres pudieran comer.

প্রতি রাতে, পুরুষরা খেতে পাওয়ার আগে কুকুরগুলোকে খাওয়ানো হত।

Ningún hombre duerme sin antes revisar las patas de su propio perro.

নিজের কুকুরের পা পরীক্ষা না করে কেউ ঘুমায়নি।

Aún así, los perros se fueron debilitando a medida que los kilómetros iban desgastando sus cuerpos.

তবুও, মাইলগুলো তাদের শরীরে লাগার সাথে সাথে কুকুরগুলো দুর্বল হয়ে পড়ল।

Habían viajado mil ochocientas millas durante el invierno.

শীতকালে তারা আঠারোশো মাইল ভ্রমণ করেছিল।

Tiraron de trineos a lo largo de cada milla de esa brutal distancia.

তারা সেই নির্মম দূরত্বের প্রতি মাইল জুড়ে স্লেজ টেনেছে।

Incluso los perros de trineo más resistentes sienten tensión después de tantos kilómetros.

এমনকি সবচেয়ে শক্তিশালী স্লেজ কুকুরগুলিও এত মাইল চালানোর পরে চাপ অনুভব করে।

Buck aguantó, mantuvo a su equipo trabajando y mantuvo la disciplina.

বাক ধরে রেখেছিলেন, তার দলকে কাজ চালিয়ে গেছেন এবং শৃঙ্খলা বজায় রেখেছিলেন।

Pero Buck estaba cansado, al igual que los demás en el largo viaje.

কিন্তু বাক ক্লান্ত ছিল, ঠিক দীর্ঘ যাত্রার অন্যদের মতো।

Billee gemía y lloraba mientras dormía todas las noches sin falta.

বিলি প্রতি রাতে ঘুমের মধ্যে ফিসফিস করে কাঁদত এবং ব্যর্থ হত না।

Joe se volvió aún más amargado y Solleks se mantuvo frío y distante.

জো আরও তিক্ত হয়ে উঠল, এবং সোলেক্স ঠান্ডা এবং দূরে রইল।

Pero fue Dave quien sufrió más de todo el equipo.

কিন্তু পুরো দলের মধ্যে ডেভই সবচেয়ে বেশি ক্ষতিগ্রস্থ হয়েছিল।
Algo había ido mal dentro de él, aunque nadie sabía qué.

তার ভেতরে কিছু একটা সমস্যা হয়েছে, যদিও কেউ জানত না কী।
Se volvió más malhumorado y les gritaba a los demás con creciente enojo.

সে আরও মেজাজ খারাপ করে ফেলল এবং ক্রমশ রাগের সাথে অন্যদের দিকে ঝাপিয়ে পড়ল।
Cada noche iba directo a su nido, esperando ser alimentado.

প্রতি রাতে সে সরাসরি তার নীড়ে যেত, খাবারের জন্য অপেক্ষা করত।
Una vez que cayó, Dave no se levantó hasta la mañana.

একবার ঘুম থেকে ওঠার পর, ডেভ সকাল পর্যন্ত আর ওঠেনি।
En las riendas, tirones o arranques repentinos le hacían gritar de dolor.

লাগামের উপর হঠাৎ ঝাঁকুনি বা স্টার্টের ফলে সে ব্যথায় চিৎকার করে উঠল।
Su conductor buscó la causa, pero no encontró heridos.

তার ড্রাইভার কারণ অনুসন্ধান করেছিল, কিন্তু তার শরীরে কোনও আঘাত পায়নি।
Todos los conductores comenzaron a observar a Dave y discutieron su caso.

সমস্ত ড্রাইভার ডেভের দিকে নজর রাখতে শুরু করল এবং তার কেস নিয়ে আলোচনা করতে লাগল।
Hablaron durante las comidas y durante el último cigarrillo del día.

খাবারের সময় এবং দিনের শেষ ধূমপানের সময় তারা কথা বলত।
Una noche tuvieron una reunión y llevaron a Dave al fuego.

এক রাতে তারা একটি সভা করে এবং ডেভকে আগুনে পুড়িয়ে দেয়।
Le apretaron y le palparon el cuerpo, y él gritaba a menudo.

তারা তার শরীর টিপে টিপে পরীক্ষা করল, আর সে প্রায়ই চিৎকার করত।

Estaba claro que algo iba mal, aunque no parecía haber ningún hueso roto.

স্পষ্টতই, কিছু একটা সমস্যা ছিল, যদিও কোনও হাড় ভাঙা মনে হয়নি।

Cuando llegaron a Cassiar Bar, Dave se estaba cayendo.

যখন তারা ক্যাসিয়ার বারে পৌঁছালো, তখন ডেভ পড়ে যাচ্ছিল।

El mestizo escocés pidió un alto y eliminó a Dave del equipo.

স্কচ হাফ-ব্রিড থামিয়ে ডেভকে দল থেকে সরিয়ে দিল।

Sujetó a Solleks en el lugar de Dave, más cerca del frente del trineo.

সে ডেভের জায়গায় সোলেক্সকে বেঁধে দিল, স্লেজের সামনের দিকের সবচেয়ে কাছে।

Su intención era dejar que Dave descansara y corriera libremente detrás del trineo en movimiento.

সে ডেভকে বিশ্রাম দিতে এবং চলন্ত স্লেজের পিছনে মুক্তভাবে দৌড়াতে দিতে চেয়েছিল।

Pero incluso estando enfermo, Dave odiaba que lo sacaran del trabajo que había tenido.

কিন্তু অসুস্থ থাকা সত্ত্বেও, ডেভ তার মালিকানাধীন চাকরি থেকে বরখাস্ত হওয়াকে ঘৃণা করত।

Gruñó y gimió cuando le quitaron las riendas del cuerpo.

তার শরীর থেকে লাগাম টেনে নেওয়ার সাথে সাথে সে গর্জন করে উঠল এবং ফিসফিস করে উঠল।

Cuando vio a Solleks en su lugar, lloró con el corazón roto.

যখন সে সোলেক্সকে তার জায়গায় দেখতে পেল, তখন সে ভগ্নহৃদয় ব্যথায় কেঁদে উঠল।

El orgullo por el trabajo en los senderos estaba
profundamente arraigado en Dave, incluso cuando se
acercaba la muerte.

মৃত্যুর সময় ঘনিয়ে আসার পরেও, ডেভের মনে ট্রেইল কাজের গর্ব
গভীরভাবে কাজ করছিল।

Mientras el trineo se movía, Dave se tambaleaba sobre la
nieve blanda cerca del sendero.

স্লেজটি যখন নড়াচড়া করছিল, তখন ডেভ পথের কাছে নরম
তুষারের মধ্য দিয়ে হেঁটে যাচ্ছিল।

Atacó a Solleks, mordiéndolo y empujándolo desde el
costado del trineo.

সে সোলেক্সকে আক্রমণ করে, স্লেজের পাশ থেকে কামড় দিয়ে
ধাক্কা দেয়।

Dave intentó saltar al arnés y recuperar su lugar de trabajo.

ডেভ জোতায় লাফিয়ে ঢুকে তার কাজের জায়গা ফিরে পেতে চেষ্টা
করল।

Gritó, se quejó y lloró, dividido entre el dolor y el orgullo
por el trabajo.

সে চিৎকার করল, কান্নাকাটি করল, প্রসব যন্ত্রণা আর গর্বের মাঝে
ছিঁড়ে গেল।

El mestizo usó su látigo para intentar alejar a Dave del
equipo.

অর্ধ-জাতটি তার চাবুক ব্যবহার করে ডেভকে দল থেকে দূরে সরিয়ে
দেওয়ার চেষ্টা করেছিল।

Pero Dave ignoró el látigo y el hombre no pudo golpearlo
más fuerte.

কিন্তু ডেভ চাবুকটি উপেক্ষা করল, এবং লোকটি তাকে আরও জোরে
আঘাত করতে পারল না।

Dave rechazó el camino más fácil detrás del trineo, donde la
nieve estaba acumulada.

ডেভ স্লেজের পিছনের সহজ পথটি প্রত্যাখ্যান করেছিল, যেখানে তুষার জমে ছিল।

En cambio, luchaba en la nieve profunda junto al sendero, en la miseria.

বরং, সে পথের পাশে গভীর তুষারে কষ্টের মধ্যে লড়াই করেছিল।

Finalmente, Dave se desplomó, quedó tendido en la nieve y aullando de dolor.

অবশেষে, ডেভ বরফের মধ্যে শুয়ে যন্ত্রণায় চিৎকার করতে করতে ভেঙে পড়ে।

Gritó cuando el largo tren de trineos pasó a su lado uno por uno.

স্লেজের লম্বা ট্রেন একে একে তাকে অতিক্রম করার সময় সে চিৎকার করে উঠল।

Aún con las fuerzas que le quedaban, se levantó y tropezó tras ellos.

তবুও, যতটুকু শক্তি অবশিষ্ট ছিল, সে উঠে পড়ল এবং তাদের পিছনে হোঁচট খেল।

Lo alcanzó cuando el tren se detuvo nuevamente y encontró su viejo trineo.

ট্রেন আবার থামলে সে ধরে ফেলল এবং তার পুরনো স্লেজটি খুঁজে পেল।

Pasó junto a los otros equipos y se quedó de nuevo al lado de Solleks.

সে অন্য দলগুলোকে পেছনে ফেলে আবার সোলেক্সের পাশে দাঁড়ালো।

Cuando el conductor se detuvo para encender su pipa, Dave aprovechó su última oportunidad.

ড্রাইভার যখন তার পাইপ জ্বালানোর জন্য থামল, ডেভ তার শেষ সুযোগটি নিল।

Cuando el conductor regresó y gritó, el equipo no avanzó.

যখন ড্রাইভার ফিরে এসে চিৎকার করল, দলটি আর এগোল না।

Los perros habían girado la cabeza, confundidos por la parada repentina.

হঠাৎ থেমে যাওয়ার কারণে কুকুরগুলো মাথা ঘুরিয়ে ফেলেছিল, বিভ্রান্তিতে।

El conductor también estaba sorprendido: el trineo no se había movido ni un centímetro hacia adelante.

ড্রাইভারও হতবাক হয়ে গেল—স্লেজটি এক ইঞ্চিও এগোয়নি।

Llamó a los demás para que vinieran a ver qué había sucedido.

সে অন্যদের ডাকল, এসে দেখতে যাওয়ার জন্য।

Dave había mordido las riendas de Solleks, rompiéndolas ambas.

ডেভ সোলেক্সের লাগাম চিবিয়ে খেয়ে ফেলেছিল, দুটোই ভেঙে ফেলেছিল।

Ahora estaba de pie frente al trineo, nuevamente en su posición correcta.

এবার সে স্লেজের সামনে দাঁড়িয়ে, তার সঠিক অবস্থানে ফিরে।

Dave miró al conductor y le rogó en silencio que se mantuviera en el carril.

ডেভ ড্রাইভারের দিকে তাকালো, নীরবে ট্রেইলে থাকার জন্য অনুরোধ করলো।

El conductor estaba desconcertado, sin saber qué hacer con el perro que luchaba.

ড্রাইভার হতবাক হয়ে গেল, সংগ্রামরত কুকুরটির জন্য কী করবে তা বুঝতে পারছিল না।

Los otros hombres hablaron de perros que habían muerto al ser sacados a la calle.

অন্যরা কুকুরগুলোকে বাইরে বের করে মারা যাওয়ার কথা বলল।

Contaron sobre perros viejos o heridos cuyo corazón se rompió al ser abandonados.

তারা বৃদ্ধ বা আহত কুকুরদের কথা বলল যাদের ফেলে গেলে হৃদয় ভেঙে যায়।

Estuvieron de acuerdo en que era una misericordia dejar que Dave muriera mientras aún estaba en su arnés.

তারা একমত হলো যে ডেভকে তার জোতায় থাকা অবস্থায় মরতে দেওয়াটা করুণা।

Lo volvieron a sujetar al trineo y Dave tiró con orgullo.

তাকে স্লেজের উপর আবার বেঁধে রাখা হয়েছিল, এবং ডেভ গর্বের সাথে টানছিল।

Aunque a veces gritaba, trabajaba como si el dolor pudiera ignorarse.

যদিও সে মাঝে মাঝে চিৎকার করত, তবুও সে এমনভাবে কাজ করত যেন ব্যথা উপেক্ষা করা যায়।

Más de una vez se cayó y fue arrastrado antes de levantarse de nuevo.

একাধিকবার সে পড়ে গিয়েছিল এবং আবার উঠে দাঁড়ানোর আগে তাকে টেনে নিয়ে যাওয়া হয়েছিল।

Un día, el trineo pasó por encima de él y desde ese momento empezó a cojear.

একবার, স্লেজটি তার উপর দিয়ে গড়িয়ে পড়ল, এবং সেই মুহূর্ত থেকে সে খোঁড়াতে লাগল।

Aún así, trabajó hasta llegar al campamento y luego se acostó junto al fuego.

তবুও, ক্যাম্পে পৌঁছানো পর্যন্ত সে কাজ করেছিল, এবং তারপর আগুনের পাশে শুয়েছিল।

Por la mañana, Dave estaba demasiado débil para viajar o incluso mantenerse en pie.

সকালের দিকে, ডেভ এতটাই দুর্বল হয়ে পড়েছিল যে সে ভ্রমণ করতে বা সোজা হয়ে দাঁড়াতেও পারছিল না।

En el momento de preparar el arnés, intentó alcanzar a su conductor con un esfuerzo tembloroso.

জোতা বাঁধার সময়, সে কাঁপা কাঁপা শক্তিতে তার ড্রাইভারের কাছে পৌঁছানোর চেষ্টা করল।

Se obligó a levantarse, se tambaleó y se desplomó sobre el suelo nevado.

সে জোর করে উঠে দাঁড়ালো, টলমল করলো, এবং তুষারাবৃত মাটিতে লুটিয়ে পড়লো।

Utilizando sus patas delanteras, arrastró su cuerpo hacia el área del arnés.

তার সামনের পা ব্যবহার করে, সে তার শরীরকে টেনে নিয়ে গেল জোতা লাগানোর জায়গার দিকে।

Avanzó poco a poco, centímetro a centímetro, hacia los perros de trabajo.

সে নিজেকে ইঞ্চি ইঞ্চি করে এগিয়ে দিল, কর্মরত কুকুরগুলোর দিকে।

Sus fuerzas se acabaron, pero siguió avanzando en su último y desesperado esfuerzo.

তার শক্তি ক্ষীণ হয়ে গেল, কিন্তু শেষ মরিয়া ধাক্কায় সে এগিয়ে যেতে থাকল।

Sus compañeros de equipo lo vieron jadeando en la nieve, todavía deseando unirse a ellos.

তার সতীর্থরা তাকে তুষারে হাঁপাতে দেখেছে, তবুও তাদের সাথে যোগ দিতে আগ্রহী।

Lo oyeron aullar de dolor mientras dejaban atrás el campamento.

শিবির ছেড়ে যাওয়ার সময় তারা তাকে দুঃখে চিৎকার করতে শুনতে পেল।

Cuando el equipo desapareció entre los árboles, el grito de Dave resonó detrás de ellos.

দলটি যখন গাছে অদৃশ্য হয়ে গেল, তখন ডেভের কান্না তাদের পিছনে প্রতিধ্বনিত হল।

El tren de trineos se detuvo brevemente después de cruzar un tramo de bosque junto al río.

নদীর কাঠের এক প্রান্ত অতিক্রম করার পর স্লেজ ট্রেনটি কিছুক্ষণের জন্য থামল।

El mestizo escocés caminó lentamente de regreso hacia el campamento que estaba detrás.

স্কচ হাফ-ব্রিডটি ধীরে ধীরে পিছনের ক্যাম্পের দিকে হেঁটে গেল।

Los hombres dejaron de hablar cuando lo vieron salir del tren de trineos.

তাকে স্লেজ ট্রেন থেকে নামতে দেখে লোকগুলো কথা বলা বন্ধ করে দিল।

Entonces un único disparo se oyó claro y nítido en el camino.

তারপর পথ জুড়ে স্পষ্ট এবং ধারালো একটি গুলির শব্দ শোনা গেল।

El hombre regresó rápidamente y ocupó su lugar sin decir palabra.

লোকটি দ্রুত ফিরে এলো এবং কোন কথা না বলে নিজের জায়গায় চলে গেল।

Los látigos crujieron, las campanas tintinearon y los trineos rodaron por la nieve.

চাবুক বাজছিল, ঘণ্টাধ্বনি হচ্ছিল, আর স্লেজগুলো তুষারের মধ্য দিয়ে গড়িয়ে যাচ্ছিল।

Pero Buck sabía lo que había sucedido... y todos los demás perros también.

কিন্তু বাক জানত কী ঘটেছে—আর অন্য সব কুকুরও তাই জানত।

El trabajo de las riendas y el sendero

লাগাম এবং পথের পরিশ্রম

Treinta días después de salir de Dawson, el Salt Water Mail llegó a Skaguay.

ডসন ছেড়ে যাওয়ার ত্রিশ দিন পর, সল্ট ওয়াটার মেইল স্কাগুয়েতে পৌঁছে।

Buck y sus compañeros tomaron la delantera, llegando en lamentables condiciones.

বাক এবং তার সতীর্থরা করুণ অবস্থায় পৌঁছে লিড টেনে আনেন।

Buck había bajado de ciento cuarenta a ciento quince libras.

বাকের ওজন একশ চল্লিশ পাউন্ড থেকে একশ পনেরো পাউন্ডে নেমে এসেছিল।

Los otros perros, aunque más pequeños, habían perdido aún más peso corporal.

অন্যান্য কুকুরগুলো, যদিও ছোট, তাদের শরীরের ওজন আরও বেশি কমে গিয়েছিল।

Pike, que antes fingía cojear, ahora arrastraba tras él una pierna realmente herida.

পাইক, একসময় ভুয়া লম্পার, এখন তার সত্যিকারের আহত পা টেনে নিয়ে যাচ্ছে।

Solleks cojeaba mucho y Dub tenía un omóplato torcido.

সোলেক্স খুব খুঁড়িয়ে খুঁড়িয়ে হাঁটছিল, আর ডাবের কাঁধে একটা মুচড়ে গিয়েছিল।

Todos los perros del equipo tenían las patas doloridas por las semanas que pasaron en el sendero helado.

দলের প্রতিটি কুকুরের পায়ে ব্যথা হচ্ছিল কয়েক সপ্তাহ ধরে হিমায়িত পথে থাকার কারণে।

Ya no tenían resorte en sus pasos, sólo un movimiento lento y arrastrado.

তাদের পদক্ষেপে কোন স্প্রিং অবশিষ্ট ছিল না, কেবল ধীর, টানা গতি ছিল।

Sus pies golpeaban el sendero con fuerza y cada paso añadía más tensión a sus cuerpos.

তাদের পা দুটো পথের ধারে জোরে ধাক্কা খাচ্ছিল, প্রতিটি পদক্ষেপ তাদের শরীরে আরও চাপ যোগ করছিল।

No estaban enfermos, sólo agotados más allá de toda recuperación natural.

তারা অসুস্থ ছিল না, কেবল স্বাভাবিকভাবে আরোগ্য লাভের বাইরে ক্লান্ত ছিল।

No era el cansancio de un día duro que se curaba con una noche de descanso.

এটা এক কঠিন দিনের ক্লান্তি ছিল না, রাতের বিশ্রামে সেরে গেছে।

Fue un agotamiento acumulado lentamente a lo largo de meses de esfuerzo agotador.

মাসের পর মাস কঠোর পরিশ্রমের ফলে ধীরে ধীরে তৈরি হওয়া ক্লান্তিই ছিল এর মূল কারণ।

No quedaban reservas de fuerza: habían agotado todas las que tenían.

আর কোন রিজার্ভ শক্তি অবশিষ্ট ছিল না—তাদের যা কিছু ছিল সব শেষ হয়ে গেছে।

Cada músculo, fibra y célula de sus cuerpos estaba gastado y desgastado.

তাদের শরীরের প্রতিটি পেশী, তন্তু এবং কোষ ক্ষয়প্রাপ্ত এবং জীর্ণ হয়ে গিয়েছিল।

Y había una razón: habían recorrido dos mil quinientas millas.

আর এর একটা কারণ ছিল—তারা পঁচিশশো মাইল পথ পাড়ি দিয়েছিল।

Habían descansado sólo cinco días durante las últimas mil ochocientas millas.

গত আঠারোশো মাইল চলাকালীন তারা মাত্র পাঁচ দিন বিশ্রাম নিয়েছিল।

Cuando llegaron a Skaguay, parecían apenas capaces de mantenerse en pie.

যখন তারা স্কাগুয়েতে পৌঁছালো, তখন তাদের সোজা হয়ে দাঁড়াতে খুব একটা অসুবিধা হচ্ছিল না।

Se esforzaron por mantener las riendas tensas y permanecer delante del trineo.

তারা লাগাম শক্ত করে ধরে রাখতে এবং স্লেজের আগে থাকতে লড়াই করেছিল।

En las bajadas sólo lograron evitar ser atropellados.

উতরাইয়ের ঢালে, তারা কেবল ধাক্কা খেয়ে মারা যাওয়া এড়াতে পেরেছিল।

"Sigan adelante, pobres pies doloridos", dijo el conductor mientras cojeaban.

"এগিয়ে যাও, বেচারা ব্যথা পায়ে যাও," ড্রাইভার বললো, তারা খুঁড়ে হেঁটে যাচ্ছিল।

"Este es el último tramo, luego todos tendremos un largo descanso, seguro".

"এটা শেষ ধাপ, তারপর আমরা সবাই একটা দীর্ঘ বিশ্রাম পাবো, নিশ্চিত।"

"Un descanso verdaderamente largo", prometió mientras los observaba tambalearse hacia adelante.

"একটা সত্যিকারের দীর্ঘ বিশ্রাম," তিনি প্রতিশ্রুতি দিলেন, তাদের টলমল করে এগিয়ে যেতে দেখলেন।

Los conductores esperaban que ahora tuvieran un descanso largo y necesario.

চালকরা আশা করেছিলেন যে তারা এখন একটি দীর্ঘ, প্রয়োজনীয় বিরতি পাবেন।

Habían recorrido mil doscientas millas con sólo dos días de descanso.

মাত্র দুই দিনের বিশ্রাম নিয়ে তারা বারোশো মাইল ভ্রমণ করেছিল।
Por justicia y razón, sintieron que se habían ganado tiempo para relajarse.

ন্যায্যতা এবং যুক্তির দ্বারা, তারা অনুভব করেছিল যে তারা বিশ্রামের জন্য সময় অর্জন করেছে।
Pero eran demasiados los que habían llegado al Klondike y muy pocos los que se habían quedado en casa.

কিন্তু ক্লোনডাইকে অনেক লোক এসেছিল, এবং খুব কম লোকই বাড়িতে থেকেছিল।
Las cartas de las familias llegaron en masa, creando montañas de correo retrasado.

পরিবারগুলি থেকে চিঠি এসে জমেছে, বিলম্বিত চিঠির স্তূপ তৈরি করেছে।
Llegaron órdenes oficiales: nuevos perros de la Bahía de Hudson tomarían el control.

অফিসিয়াল অর্ডার এসে গেছে—নতুন হাডসন বে কুকুররা দায়িত্ব নিতে চলেছে।
Los perros exhaustos, ahora llamados inútiles, debían ser eliminados.

ক্লান্ত কুকুর, যাদের এখন অকেজো বলা হচ্ছে, তাদের ফেলে দিতে হবে।
Como el dinero importaba más que los perros, los iban a vender a bajo precio.

যেহেতু কুকুরের চেয়ে টাকা বেশি গুরুত্বপূর্ণ, তাই সেগুলো সস্তায় বিক্রি হতে চলেছে।
Pasaron tres días más antes de que los perros sintieran lo débiles que estaban.

আরও তিন দিন কেটে যাওয়ার পর কুকুরগুলো অনুভব করলো যে তারা কতটা দুর্বল।
En la cuarta mañana, dos hombres de Estados Unidos compraron todo el equipo.

চতুর্থ সকালে, আমেরিকা থেকে দুজন লোক পুরো দলটি কিনে নিল।
La venta incluía todos los perros, además de sus arneses usados.

বিক্রয়ের মধ্যে সমস্ত কুকুর, এবং তাদের জীর্ণ হারনেস সরঞ্জাম অন্তর্ভুক্ত ছিল।
Los hombres se llamaban entre sí "Hal" y "Charles" mientras completaban el trato.

চুক্তি সম্পন্ন করার সময় তারা একে অপরকে "হাল" এবং "চার্লস" বলে ডাকত।
Charles era un hombre de mediana edad, pálido, con labios flácidos y puntas de bigote feroces.

চার্লস ছিলেন মধ্যবয়সী, ফ্যাকাশে, ঠোঁট নরম আর গোঁফের ডগা লম্বা।
Hal era un hombre joven, de unos diecinueve años, que llevaba un cinturón lleno de cartuchos.

হ্যাল ছিল একজন যুবক, সম্ভবত উনিশ বছর বয়সী, কার্তুজ ভর্তি বেল্ট পরা।
El cinturón contenía un gran revólver y un cuchillo de caza, ambos sin usar.

বেল্টটিতে একটি বড় রিভলবার এবং একটি শিকারের ছুরি ছিল, উভয়ই অব্যবহৃত ছিল।
Esto demostró lo inexperto e inadecuado que era para la vida en el norte.

এটি দেখিয়েছিল যে তিনি উত্তরাঞ্চলীয় জীবনের জন্য কতটা অনভিজ্ঞ এবং অযোগ্য ছিলেন।
Ninguno de los dos pertenecía a la naturaleza; su presencia desafiaba toda razón.

কোন মানুষই বনের ছিল না; তাদের উপস্থিতি সমস্ত যুক্তিকে অস্বীকার করেছিল।
Buck observó cómo el dinero intercambiaba manos entre el comprador y el agente.

বাক ক্রেতা এবং এজেন্টের মধ্যে অর্থ বিনিময়ের দৃশ্য দেখছিলেন।
Sabía que los conductores de trenes correos abandonaban su vida como el resto.

সে জানত যে মেইল-ট্রেন চালকরা বাকিদের মতো তার জীবন ছেড়ে চলে যাচ্ছে।
Siguieron a Perrault y a François, ahora desaparecidos sin posibilidad de recuperación.

তারা পেরাল্ট এবং ফ্রাঁসোয়াকে অনুসরণ করেছিল, এখন তাদের স্মরণকালের বাইরে চলে গেছে।
Buck y el equipo fueron conducidos al descuidado campamento de sus nuevos dueños.

বাক এবং দলকে তাদের নতুন মালিকদের অগোছালো ক্যাম্পে নিয়ে যাওয়া হয়েছিল।
La tienda se hundía, los platos estaban sucios y todo estaba desordenado.

তাঁবুটি ঝুলে পড়েছিল, থালা-বাসন নোংরা ছিল, এবং সবকিছু এলোমেলো অবস্থায় পড়ে ছিল।
Buck también notó que había una mujer allí: Mercedes, la esposa de Charles y hermana de Hal.

বাক সেখানে একজন মহিলাকেও লক্ষ্য করলেন—চার্লসের স্ত্রী এবং হ্যালের বোন মার্সিডিজ।
Formaban una familia completa, aunque no eran aptos para el recorrido.

তারা একটি সম্পূর্ণ পরিবার তৈরি করেছিল, যদিও পথের সাথে খুব একটা মানানসই ছিল না।
Buck observó nervioso cómo el trío comenzó a empacar los suministros.

তিনজন যখন জিনিসপত্র গুছিয়ে নিতে শুরু করল, তখন বাক ভয়ে তাকিয়ে রইল।
Trabajaron duro, pero sin orden: sólo alboroto y esfuerzos desperdiciados.

তারা কঠোর পরিশ্রম করেছিল কিন্তু কোনও শৃঙ্খলা ছাড়াই - কেবল হট্টগোল এবং ব্যর্থ প্রচেষ্টা।

La tienda estaba enrollada hasta formar un volumen demasiado grande para el trineo.

তাঁবুটি ভারী আকৃতিতে গড়িয়ে ফেলা হয়েছিল, স্লেজের জন্য অনেক বড়।

Los platos sucios se empaquetaron sin limpiarlos ni secarlos.

নোংরা থালা-বাসনগুলো পরিষ্কার বা শুকানো ছাড়াই প্যাক করা হয়েছিল।

Mercedes revoloteaba por todos lados, hablando, corrigiendo y entrometiéndose constantemente.

মার্সিডিজ এদিক-ওদিক ঘুরপাক খাচ্ছিল, ক্রমাগত কথা বলছিল, সংশোধন করছিল এবং হস্তক্ষেপ করছিল।

Cuando le ponían un saco en el frente, ella insistía en que lo pusieran en la parte de atrás.

যখন একটি বস্তা সামনে রাখা হয়েছিল, তখন সে জোর দিয়ে বলল যে এটি পিছনের দিকে রাখতে হবে।

Metió la bolsa en el fondo y al siguiente momento la necesitó.

সে বস্তাটা নীচের অংশে গুছিয়ে নিল, আর পরের মুহূর্তেই তার সেটার প্রয়োজন পড়ল।

De esta manera, el trineo fue desempaquetado nuevamente para alcanzar la bolsa específica.

তাই স্লেজটি আবার খুলে নির্দিষ্ট ব্যাগে পৌঁছানো হল।

Cerca de allí, tres hombres estaban parados afuera de una tienda de campaña, observando cómo se desarrollaba la escena.

কাছাকাছি, তিনজন লোক একটি তাঁবুর বাইরে দাঁড়িয়ে দৃশ্যটি পর্যবেক্ষণ করছিল।

Sonrieron, guiñaron el ojo y sonrieron ante la evidente confusión de los recién llegados.

নতুনদের স্পষ্ট বিভ্রান্তিতে তারা হাসল, চোখ টিপল এবং হাসল।

"Ya tienes una carga bastante pesada", dijo uno de los hombres.

"তোমার কাঁধে ইতিমধ্যেই একটা ভারী বোঝা চাপিয়ে দেওয়া হয়েছে," একজন লোক বলল।

"No creo que debas llevar esa tienda de campaña, pero es tu elección".

"আমার মনে হয় না তোমার ঐ তাঁবুটা বহন করা উচিত, কিন্তু এটা তোমার পছন্দ।"

"¡Inimaginable!", exclamó Mercedes levantando las manos con desesperación.

"স্বপ্নেও ভাবিনি!" হতাশায় হাত তুলে চিৎকার করে উঠল মার্সিডিজ।

"¿Cómo podría viajar sin una tienda de campaña donde refugiarme?"

"আমি কীভাবে তাঁবুর নিচে থাকার ব্যবস্থা ছাড়া ভ্রমণ করতে পারি?"

"Es primavera, ya no volverás a ver el frío", respondió el hombre.

"এখন বসন্তকাল - তুমি আর ঠান্ডা আবহাওয়া দেখতে পাবে না," লোকটি উত্তর দিল।

Pero ella meneó la cabeza y ellos siguieron apilando objetos en el trineo.

কিন্তু সে মাথা নাড়ল, আর তারা স্লেজের উপর জিনিসপত্র স্তূপ করে রাখতে লাগল।

La carga se elevó peligrosamente a medida que añadían los últimos elementos.

শেষ জিনিসগুলো যোগ করার সাথে সাথে বোঝা বিপজ্জনকভাবে বেড়ে গেল।

"¿Crees que el trineo se deslizará?" preguntó uno de los hombres con mirada escéptica.

"কি মনে হয় স্লেজটা চড়বে?" সন্দেহপ্রবণ দৃষ্টিতে একজন লোক জিজ্ঞাসা করল।

"¿Por qué no debería?", replicó Charles con gran fastidio.

"কেন এটা করা উচিত নয়?" চার্লস তীব্র বিরক্তির সাথে পাল্টা জবাব দিল।

—Está bien —dijo rápidamente el hombre, alejándose un poco de la ofensa.

"ওহ, ঠিক আছে," লোকটি দ্রুত বলল, আক্রমণ থেকে সরে গেল।

"Solo me preguntaba, me pareció que tenía la parte superior demasiado pesada".

"আমি শুধু ভাবছিলাম—এটা আমার কাছে একটু বেশি ভারী মনে হচ্ছিল।"

Charles se dio la vuelta y ató la carga lo mejor que pudo.

চার্লস মুখ ফিরিয়ে নিল এবং যতটা সম্ভব বোঝাটা বেঁধে ফেলল।

Pero las ataduras estaban sueltas y el embalaje en general estaba mal hecho.

কিন্তু ল্যাশিংগুলো আলগা ছিল এবং সামগ্রিকভাবে প্যাকিং খারাপভাবে করা হয়েছিল।

"Claro, los perros tirarán de eso todo el día", dijo otro hombre con sarcasmo.

"অবশ্যই, কুকুরগুলো সারাদিন ওটা টেনে ধরবে," আরেকজন লোক ব্যঙ্গাত্মকভাবে বলল।

—Por supuesto —respondió Hal con frialdad, agarrando el largo palo del trineo.

"অবশ্যই," হ্যাল ঠান্ডা গলায় উত্তর দিল, স্লেজের লম্বা গী-পোল ধরে।

Con una mano en el poste, blandía el látigo con la otra.

এক হাত লাঠিতে রেখে, অন্য হাতে চাবুকটি ঘুরিয়ে দিল।

"¡Vamos!", gritó. "¡Muévanse!", instando a los perros a empezar.

"চল যাই!" সে চিৎকার করে বলল। "এটা সরাও!" কুকুরগুলোকে শুরু করার জন্য অনুরোধ করল।

Los perros se inclinaron hacia el arnés y se tensaron durante unos instantes.

কুকুরগুলো জোতায় ঝুঁকে পড়ল এবং কয়েক মুহূর্ত ধরে টান দিল।
Entonces se detuvieron, incapaces de mover ni un centímetro el trineo sobrecargado.

তারপর তারা থামল, অতিরিক্ত বোঝাই স্লেজটি এক ইঞ্চিও নড়তে না পেরে।

—¡Esos brutos perezosos! —gritó Hal, levantando el látigo para golpearlos.

"অলস পশুরা!" হ্যাল চিৎকার করে উঠল, তাদের আঘাত করার জন্য চাবুক তুলে নিল।

Pero Mercedes entró corriendo y le arrebató el látigo de las manos a Hal.

কিন্তু মার্সিডিজ ছুটে এসে হ্যালের হাত থেকে চাবুকটি কেড়ে নিল।

—Oh, Hal, no te atrevas a hacerles daño —gritó alarmada.

"ওহ, হ্যাল, ওদের ক্ষতি করার সাহস করো না," সে আতঙ্কে চিৎকার করে উঠল।

"Prométeme que serás amable con ellos o no daré un paso más".

"আমাকে কথা দাও যে তুমি তাদের প্রতি সদয় হবে, নাহলে আমি আর এক পাও এগোবো না।"

—No sabes nada de perros —le espetó Hal a su hermana.

"তুমি কুকুর সম্পর্কে কিছুই জানো না," হ্যাল তার বোনের দিকে তাকিয়ে বলল।

"Son perezosos y la única forma de moverlos es azotándolos".

"তারা অলস, এবং তাদের সরানোর একমাত্র উপায় হল চাবুক মারা।"

"Pregúntale a cualquiera, pregúntale a uno de esos hombres de allí si dudas de mí".

"যাকে জিজ্ঞেস করো—আমার ব্যাপারে সন্দেহ থাকলে ওখানকার লোকদের একজনকে জিজ্ঞেস করো।"

Mercedes miró a los espectadores con ojos suplicantes y llorosos.

মার্সিডিজ দর্শকদের দিকে অনুনয়-বিনয়, অশ্রুসিক্ত চোখে তাকাল।

Su rostro mostraba lo profundamente que odiaba ver cualquier dolor.

তার মুখমণ্ডলে বোঝা যাচ্ছিল যে, যেকোনো ব্যথা দেখতে সে কতটা ঘৃণা করে।

"Están débiles, eso es todo", dijo un hombre. "Están agotados".

"ওরা দুর্বল, এইটুকুই," একজন বলল। "ওরা জীর্ণ।"

"Necesitan descansar, han trabajado demasiado tiempo sin descansar".

"তাদের বিশ্রামের প্রয়োজন - বিরতি ছাড়াই তাদের অনেকক্ষণ ধরে কাজ করতে হয়েছে।"

—Maldito sea el resto —murmuró Hal con el labio curvado.

"অবশ্যই অভিশপ্ত হোক," হ্যাল ঠোঁট কুঁচকে বিড়বিড় করে বলল।

Mercedes jadeó, visiblemente dolida por la grosera palabra que pronunció.

মার্সিডিজ হাঁপাতে হাঁপাতে বলল, স্পষ্টতই তার মুখের রুক্ষ কথায় সে ব্যথা পেয়েছে।

Aún así, ella se mantuvo leal y defendió instantáneamente a su hermano.

তবুও, সে অনুগত ছিল এবং তাৎক্ষণিকভাবে তার ভাইকে রক্ষা করেছিল।

—No le hagas caso a ese hombre —le dijo a Hal—. Son nuestros perros.

"ওই লোকটাকে কিছু মনে করো না," সে হ্যালকে বলল। "ওরা আমাদের কুকুর।"

"Los conduces como mejor te parezca, haz lo que creas correcto".

"তুমি যেভাবে উপযুক্ত মনে করো, সেগুলো চালাও - তুমি যা ঠিক মনে করো তাই করো।"

Hal levantó el látigo y volvió a golpear a los perros sin piedad.

হ্যাল চাবুক তুলে আবার কুকুরগুলোকে কোন দয়া না করে আঘাত করল।

Se lanzaron hacia adelante, con el cuerpo agachado y los pies hundidos en la nieve.

তারা সামনের দিকে লাফিয়ে উঠল, শরীর নিচু করে, পা তুষারে ঠেলে দিল।

Ponían toda su fuerza en tirar, pero el trineo no se movía.

তাদের সমস্ত শক্তি টানতে লাগল, কিন্তু স্লেজটি নড়ছিল না।

El trineo quedó atascado, como un ancla congelada en la nieve compacta.

স্লেজটি আটকে রইল, যেন বরফের মধ্যে নোঙর জমে গেছে।

Tras un segundo esfuerzo, los perros se detuvieron de nuevo, jadeando con fuerza.

দ্বিতীয়বার চেষ্টা করার পর, কুকুরগুলো আবার থেমে গেল, জোরে হাঁপাতে লাগল।

Hal levantó el látigo una vez más, justo cuando Mercedes interfirió nuevamente.

হ্যাল আবারও চাবুক তুলল, ঠিক যখন মার্সিডিজ আবার বাধা দিল।

Ella cayó de rodillas frente a Buck y abrazó su cuello.

সে বাকের সামনে হাঁটু গেড়ে বসে তার ঘাড় জড়িয়ে ধরল।

Las lágrimas llenaron sus ojos mientras le suplicaba al perro exhausto.

ক্লান্ত কুকুরটিকে অনুরোধ করতে করতে তার চোখ অশ্রুতে ভরে গেল।

"Pobres queridos", dijo, "¿por qué no tiran más fuerte?"

"তোমরা বেচারা," সে বলল, "কেন তোমরা আরও জোরে টানছো না?"

"Si tiras, no te azotarán así".

"যদি তুমি টান দাও, তাহলে তোমাকে এভাবে বেত্রাঘাত করা হবে না।"

A Buck no le gustaba Mercedes, pero estaba demasiado cansado para resistirse a ella ahora.

বাক মার্সিডিজকে অপছন্দ করত, কিন্তু এখন সে এত ক্লান্ত যে তাকে প্রতিরোধ করতে পারছিল না।

Él aceptó sus lágrimas como una parte más de ese día miserable.

সে তার চোখের জলকে সেই দুঃখের দিনের আরেকটি অংশ হিসেবে গ্রহণ করেছিল।

Uno de los hombres que observaban finalmente habló después de contener su ira.

পর্যবেক্ষকদের একজন অবশেষে তার রাগ সংবরণ করে কথা বলল।

"No me importa lo que les pase a ustedes, pero esos perros importan".

"তোমাদের সাথে কী হবে তা আমার পরোয়া নেই, কিন্তু ওই কুকুরগুলো গুরুত্বপূর্ণ।"

"Si quieres ayudar, suelta ese trineo: está congelado hasta la nieve".

"যদি তুমি সাহায্য করতে চাও, তাহলে স্লেজটা খুলে ফেলো—এটা বরফে জমে গেছে।"

"Presiona con fuerza el polo G, derecha e izquierda, y rompe el sello de hielo".

"জি-পোলটিতে ডানে-বামে জোরে ধাক্কা দাও, এবং বরফের সীল ভেঙে ফেলো।"

Se hizo un tercer intento, esta vez siguiendo la sugerencia del hombre.

লোকটির পরামর্শ অনুসরণ করে এবার তৃতীয়বার চেষ্টা করা হয়েছিল।

Hal balanceó el trineo de un lado a otro, soltando los patines.

হ্যাল স্লেজটিকে এদিক-ওদিক নাড়াচাড়া করে, দৌড়বিদদের ছেড়ে দেয়।

El trineo, aunque sobrecargado y torpe, finalmente avanzó con dificultad.

স্লেজটি, যদিও অতিরিক্ত বোঝাই এবং বিশ্রী ছিল, অবশেষে সামনের দিকে ঝুঁকে পড়ল।

Buck y los demás tiraron salvajemente, impulsados por una tormenta de latigazos.

বাক এবং অন্যরা হুইপল্যাশের ঝড়ের তাণ্ডবে উন্মত্তভাবে এগিয়ে গেল।

Cien metros más adelante, el sendero se curvaba y descendía hacia la calle.

একশ গজ এগিয়ে, পথটি বাঁকা হয়ে রাস্তার দিকে ঢালু হয়ে গেল।

Se hubiera necesitado un conductor habilidoso para mantener el trineo en posición vertical.

স্লেজটি সোজা রাখার জন্য একজন দক্ষ চালকের প্রয়োজন হত।

Hal no era hábil y el trineo se volcó al girar en la curva.

হ্যাল দক্ষ ছিল না, এবং বাঁকের চারপাশে ঘোরার সময় স্লেজটি উল্টে যেত।

Las ataduras sueltas cedieron y la mitad de la carga se derramó sobre la nieve.

আলগা আঘাতগুলো সরে গেল, এবং অর্ধেক বোঝা তুষারের উপর ছিটকে পড়ল।

Los perros no se detuvieron; el trineo, más ligero, siguió volando de lado.

কুকুরগুলো থামেনি; হালকা স্লেজটি তার পাশ দিয়ে উড়ে গেল।

Enojados por el abuso y la pesada carga, los perros corrieron más rápido.

গালিগালাজ এবং ভারী বোঝায় রেগে কুকুরগুলো আরও দ্রুত দৌড়াতে লাগল।

Buck, furioso, echó a correr, con el equipo siguiéndolo detrás.

বাক, রেগে, দৌড়ে পালালো, আর দলটিও তাদের পিছনে পিছনে গেল।

Hal gritó "¡Guau! ¡Guau!", pero el equipo no le hizo caso.

হ্যাল চিৎকার করে বলল, "ওহ! ওহ!" কিন্তু দলটি তার দিকে কোন মনোযোগ দিল না।

Tropezó, cayó y fue arrastrado por el suelo por el arnés.

সে হোঁচট খেয়ে পড়ে গেল, এবং জোতা তাকে মাটিতে টেনে নিয়ে গেল।

El trineo volcado saltó sobre él mientras los perros corrían delante.

কুকুরগুলো যখন সামনের দিকে ছুটে যাচ্ছিল, তখন উল্টে যাওয়া স্লেজটি তার উপর দিয়ে ধাক্কা মারল।

El resto de los suministros se dispersaron por la concurrida calle de Skaguay.

বাকি সরবরাহ স্কাগুয়ের ব্যস্ত রাস্তায় ছড়িয়ে ছিটিয়ে আছে।

La gente bondadosa se apresuró a detener a los perros y recoger el equipo.

দয়ালু লোকেরা কুকুরগুলোকে থামাতে এবং সরঞ্জাম সংগ্রহ করতে ছুটে গেল।

También dieron consejos, contundentes y prácticos, a los nuevos viajeros.

তারা নতুন ভ্রমণকারীদের স্পষ্ট এবং ব্যবহারিক পরামর্শও দিয়েছিলেন।

"Si quieres llegar a Dawson, lleva la mitad de la carga y el doble de perros".

"যদি তুমি ডসনে পৌঁছাতে চাও, তাহলে অর্ধেক বোঝা নাও এবং কুকুরের দ্বিগুণ বোঝা নাও।"

Hal, Charles y Mercedes escucharon, aunque no con entusiasmo.

হ্যাল, চার্লস এবং মার্সিডিজ শুনল, যদিও উৎসাহের সাথে নয়।

Instalaron su tienda de campaña y comenzaron a clasificar sus suministros.

তারা তাদের তাঁবু স্থাপন করল এবং তাদের জিনিসপত্র বাছাই শুরু করল।

Salieron alimentos enlatados, lo que hizo reír a carcajadas a los espectadores.

টিনজাত পণ্য বেরিয়ে এলো, যা দেখে দর্শকরা জোরে হেসে উঠলো।

"¿Enlatado en el camino? Te morirás de hambre antes de que se derrita", dijo uno.

"পথে টিনজাত জিনিসপত্র? ওগুলো গলে যাওয়ার আগে তুমি ক্ষুধার্ত থাকবে," একজন বলল।

¿Mantas de hotel? Mejor tíralas todas.

"হোটেলের কম্বল? সব ফেলে দেওয়াই ভালো।"

"Si también deshazte de la tienda de campaña, aquí nadie lava los platos".

"তাঁবুটাও খুলে ফেলো, আর এখানে কেউ থালা-বাসন ধোয় না।"

¿Crees que estás viajando en un tren Pullman con sirvientes a bordo?

"তুমি কি মনে করো তুমি চাকরদের সাথে পুলম্যান ট্রেনে চড়ছো?"

El proceso comenzó: todos los objetos inútiles fueron arrojados a un lado.

প্রক্রিয়া শুরু হলো—প্রতিটি অকেজো জিনিসপত্র পাশে ফেলে দেওয়া হলো।

Mercedes lloró cuando sus maletas fueron vaciadas en el suelo nevado.

মার্সিডিজের ব্যাগগুলো তুষারাবৃত মাটিতে খালি করার সময় সে কেঁদে ফেলে।

Ella sollozaba por cada objeto que tiraba, uno por uno, sin pausa.

সে থেমে না গিয়ে একে একে ফেলে দেওয়া প্রতিটি জিনিসের উপর কাঁদতে লাগল।

Ella juró no dar un paso más, ni siquiera por diez Charleses.

সে প্রতিজ্ঞা করল যে আর এক পাও এগোবে না—এমনকি দশজন চার্লসের জন্যও না।

Ella le rogó a cada persona cercana que le permitiera conservar sus cosas preciosas.

সে আশেপাশের প্রত্যেককে অনুরোধ করল যেন সে তার মূল্যবান জিনিসপত্রগুলো রাখতে পারে।

Por último, se secó los ojos y comenzó a arrojar incluso la ropa más importante.

অবশেষে, সে চোখ মুছে ফেলল এবং এমনকি গুরুত্বপূর্ণ পোশাকও ছুঁড়ে ফেলতে শুরু করল।

Cuando terminó con los suyos, comenzó a vaciar los suministros de los hombres.

নিজের কাজ শেষ হলে, সে পুরুষদের জিনিসপত্র খালি করতে শুরু করল।

Como un torbellino, destrozó las pertenencias de Charles y Hal.

ঘূর্ণিঝড়ের মতো সে চার্লস এবং হ্যালের জিনিসপত্র ছিঁড়ে ফেলল।

Aunque la carga se redujo a la mitad, todavía era mucho más pesada de lo necesario.

যদিও বোঝা অর্ধেক কমে গিয়েছিল, তবুও এটি প্রয়োজনের তুলনায় অনেক বেশি ভারী ছিল।

Esa noche, Charles y Hal salieron y compraron seis perros nuevos.

সেই রাতে, চার্লস এবং হ্যাল বাইরে গিয়ে ছয়টি নতুন কুকুর কিনে আনল।

Estos nuevos perros se unieron a los seis originales, además de Teek y Koona.

এই নতুন কুকুরগুলো মূল ছয়টি কুকুরের সাথে যোগ দিয়েছে, এবং টিক এবং কুনাও।

Juntos formaron un equipo de catorce perros enganchados al trineo.

তারা একসাথে চৌদ্দটি কুকুরের একটি দল তৈরি করল যারা স্লেজে বাঁধা ছিল।

Pero los nuevos perros no eran aptos y estaban mal entrenados para el trabajo con trineos.

কিন্তু নতুন কুকুরগুলো স্লেজ চালানোর জন্য অযোগ্য এবং দুর্বলভাবে প্রশিক্ষিত ছিল।

Tres de los perros eran pointers de pelo corto y uno era un Terranova.

কুকুরগুলির মধ্যে তিনটি ছিল ছোট চুলের পয়েন্টার, এবং একটি ছিল নিউফাউন্ডল্যান্ডের।

Los dos últimos perros eran mestizos, sin ninguna raza ni propósito claros.

শেষ দুটি কুকুর ছিল মট, যার কোনও স্পষ্ট জাত বা উদ্দেশ্য ছিল না।

No entendieron el camino y no lo aprendieron rápidamente.

তারা পথটি বুঝতে পারেনি, এবং তারা তা দ্রুত শিখতে পারেনি।

Buck y sus compañeros los miraron con desprecio y profunda irritación.

বাক এবং তার সঙ্গীরা তাদের ঘৃণা এবং গভীর বিরক্তির সাথে দেখছিল।

Aunque Buck les enseñó lo que no debían hacer, no podía enseñarles cuál era el deber.

যদিও বাক তাদের কী করা উচিত নয় তা শিখিয়েছিলেন, তিনি কর্তব্য শেখাতে পারেননি।

No se adaptaron bien a la vida en senderos ni al tirón de las riendas y los trineos.

জীবনকে অনুসরণ করা বা লাগাম এবং স্লেজের টান তাদের ভালো লাগেনি।

Sólo los mestizos intentaron adaptarse, e incluso a ellos les faltó espíritu de lucha.

কেবল মংগ্রেলরাই মানিয়ে নেওয়ার চেষ্টা করেছিল, এমনকি তাদের মধ্যেও লড়াইয়ের মনোভাবের অভাব ছিল।

Los demás perros estaban confundidos, debilitados y destrozados por su nueva vida.

অন্যান্য কুকুরগুলি তাদের নতুন জীবনের দ্বারা বিভ্রান্ত, দুর্বল এবং ভেঙে পড়েছিল।

Con los nuevos perros desorientados y los viejos exhaustos, la esperanza era escasa.

নতুন কুকুরগুলো অজ্ঞ এবং পুরনোগুলো ক্লান্ত হয়ে পড়ায়, আশা ক্ষীণ হয়ে গেল।

El equipo de Buck había recorrido dos mil quinientas millas de senderos difíciles.

বাকের দল পঁচিশশ মাইল কঠিন পথ অতিক্রম করেছিল।

Aún así, los dos hombres estaban alegres y orgullosos de su gran equipo de perros.

তবুও, দুই ব্যক্তি তাদের বিশাল কুকুর দল নিয়ে খুশি এবং গর্বিত ছিল।

Creían que viajaban con estilo, con catorce perros enganchados.

তারা ভেবেছিল তারা বেশ স্টাইলিশভাবে ভ্রমণ করছে, চৌদ্দটি কুকুরকে বেঁধে।

Habían visto trineos partir hacia Dawson y otros llegar desde allí.

তারা স্লেজগুলো ডসনের উদ্দেশ্যে রওনা হতে দেখেছিল, এবং অন্যগুলো সেখান থেকে আসতেও দেখেছিল।

Pero nunca habían visto uno tirado por tantos catorce perros.

কিন্তু তারা কখনও দেখেনি যে চৌদ্দটি কুকুরের মতো একটি কুকুরকেও তারা টেনে নিয়ে গেছে।

Había una razón por la que equipos como ese eran raros en el desierto del Ártico.

আর্কটিক প্রান্তরে এই ধরনের দল বিরল হওয়ার একটা কারণ ছিল।

Ningún trineo podría transportar suficiente comida para alimentar a catorce perros durante el viaje.

কোনও স্লেজেই ভ্রমণের জন্য চৌদ্দটি কুকুরকে খাওয়ানোর জন্য পর্যাপ্ত খাবার বহন করা যেত না।

Pero Charles y Hal no lo sabían: habían hecho los cálculos.

কিন্তু চার্লস আর হ্যাল সেটা জানত না—তারা হিসাবটা করে ফেলেছিল।

Planificaron la comida: tanta cantidad por perro, tantos días, y listo.

তারা খাবারের তালিকা লিখে রাখল: কুকুর প্রতি এত, এত দিনে, শেষ।

Mercedes miró sus figuras y asintió como si tuviera sentido.

মার্সিডিজ তাদের আকৃতির দিকে তাকিয়ে মাথা নাড়ল যেন এটা যুক্তিসঙ্গত।

Todo le parecía muy sencillo, al menos en el papel.

অন্তত কাগজে-কলমে তার কাছে সবকিছুই খুব সহজ মনে হয়েছিল।

A la mañana siguiente, Buck guió al equipo lentamente por la calle nevada.

পরের দিন সকালে, বাক দলটিকে ধীরে ধীরে তুষারাবৃত রাস্তা দিয়ে উপরে নিয়ে গেলেন।

No había energía ni espíritu en él ni en los perros detrás de él.

তার মধ্যে বা তার পিছনের কুকুরগুলিতে কোনও শক্তি বা প্রাণশক্তি ছিল না।

Estaban muertos de cansancio desde el principio: no les quedaban reservas.

তারা শুরু থেকেই ক্লান্ত ছিল—কোনও রিজার্ভ অবশিষ্ট ছিল না।

Buck ya había hecho cuatro viajes entre Salt Water y Dawson.

বাক ইতিমধ্যেই সল্ট ওয়াটার এবং ডসনের মধ্যে চারটি ট্রিপ করেছে।

Ahora, enfrentado nuevamente el mismo desafío, no sentía nada más que amargura.

এখন, আবার একই পথের মুখোমুখি হয়ে, সে তিক্ততা ছাড়া আর কিছুই অনুভব করল না।

Su corazón no estaba en ello, ni tampoco el corazón de los otros perros.

তার হৃদয় এতে ছিল না, অন্য কুকুরদের হৃদয়ও ছিল না।

Los nuevos perros eran tímidos y los huskies carecían de confianza.

নতুন কুকুরগুলো ছিল ভীতু, আর হাস্কিদের মধ্যে একেবারেই আস্থার অভাব ছিল।

Buck sintió que no podía confiar en estos dos hombres ni en su hermana.

বাক বুঝতে পারল যে সে এই দুই ব্যক্তি বা তাদের বোনের উপর নির্ভর করতে পারছে না।

No sabían nada y no mostraron señales de aprender en el camino.

তারা কিছুই জানত না এবং পথে কোন শিক্ষার লক্ষণও দেখাল না।

Estaban desorganizados y carecían de cualquier sentido de disciplina.

তারা ছিল অসংগঠিত এবং তাদের মধ্যে শৃঙ্খলার কোনও অভাব ছিল।

Les tomó media noche montar un campamento descuidado cada vez.

প্রতিবারই একটা এলোমেলো ক্যাম্প তৈরি করতে তাদের অর্ধেক রাত লেগে যেত।

Y la mitad de la mañana siguiente la pasaron otra vez jugueteando con el trineo.

আর পরের দিন সকালের অর্ধেকটা তারা আবার স্লেজটা নিয়ে
ঝামেলায় কাটিয়েছে।

Al mediodía, a menudo se detenían simplemente para
arreglar la carga desigual.

দুপুরের দিকে, তারা প্রায়শই অসম লোড ঠিক করার জন্য থামত।
Algunos días, viajaron menos de diez millas en total.

কিছু দিন, তারা মোট দশ মাইলেরও কম ভ্রমণ করেছে।
Otros días ni siquiera conseguían salir del campamento.

অন্যান্য দিন, তারা ক্যাম্প ছেড়ে যেতে পারত না।
Nunca llegaron a cubrir la distancia alimentaria planificada.

তারা কখনই পরিকল্পিত খাবারের দূরত্ব অতিক্রম করতে পারেনি।
Como era de esperar, muy rápidamente se quedaron sin
comida para los perros.

যেমনটা আশা করা হয়েছিল, খুব দ্রুত তাদের কুকুরের জন্য
খাবারের অভাব হয়ে গেল।

Empeoró las cosas sobrealimentándolos en los primeros
días.

প্রথম দিকে অতিরিক্ত খাওয়ানোর মাধ্যমে তারা পরিস্থিতি আরও
খারাপ করে তুলেছিল।

Esto acercaba la hambruna con cada ración descuidada.

এটি প্রতিটি অসাবধান খাদ্যের সাথে সাথে ক্ষুধা আরও কাছে
এনেছে।

Los nuevos perros no habían aprendido a sobrevivir con
muy poco.

নতুন কুকুরগুলো খুব কম জিনিস দিয়ে বেঁচে থাকতে শেখেনি।
Comieron con hambre, con apetitos demasiado grandes para
el camino.

তারা ক্ষুধার্ত অবস্থায় খেয়েছে, পথ চলার জন্য ক্ষুধা খুব বেশি।
Al ver que los perros se debilitaban, Hal creyó que la comida
no era suficiente.

কুকুরগুলো দুর্বল হয়ে পড়া দেখে হ্যাল বিশ্বাস করলো যে খাবার যথেষ্ট নয়।

Duplicó las raciones, empeorando aún más el error.

সে রেশন দ্বিগুণ করে দিল, যার ফলে ভুলটা আরও খারাপ হয়ে গেল।

Mercedes añadió más problemas con lágrimas y suaves súplicas.

মার্সিডিজ চোখের জল আর মৃদু অনুনয়-বিনয় দিয়ে সমস্যা আরও বাড়িয়ে দিল।

Cuando no pudo convencer a Hal, alimentó a los perros en secreto.

যখন সে হ্যালকে রাজি করাতে পারল না, তখন সে গোপনে কুকুরগুলোকে খাবার দিত।

Ella robó de los sacos de pescado y se lo dio a sus espaldas.

সে মাছের বস্তা থেকে চুরি করে তার পিছন থেকে তাদের দিয়ে দিল।

Pero lo que los perros realmente necesitaban no era más comida: era descanso.

কিন্তু কুকুরগুলোর আসলে যা প্রয়োজন ছিল তা ছিল আরও খাবারের নয়—তা ছিল বিশ্রামের।

Iban a poca velocidad, pero el pesado trineo aún seguía avanzando.

তাদের সময় খুব একটা ভালো যাচ্ছিল না, কিন্তু ভারী স্লেজটি এখনও টিকে ছিল।

Ese peso solo les quitaba las fuerzas que les quedaban cada día.

এই ওজনই প্রতিদিন তাদের অবশিষ্ট শক্তি নিঃশেষ করে দিচ্ছিল।

Luego vino la etapa de desalimentación ya que los suministros escasearon.

তারপর সরবরাহ কমে যাওয়ায় কম খাওয়ানোর পর্যায় এসে দাঁড়াল।

Una mañana, Hal se dio cuenta de que la mitad de la comida para perros ya había desaparecido.

একদিন সকালে হ্যাল বুঝতে পারল যে কুকুরের খাবারের অর্ধেক ইতিমধ্যেই শেষ হয়ে গেছে।

Sólo habían recorrido una cuarta parte de la distancia total del recorrido.

তারা মোট পথের দূরত্বের মাত্র এক চতুর্থাংশ ভ্রমণ করেছিল।

No se podía comprar más comida por ningún precio que se ofreciera.

আর কোন খাবার কেনা সম্ভব ছিল না, যত দামই দেওয়া হোক না কেন।

Redujo las raciones de los perros por debajo de la ración diaria estándar.

তিনি কুকুরের খাবার স্বাভাবিক দৈনিক রেশনের চেয়ে কম করে দিলেন।

Al mismo tiempo, exigió viajes más largos para compensar las pérdidas.

একই সাথে, তিনি ক্ষতি পুষিয়ে নিতে দীর্ঘ ভ্রমণের দাবি জানান।

Mercedes y Carlos apoyaron este plan, pero fracasaron en su ejecución.

মার্সিডিজ এবং চার্লস এই পরিকল্পনাকে সমর্থন করেছিলেন, কিন্তু বাস্তবায়নে ব্যর্থ হন।

Su pesado trineo y su falta de habilidad hicieron que el avance fuera casi imposible.

তাদের ভারী স্লেজ এবং দক্ষতার অভাব অগ্রগতি প্রায় অসম্ভব করে তুলেছিল।

Era fácil dar menos comida, pero imposible forzar más esfuerzo.

কম খাবার দেওয়া সহজ ছিল, কিন্তু বেশি পরিশ্রম করা অসম্ভব ছিল।

No podían salir temprano ni tampoco viajar horas extras.

তারা তাড়াতাড়ি শুরু করতে পারত না, অতিরিক্ত ঘন্টা ভ্রমণও করতে পারত না।

No sabían cómo trabajar con los perros, ni tampoco ellos mismos.

তারা কুকুরদের কীভাবে কাজ করাতে হয় তা জানত না, এমনকি নিজেদেরও জানত না।

El primer perro que murió fue Dub, el desafortunado pero trabajador ladrón.

প্রথম মারা যাওয়া কুকুরটি ছিল ডাব, একজন দুর্ভাগ্যবান কিন্তু পরিশ্রমী চোর।

Aunque a menudo lo castigaban, Dub había hecho su parte sin quejarse.

যদিও প্রায়শই শাস্তি পেতেন, ডাব কোনও অভিযোগ ছাড়াই তার ওজন কমিয়েছিলেন।

Su hombro lesionado empeoró sin cuidados ni necesidad de descanso.

তার আহত কাঁধের অবস্থা আরও খারাপ হয়ে গেল, যত্ন বা বিশ্রামের প্রয়োজন ছিল না।

Finalmente, Hal usó el revólver para acabar con el sufrimiento de Dub.

অবশেষে, হ্যাল ডাবের কষ্টের অবসান ঘটাতে রিভলবার ব্যবহার করে।

Un dicho común afirma que los perros normales mueren con raciones para perros esquimales.

একটি প্রচলিত প্রবাদে দাবি করা হয়েছে যে সাধারণ কুকুররা ভুসিযুক্ত খাবার খেয়ে মারা যায়।

Los seis nuevos compañeros de Buck tenían sólo la mitad de la porción de comida del husky.

বাকের ছয় নতুন সঙ্গীর কাছে হাস্কির খাবারের অর্ধেকই ছিল।

Primero murió el Terranova y después los tres bracos de pelo corto.

প্রথমে নিউফাউন্ডল্যান্ড মারা গেল, তারপর তিনটি ছোট চুলের পয়েন্টার।

Los dos mestizos resistieron más tiempo pero finalmente perecieron como el resto.

দুই মংগ্রেল বেশিক্ষণ টিকে রইল কিন্তু অবশেষে বাকিদের মতোই মারা গেল।

Para entonces, todas las comodidades y la dulzura de Southland habían desaparecido.

এই সময়ের মধ্যে, সাউথল্যান্ডের সমস্ত সুযোগ-সুবিধা এবং ভদ্রতা চলে গেছে।

Las tres personas habían perdido los últimos vestigios de su educación civilizada.

তিনজন তাদের সভ্য লালন-পালনের শেষ চিহ্নও হারিয়ে ফেলেছিল।

Despojado de glamour y romance, el viaje al Ártico se volvió brutalmente real.

গ্ল্যামার এবং রোমান্স বাদ দিয়ে, আর্কটিক ভ্রমণ নিষ্ঠুরভাবে বাস্তবে পরিণত হয়েছিল।

Era una realidad demasiado dura para su sentido de masculinidad y feminidad.

তাদের পুরুষত্ব এবং নারীত্বের অনুভূতির জন্য এটি ছিল অত্যন্ত কঠোর বাস্তবতা।

Mercedes ya no lloraba por los perros, ahora lloraba sólo por ella misma.

মার্সিডিজ আর কুকুরগুলোর জন্য কাঁদেনি, এখন কেবল নিজের জন্য কাঁদে।

Pasó su tiempo llorando y peleando con Hal y Charles.

সে হ্যাল এবং চার্লসের সাথে কাঁদতে এবং ঝগড়া করে তার সময় কাটাত।

Pelear era lo único que nunca estaban demasiado cansados para hacer.

ঝগড়া করাই ছিল এমন একটা জিনিস যা করতে তারা কখনোই খুব বেশি ক্লান্ত হতো না।

Su irritabilidad surgió de la miseria, creció con ella y la superó.

তাদের বিরক্তি দুঃখ থেকে এসেছিল, তার সাথে সাথে বেড়েছে এবং তাকে ছাড়িয়ে গেছে।

La paciencia del camino, conocida por quienes trabajan y sufren con bondad, nunca llegó.

যারা পরিশ্রম করে এবং কষ্ট সহ্য করে তাদের কাছে পরিচিত পথের ধৈর্য কখনও আসেনি।

Esa paciencia que conserva dulce la palabra a pesar del dolor les era desconocida.

যে ধৈর্য, যা যন্ত্রণার মধ্যেও কথাকে মধুর করে তোলে, তা তাদের অজানা ছিল।

No tenían ni un ápice de paciencia ni la fuerza que suponía sufrir con gracia.

তাদের ধৈর্যের কোন চিহ্ন ছিল না, অনুগ্রহের সাথে কষ্ট থেকে প্রাপ্ত কোন শক্তিও ছিল না।

Estaban rígidos por el dolor: les dolían los músculos, los huesos y el corazón.

তারা ব্যথায় শক্ত হয়ে যাচ্ছিল—তাদের পেশী, হাড় এবং হৃদয়ে ব্যথা হচ্ছিল।

Por eso se volvieron afilados de lengua y rápidos para usar palabras ásperas.

এই কারণে, তারা জিহ্বায় তীক্ষ্ণ এবং কঠোর কথায় দ্রুত হয়ে ওঠে।

Cada día comenzaba y terminaba con voces enojadas y amargas quejas.

প্রতিটি দিন শুরু হতো এবং শেষ হতো রাগান্বিত কণ্ঠস্বর এবং তিক্ত অভিযোগ দিয়ে।

Charles y Hal discutían cada vez que Mercedes les daba una oportunidad.

মার্সিডিজ যখনই সুযোগ দিত চার্লস এবং হ্যাল ঝগড়া করত।

Cada hombre creía que hacía más de lo que le correspondía en el trabajo.

প্রত্যেকেই বিশ্বাস করত যে সে তার কাজের ন্যায্য অংশের চেয়ে বেশি কাজ করেছে।

Ninguno de los dos perdió la oportunidad de decirlo una y otra vez.

বারবার বলার সুযোগটাও হাতছাড়া করেনি কেউই।

A veces Mercedes se ponía del lado de Charles, a veces del lado de Hal.

কখনও মার্সিডিজ চার্লসের পক্ষে ছিল, কখনও হ্যালের পক্ষে।

Esto dio lugar a una gran e interminable disputa entre los tres.

এর ফলে তিনজনের মধ্যে এক বিরাট ও অন্তহীন ঝগড়া শুরু হয়।

Una disputa sobre quién debería cortar leña se salió de control.

কে জ্বালানি কাঠ কাটবে তা নিয়ে বিরোধ নিয়ন্ত্রণের বাইরে চলে গেল।

Pronto se nombraron padres, madres, primos y parientes muertos.

শীঘ্রই, বাবা, মা, চাচাতো ভাই এবং মৃত আত্মীয়দের নামকরণ করা হয়।

Las opiniones de Hal sobre el arte o las obras de su tío se convirtieron en parte de la pelea.

শিল্পকলা বা তার মামার নাটক সম্পর্কে হ্যালের দৃষ্টিভঙ্গি লড়াইয়ের অংশ হয়ে ওঠে।

Las creencias políticas de Charles también entraron en el debate.

চার্লসের রাজনৈতিক বিশ্বাসও বিতর্কে প্রবেশ করে।

Para Mercedes, incluso los chismes de la hermana de su marido parecían relevantes.

মার্সিডিজের কাছে, এমনকি তার স্বামীর বোনের গসিপও প্রাসঙ্গিক বলে মনে হয়েছিল।

Ella expresó sus opiniones sobre eso y sobre muchos de los defectos de la familia de Charles.

তিনি সেই বিষয়ে এবং চার্লসের পরিবারের অনেক ত্রুটি সম্পর্কে মতামত প্রকাশ করেছিলেন।

Mientras discutían, el fuego permaneció apagado y el campamento medio montado.

তাদের তর্কের সময়, আগুন জ্বলে ওঠেনি এবং ক্যাম্প অর্ধেক নিভে যায়।

Mientras tanto, los perros permanecieron fríos y sin comida.

এদিকে, কুকুরগুলো ঠান্ডা ছিল এবং কোন খাবার ছাড়াই।

Mercedes tenía un motivo de queja que consideraba profundamente personal.

মার্সিডিজের একটা অভিযোগ ছিল যা সে গভীরভাবে ব্যক্তিগত বলে মনে করত।

Se sintió maltratada como mujer, negándole sus privilegios de gentileza.

একজন নারী হিসেবে তার সাথে দুর্ব্যবহার করা হয়েছে বলে মনে হয়েছিল, তার কোমল সুযোগ-সুবিধা থেকে বঞ্চিত করা হয়েছে।

Ella era bonita y dulce, y acostumbrada a la caballerosidad toda su vida.

সে সুন্দরী এবং নরম ছিল, এবং সারা জীবন বীরত্বের সাথে অভ্যস্ত ছিল।

Pero su marido y su hermano ahora la trataban con impaciencia.

কিন্তু তার স্বামী এবং ভাই এখন তার সাথে অধৈর্য আচরণ করছে।

Su costumbre era actuar con impotencia y comenzaron a quejarse.

তার অভ্যাস ছিল অসহায় আচরণ করা, এবং তারা অভিযোগ করতে শুরু করে।

Ofendida por esto, les hizo la vida aún más difícil.

এতে বিরক্ত হয়ে, সে তাদের জীবনকে আরও কঠিন করে তুলেছিল।

Ella ignoró a los perros e insistió en montar ella misma el trineo.

সে কুকুরদের উপেক্ষা করে নিজেই স্লেজ চালানোর জন্য জোর দিল।

Aunque parecía ligera de aspecto, pesaba ciento veinte libras.

দেখতে হালকা হলেও, তার ওজন ছিল একশ বিশ পাউন্ড।

Esa carga adicional era demasiado para los perros hambrientos y débiles.

ক্ষুধার্ত, দুর্বল কুকুরগুলোর জন্য সেই অতিরিক্ত বোঝা অনেক বেশি ছিল।

Aún así, ella cabalgó durante días, hasta que los perros se desplomaron en las riendas.

তবুও, সে কয়েকদিন ধরে বাইক চালিয়েছে, যতক্ষণ না কুকুরগুলো লাগাম ধরে ভেঙে পড়ে।

El trineo se detuvo y Charles y Hal le rogaron que caminara.

স্লেজটি স্থির হয়ে গেল, আর চার্লস আর হ্যাল তাকে হাঁটার জন্য অনুরোধ করল।

Ellos suplicaron y rogaron, pero ella lloró y los llamó crueles.

তারা অনুনয় বিনয় করল, কিন্তু সে কাঁদতে কাঁদতে তাদের নিষ্ঠুর বলল।

En una ocasión la sacaron del trineo con pura fuerza y enojo.

একবার, তারা তীব্র ক্রোধ এবং জোরে তাকে স্লেজ থেকে টেনে নামিয়ে দেয়।

Nunca volvieron a intentarlo después de lo que pasó aquella vez.

সেই ঘটনার পর তারা আর কখনও চেষ্টা করেনি।

Ella se quedó flácida como un niño mimado y se sentó en la nieve.

সে নষ্ট শিশুর মতো খোঁড়া হয়ে বরফে বসে রইল।

Ellos siguieron adelante, pero ella se negó a levantarse o seguirlos.

তারা এগিয়ে গেল, কিন্তু সে উঠতে বা পিছনে পিছনে যেতে রাজি হল না।

Después de tres millas, se detuvieron, regresaron y la llevaron de regreso.

তিন মাইল যাওয়ার পর, তারা থামল, ফিরে এল এবং তাকে আবার বহন করে আনল।

La volvieron a cargar en el trineo, nuevamente usando la fuerza bruta.

তারা আবারও নিষ্ঠুর শক্তি ব্যবহার করে তাকে স্লেজে ভরে তুলল।

En su profunda miseria, fueron insensibles al sufrimiento de los perros.

তাদের গভীর দুঃখের মধ্যে, তারা কুকুরদের কষ্টের প্রতি উদাসীন ছিল।

Hal creía que uno debía endurecerse y forzar esa creencia a los demás.

হ্যাল বিশ্বাস করতেন যে, একজনকে কঠোর হতে হবে এবং সেই বিশ্বাস অন্যের উপর চাপিয়ে দিতে হবে।

Primero intentó predicar su filosofía a su hermana.

তিনি প্রথমে তার বোনের কাছে তার দর্শন প্রচার করার চেষ্টা করেছিলেন

y luego, sin éxito, le predicó a su cuñado.

এবং তারপর, কোন সাফল্য ছাড়াই, সে তার শ্যালকের কাছে প্রচার করল।

Tuvo más éxito con los perros, pero sólo porque los lastimaba.

কুকুরদের সাথে তার সাফল্য বেশি ছিল, কিন্তু শুধুমাত্র তাদের ক্ষতি করার কারণে।

En Five Fingers, la comida para perros se quedó completamente sin comida.

ফাইভ ফিঙ্গারসে, কুকুরের খাবার সম্পূর্ণরূপে ফুরিয়ে গেল।

Una vieja india desdentada vendió unas cuantas libras de cuero de caballo congelado

একটি দাঁতহীন বৃদ্ধ স্কোয়া কয়েক পাউন্ড হিমায়িত ঘোড়ার চামড়া বিক্রি করেছে

Hal cambió su revólver por la piel de caballo seca.

হ্যাল তার রিভলবারটি শুকনো ঘোড়ার চামড়ার জন্য বিক্রি করে দিল।

La carne había procedido de caballos hambrientos de ganaderos meses antes.

মাংসটা এসেছিল কয়েক মাস আগে পশুপালকদের ক্ষুধার্ত ঘোড়া থেকে।

Congelada, la piel era como hierro galvanizado: dura y incomestible.

হিমায়িত অবস্থায়, চামড়াটি ছিল গ্যালভানাইজড লোহার মতো; শক্ত এবং অখাদ্য।

Los perros tenían que masticar sin parar la piel para poder comérsela.

কুকুরদের চামড়া খেতে অবিরাম চিবিয়ে খেতে হত।

Pero las cuerdas correosas y el pelo corto no constituían apenas alimento.

কিন্তু চামড়ার সুতা আর ছোট চুলগুলো খুব একটা পুষ্টিকর ছিল না।

La mayor parte de la piel era irritante y no era alimento en ningún sentido estricto.

বেশিরভাগ চামড়াই বিরক্তিকর ছিল, সত্যিকার অর্থে খাবার ছিল না।

Y durante todo ese tiempo, Buck se tambaleaba al frente, como en una pesadilla.

আর এই সবকিছুর মধ্যেও, বাক সামনের দিকে টলমল করে রইল, যেন দুঃস্বপ্নে।

Tiraba cuando podía, y cuando no, se quedaba tendido hasta que un látigo o un garrote lo levantaban.

যখন পারত তখন টানত; যখন পারত না, তখন শুয়ে থাকত যতক্ষণ না চাবুক বা লাঠি তাকে তুলে নিয়ে যেত।

Su fino y brillante pelaje había perdido toda la rigidez y brillo que alguna vez tuvo.

তার সূক্ষ্ম, চকচকে কোটটি আগের মতো শক্ত এবং উজ্জ্বল ছিল না।

Su cabello colgaba lacio, enmarañado y cubierto de sangre seca por los golpes.

তার চুলগুলো ঝুলে ছিল, টেনে তোলা হয়েছিল, এবং আঘাতের ফলে শুকনো রক্তে জমাট বেঁধেছিল।

Sus músculos se encogieron hasta convertirse en cuerdas y sus almohadillas de carne estaban todas desgastadas.

তার পেশীগুলো সঙ্কুচিত হয়ে দড়িতে পরিণত হয়েছে এবং তার মাংসের প্যাডগুলো সব জীর্ণ হয়ে গেছে।

Cada costilla, cada hueso se veía claramente a través de los pliegues de la piel arrugada.

প্রতিটি পাঁজর, প্রতিটি হাড় কুঁচকে যাওয়া ত্বকের ভাঁজের মধ্য দিয়ে স্পষ্ট দেখা যাচ্ছিল।

Fue desgarrador, pero el corazón de Buck no podía romperse.

এটা হৃদয়বিদারক ছিল, তবুও বাকের হৃদয় ভাঙতে পারেনি।

El hombre del suéter rojo lo había probado y demostrado hacía mucho tiempo.

লাল সোয়েটার পরা লোকটি অনেক আগেই সেটা পরীক্ষা করে দেখেছিল এবং প্রমাণও করেছিল।

Tal como sucedió con Buck, sucedió con el resto de sus compañeros de equipo.

বাকের ক্ষেত্রে যেমন হয়েছিল, তার বাকি সকল সতীর্থদের ক্ষেত্রেও তাই হয়েছিল।

Eran siete en total, cada uno de ellos un esqueleto andante de miseria.

মোট সাতজন ছিল, প্রত্যেকেই ছিল দুর্দশার হাঁটা কঙ্কাল।

Se habían vuelto insensibles a los latigazos y solo sentían un dolor distante.

তারা বেত্রাঘাত করার মতো অসাড় হয়ে গিয়েছিল, কেবল দূরবর্তী ব্যথা অনুভব করছিল।

Incluso la vista y el sonido les llegaban débilmente, como a través de una espesa niebla.

ঘন কুয়াশার মধ্য দিয়েও দৃষ্টি এবং শব্দ তাদের কাছে অল্প অল্প করে পৌঁছেছিল।

No estaban ni medio vivos: eran huesos con tenues chispas en su interior.

তারা অর্ধেক জীবিত ছিল না - তারা ছিল হাড়ের মতো যার ভেতরে মৃদু স্ফুলিঙ্গ ছিল।

Al detenerse, se desplomaron como cadáveres y sus chispas casi desaparecieron.

থামলে, তারা মৃতদেহের মতো ভেঙে পড়ে, তাদের স্ফুলিঙ্গ প্রায় নিভে গেল।

Y cuando el látigo o el garrote volvían a golpear, las chispas revoloteaban débilmente.

আর যখন চাবুক বা লাঠি আবার আঘাত করত, তখন স্ফুলিঙ্গগুলো দুর্বলভাবে উড়ে যেত।

Entonces se levantaron, se tambalearon hacia adelante y arrastraron sus extremidades hacia delante.

তারপর তারা উঠে দাঁড়াল, টলমল করে সামনের দিকে এগিয়ে গেল, এবং তাদের অঙ্গ-প্রত্যঙ্গ টেনে সামনের দিকে এগিয়ে দিল।

Un día el amable Billee se cayó y ya no pudo levantarse.

একদিন দয়ালু বিলি পড়ে গেল এবং আর উঠতে পারল না।

Hal había cambiado su revólver, por lo que utilizó un hacha para matar a Billee.

হ্যাল তার রিভলবারটি বিক্রি করেছিল, তাই সে বিলিকে হত্যা করার জন্য কুড়াল ব্যবহার করেছিল।

Lo golpeó en la cabeza, luego le cortó el cuerpo y se lo llevó arrastrado.

সে তার মাথায় আঘাত করে, তারপর তার শরীর কেটে মুক্ত করে টেনে নিয়ে যায়।

Buck vio esto, y también los demás; sabían que la muerte estaba cerca.

বাক এটা দেখেছিল, আর অন্যরাও তাই দেখেছিল; তারা জানত মৃত্যু কাছে এসে গেছে।

Al día siguiente Koona se fue, dejando sólo cinco perros en el equipo hambriento.

পরের দিন কুনা চলে গেল, ক্ষুধার্ত দলে মাত্র পাঁচটি কুকুর রেখে।

Joe, que ya no era malo, estaba demasiado perdido como para darse cuenta de gran cosa.

জো, আর খারাপ নয়, এতটাই দূরে চলে গিয়েছিল যে সে খুব বেশি কিছু জানতেও পারত না।

Pike, que ya no fingía su lesión, estaba apenas consciente.

পাইক, আর তার আঘাতের ভান করছিল না, প্রায় অজ্ঞান ছিল।

Solleks, todavía fiel, lamentó no tener fuerzas para dar.

সোলেক্স, এখনও বিশ্বস্ত, শোক প্রকাশ করলেন যে তার দান করার শক্তি নেই।

Teek fue el que más perdió porque estaba más fresco, pero su rendimiento se estaba agotando rápidamente.

টিক সবচেয়ে বেশি ক্ষতিগ্রস্ত হয়েছিল কারণ সে আরও নবীন ছিল, কিন্তু দ্রুত বিবর্ণ হয়ে যাচ্ছিল।

Y Buck, todavía a la cabeza, ya no mantenía el orden ni lo hacía cumplir.

এবং বাক, এখনও নেতৃত্বে, আর শৃঙ্খলা রক্ষা করেনি বা তা প্রয়োগ করেনি।

Medio ciego por la debilidad, Buck siguió el rastro sólo por el tacto.

দুর্বলতার সাথে আধো অন্ধ, বাক একা বোধ করে পথ অনুসরণ করলেন।

Era un hermoso clima primaveral, pero ninguno de ellos lo notó.

বসন্তের আবহাওয়া ছিল সুন্দর, কিন্তু তাদের কেউই তা লক্ষ্য করেনি।

Cada día el sol salía más temprano y se ponía más tarde que el anterior.

প্রতিদিন সূর্য আগের চেয়ে আগে উঠত এবং পরে অস্ত যেত।

A las tres de la mañana ya había amanecido; el crepúsculo duró hasta las nueve.

ভোর তিনটে নাগাদ ভোর হয়ে গেল; গোধূলি নয়টা পর্যন্ত স্থায়ী ছিল।

Los largos días estuvieron llenos del resplandor del sol primaveral.

দীর্ঘ দিনগুলো বসন্তের রোদের পূর্ণ আলোয় ভরে উঠল।

El silencio fantasmal del invierno se había transformado en un cálido murmullo.

শীতের ভৌতিক নীরবতা উষ্ণ গুঞ্জনে রূপান্তরিত হয়েছিল।

Toda la tierra estaba despertando, viva con la alegría de los seres vivos.

সমস্ত ভূমি জেগে উঠছিল, জীবন্ত জিনিসের আনন্দে সজীব।

El sonido provenía de lo que había permanecido muerto e inmóvil durante el invierno.

শব্দটা এমন একটা জিনিস থেকে আসছিল যা শীতের মধ্য দিয়ে মৃত অবস্থায় পড়ে ছিল।

Ahora, esas cosas se movieron nuevamente, sacudiéndose el largo sueño helado.

এখন, সেই জিনিসগুলি আবার সরে গেল, দীর্ঘ হিমশীতল ঘুমকে ঝেড়ে ফেলল।

La savia subía a través de los oscuros troncos de los pinos que esperaban.

অপেক্ষারত পাইন গাছের অন্ধকার গুঁড়ি দিয়ে রস বের হচ্ছিল।

Los sauces y los álamos brotan brillantes y jóvenes brotes en cada ramita.

উইলো এবং অ্যাস্পেন গাছের প্রতিটি ডালে উজ্জ্বল তরুণ কুঁড়ি ফুটে ওঠে।

Los arbustos y las enredaderas se vistieron de un verde fresco a medida que el bosque cobraba vida.

বন জীবন্ত হয়ে ওঠার সাথে সাথে ঝোপঝাড় এবং লতাগুলি তাজা সবুজে পরিপূর্ণ হয়ে ওঠে।

Los grillos cantaban por la noche y los insectos se arrastraban bajo el sol del día.

রাতে ঝিঁঝিঁ পোকা কিচিরমিচির করত, আর দিনের আলোয় পোকামাকড় হামাগুড়ি দিত।

Las perdices graznaban y los pájaros carpinteros picoteaban en lo profundo de los árboles.

তিতির পাখিরা গর্জন করতে লাগল, আর কাঠঠোকরা গাছের গভীরে ঢুকে পড়ল।

Las ardillas parloteaban, los pájaros cantaban y los gansos graznaban al hablarles a los perros.

কাঠবিড়ালিরা কিচিরমিচির করছিল, পাখিরা গান গাইছিল, আর হাঁস কুকুরের উপর হর্ন বাজাচ্ছিল।

Las aves silvestres llegaron en grupos afilados, volando desde el sur.

বুনো পাখিটি ধারালো ছিদ্র দিয়ে দক্ষিণ দিক থেকে উড়ে এল।

De cada ladera llegaba la música de arroyos ocultos y caudalosos.

প্রতিটি পাহাড়ের ঢাল থেকে ভেসে আসছিল লুকানো, তীব্র স্রোতের সঙ্গীত।

Todas las cosas se descongelaron y se rompieron, se doblaron y volvieron a ponerse en movimiento.

সবকিছু গলে গেল, ভেঙে পড়ল, বাঁকল এবং আবার গতিতে ফেটে গেল।

El Yukón se esforzó por romper las frías cadenas del hielo congelado.

ইউকন হিমায়িত বরফের ঠান্ডা শৃঙ্খল ভাঙার জন্য জোর চেষ্টা করছিল।

El hielo se derritió desde abajo, mientras que el sol lo derritió desde arriba.

নীচের বরফ গলে গেল, আর উপর থেকে সূর্যের আলো গলে গেল।

Se abrieron agujeros de aire, se abrieron grietas y algunos trozos cayeron al río.

বাতাসের গর্ত খুলে গেল, ফাটল ছড়িয়ে পড়ল এবং টুকরোগুলো নদীতে পড়ে গেল।

En medio de toda esta vida frenética y llameante, los viajeros se tambaleaban.

এই সমস্ত উত্তাল ও উত্তাল জীবনের মাঝে, ভ্রমণকারীরা টলমল করছিল।

Dos hombres, una mujer y una jauría de perros esquimales caminaban como muertos.

দুজন পুরুষ, একজন মহিলা, আর এক প্যাকেট ভুসি মৃতের মতো হেঁটে চলল।

Los perros caían, Mercedes lloraba, pero seguía montando el trineo.

কুকুরগুলো পড়ে যাচ্ছিল, মার্সিডিজ কাঁদছিল, কিন্তু তবুও স্লেজ চালাচ্ছিল।

Hal maldijo débilmente y Charles parpadeó con los ojos llorosos.

হ্যাল দুর্বলভাবে অভিশাপ দিল, আর চার্লস জলভরা চোখ দিয়ে পলক ফেলল।

Se toparon con el campamento de John Thornton junto a la desembocadura del río Blanco.

তারা হোয়াইট রিভারের মুখ দিয়ে জন থর্নটনের ক্যাম্পে হোঁচট খেয়ে পড়ে।

Cuando se detuvieron, los perros cayeron al suelo, como si todos hubieran muerto.

যখন তারা থামল, কুকুরগুলো এমনভাবে মাটিতে পড়ে গেল যেন সবগুলোই মারা গেছে।

Mercedes se secó las lágrimas y miró a John Thornton.

মার্সিডিজ তার চোখের জল মুছে জন থর্নটনের দিকে তাকাল।

Charles se sentó en un tronco, lenta y rígidamente, dolorido por el camino.

চার্লস একটা কাঠের উপর বসে পড়ল, ধীরে ধীরে এবং শক্তভাবে, পথের ব্যথায়।

Hal habló mientras Thornton tallaba el extremo del mango de un hacha.

থর্নটন যখন কুঠার-হাতের শেষ প্রান্তটি খোদাই করছিল, তখন হ্যাল কথা বলছিলেন।

Él tallaba madera de abedul y respondía con respuestas breves y firmes.

সে বার্চ কাঠ ঝাড়ল এবং সংক্ষিপ্ত, দৃঢ় উত্তর দিল।

Cuando se le preguntó, dio consejos, seguro de que no serían seguidos.

জিজ্ঞাসা করা হলে, তিনি পরামর্শ দিয়েছিলেন, নিশ্চিত যে এটি অনুসরণ করা হবে না।

Hal explicó: "Nos dijeron que el hielo del sendero se estaba desprendiendo".

হ্যাল ব্যাখ্যা করলেন, "তারা আমাদের বলেছিল যে পথের বরফ ঝরে পড়ছে।"

Dijeron que nos quedáramos allí, pero llegamos a White River.

"তারা বলেছিল আমাদের এখানেই থাকা উচিত - কিন্তু আমরা হোয়াইট রিভারে পৌঁছে গেছি।"

Terminó con un tono burlón, como para proclamar la victoria en medio de las dificultades.

তিনি বিদ্রূপাত্মক সুরে কথা শেষ করলেন, যেন কষ্টের মধ্যে জয় দাবি করছেন।

—Y te dijeron la verdad —respondió John Thornton a Hal en voz baja.

"এবং তারা তোমাকে সত্য বলেছে," জন থর্নটন হ্যালকে শান্তভাবে উত্তর দিলেন।

"El hielo puede ceder en cualquier momento; está a punto de desprenderse".

"বরফ যেকোনো মুহূর্তে পথ ছেড়ে দিতে পারে - এটি ঝরে পড়ার জন্য প্রস্তুত।"

"Solo la suerte ciega y los tontos pudieron haber llegado tan lejos con vida".

"কেবল অন্ধ ভাগ্য এবং বোকারাই এতদূর আসতে পারত।"

"Te lo digo directamente: no arriesgaría mi vida ni por todo el oro de Alaska".

"আমি তোমাকে সরাসরি বলছি, আলাস্কার সমস্ত সোনার জন্য আমি আমার জীবনের ঝুঁকি নেব না।"

—Supongo que es porque no eres tonto —respondió Hal.

"এর কারণ তুমি বোকা নও, আমার মনে হয়," হ্যাল উত্তর দিল।

—De todos modos, seguiremos hasta Dawson. —Desenrolló el látigo.

"যাই হোক, আমরা ডসনের কাছে যাব।" সে তার চাবুকের কড়াই খুলে ফেলল।

—¡Sube, Buck! ¡Hola! ¡Sube! ¡Vamos! —gritó con dureza.

"ওঠো, বাক! হাই! ওঠো! যাও!" সে জোরে চিৎকার করে উঠল।

Thornton siguió tallando madera, sabiendo que los tontos no escucharían razones.

থর্নটন বারবার বলতে লাগলো, কারণ সে জানতো বোকারা যুক্তি শুনতে পাবে না।

Detener a un tonto era inútil, y dos o tres tontos no cambiaban nada.

একজন বোকাকে থামানো বৃথা ছিল—আর দুই বা তিনজন বোকা কিছুই বদলাতে পারেনি।

Pero el equipo no se movió ante la orden de Hal.

কিন্তু হ্যালের নির্দেশের শব্দে দলটি নড়েনি।

A estas alturas, sólo los golpes podían hacerlos levantarse y avanzar.

এতক্ষণে, কেবল আঘাতই তাদের উঠতে এবং এগিয়ে যেতে সাহায্য করতে পারত।

El látigo golpeó una y otra vez a los perros debilitados.

দুর্বল কুকুরগুলোর উপর বারবার চাবুকটি আঘাত করছিল।

John Thornton apretó los labios con fuerza y observó en silencio.

জন থর্নটন ঠোঁট শক্ত করে চেপে ধরে নীরবে তাকিয়ে রইল।

Solleks fue el primero en ponerse de pie bajo el látigo.

সোলেক্সই প্রথম হামাগুড়ি দিয়ে চাবুকের নিচে পা রাখতে সক্ষম হল।

Entonces Teek lo siguió, temblando. Joe gritó al tambalearse.

তারপর টিক কাঁপতে কাঁপতে পিছু পিছু এলো। জো হোঁচট খেতে খেতে চিৎকার করে উঠলো।

Pike intentó levantarse, falló dos veces y finalmente se mantuvo en pie, tambaleándose.

পাইক ওঠার চেষ্টা করল, দুবার ব্যর্থ হল, তারপর অবশেষে অস্থির হয়ে দাঁড়াল।

Pero Buck yacía donde había caído, sin moverse en absoluto este momento.

কিন্তু বাক যেখানে পড়ে গিয়েছিল সেখানেই পড়ে রইল, এই সময়টাতে সে মোটেও নড়ছে না।

El látigo lo golpeaba una y otra vez, pero él no emitía ningún sonido.

চাবুকটি তাকে বারবার আঘাত করছিল, কিন্তু সে কোনও শব্দ করছিল না।

Él no se inmutó ni se resistió, simplemente permaneció quieto y en silencio.

তিনি নড়লেন না বা প্রতিরোধ করলেন না, কেবল স্থির ও নীরব রইলেন।

Thornton se movió más de una vez, como si fuera a hablar, pero no lo hizo.

থর্নটন একাধিকবার নাড়াচাড়া করলেন, যেন কথা বলার জন্য, কিন্তু বললেন না।

Sus ojos se humedecieron y el látigo siguió golpeando contra Buck.

তার চোখ ভিজে উঠল, তবুও চাবুকটি বাকের গায়ে লাগল।

Finalmente, Thornton comenzó a caminar lentamente, sin saber qué hacer.

অবশেষে, থর্নটন ধীরে ধীরে চলতে শুরু করলেন, কী করবেন বুঝতে না পেরে।

Era la primera vez que Buck fallaba y Hal se puso furioso.

এটি ছিল প্রথমবার যখন বাক ব্যর্থ হয়েছিল, এবং হ্যাল রেগে গেল।

Dejó el látigo y en su lugar tomó el pesado garrote.

সে চাবুকটা ছুঁড়ে ফেলে দিল এবং তার বদলে ভারী লাঠিটা তুলে নিল।

El palo de madera cayó con fuerza, pero Buck todavía no se levantó para moverse.

কাঠের লাঠিটা জোরে নিচে নেমে এলো, কিন্তু বাক তখনও নড়াচড়া করার জন্য উঠে দাঁড়ালো না।

Al igual que sus compañeros de equipo, era demasiado débil, pero más que eso.

তার সতীর্থদের মতো, সেও খুব দুর্বল ছিল—কিন্তু তার চেয়েও বেশি।

Buck había decidido no moverse, sin importar lo que sucediera después.

বাক সিদ্ধান্ত নিয়েছিল যে সে নড়বে না, এরপর যা-ই ঘটুক না কেন।

Sintió algo oscuro y seguro flotando justo delante.

সে অনুভব করল যে অন্ধকার এবং নিশ্চিত কিছু একটা সামনে ঝুলছে।

Ese miedo se apoderó de él tan pronto como llegó a la orilla del río.

নদীর তীরে পৌঁছানোর সাথে সাথেই সেই ভয় তাকে গ্রাস করেছিল।

La sensación no lo había abandonado desde que sintió el hielo fino bajo sus patas.

তার থাবার নীচে বরফ পাতলা হয়ে যাওয়ার পর থেকে অনুভূতিটি তাকে ছাড়েনি।

Algo terrible lo esperaba; lo sintió más allá del camino.

ভয়াবহ কিছু অপেক্ষা করছিল—পথের ঠিক নিচেই সে তা অনুভব করল।

No iba a caminar hacia esa cosa terrible que había delante.

সে সামনের দিকে সেই ভয়াবহ জিনিসের দিকে এগিয়ে যাচ্ছিল না।

Él no iba a obedecer ninguna orden que lo llevara a esa cosa.

সে এমন কোনও আদেশ মানতে রাজি ছিল না যা তাকে এই জিনিসটিতে নিয়ে গিয়েছিল।

El dolor de los golpes apenas lo afectaba ahora: estaba demasiado lejos.

আঘাতের যন্ত্রণা এখন তাকে স্পর্শ করতে পারছিল না—সে অনেক দূরে চলে গিয়েছিল।

La chispa de la vida parpadeaba débilmente y se apagaba bajo cada golpe cruel.

প্রতিটি নিষ্ঠুর আঘাতের নীচে জীবনের স্ফুলিঙ্গ নিস্তেজ হয়ে গেল, ম্লান হয়ে গেল।

Sus extremidades se sentían distantes; su cuerpo entero parecía pertenecer a otro.

তার অঙ্গ-প্রত্যঙ্গ দূরে মনে হচ্ছিল; তার পুরো শরীরটা যেন অন্য কারোর।

Sintió un extraño entumecimiento mientras el dolor desapareció por completo.

ব্যথা সম্পূর্ণরূপে নিভে যাওয়ার সাথে সাথে সে এক অদ্ভুত অসাড়তা অনুভব করল।

Desde lejos, sentía que lo golpeaban, pero apenas lo sabía.

দূর থেকে সে বুঝতে পারল যে তাকে মারধর করা হচ্ছে, কিন্তু সে বুঝতে পারল না।

Podía oír los golpes débilmente, pero ya no dolían realmente.

সে ধড়ফড়ের শব্দ হালকা শুনতে পাচ্ছিল, কিন্তু সেগুলো আর সত্যিকার অর্থে ব্যথা দিচ্ছিল না।

Los golpes dieron en el blanco, pero su cuerpo ya no parecía el suyo.

আঘাতগুলো লেগেছিল, কিন্তু তার শরীর আর নিজের মতো মনে হচ্ছিল না।

Entonces, de repente y sin previo aviso, John Thornton lanzó un grito salvaje.

তারপর হঠাৎ, কোনও সতর্কবার্তা ছাড়াই, জন থর্নটন এক অসহায় চিৎকার করে উঠলেন।

Era un grito inarticulado, más el grito de una bestia que el de un hombre.

এটা ছিল অস্পষ্ট, মানুষের চেয়ে পশুর চিৎকার বেশি।

Saltó hacia el hombre con el garrote y tiró a Hal hacia atrás.

সে লাঠিওয়ালা লোকটির দিকে ঝাঁপিয়ে পড়ল এবং হ্যালকে পিছনের দিকে ঠেলে দিল।

Hal voló como si lo hubiera golpeado un árbol y aterrizó con fuerza en el suelo.

হ্যাল গাছের সাথে ধাক্কা খাওয়ার মতো উড়ে গেল, মাটিতে শক্ত করে আছড়ে পড়ল।

Mercedes gritó en pánico y se llevó las manos a la cara.

মার্সিডিজ আতঙ্কে জোরে চিৎকার করে উঠল এবং তার মুখ চেপে ধরল।

Charles se limitó a mirar, se secó los ojos y permaneció
sentado.

চার্লস কেবল তাকিয়ে রইল, চোখ মুছে ফেলল, আর বসে রইল।
Su cuerpo estaba demasiado rígido por el dolor para
levantarse o ayudar en la pelea.

তার শরীর ব্যথায় এতটাই শক্ত হয়ে গিয়েছিল যে সে উঠতে বা
লড়াইয়ে সাহায্য করতে পারছিল না।
Thornton se quedó de pie junto a Buck, temblando de furia,
incapaz de hablar.

থর্নটিন বাকের উপরে দাঁড়িয়ে রইল, রাগে কাঁপছিল, কথা বলতে
পারছিল না।
Se estremeció de rabia y luchó por encontrar su voz a través
de ella.

সে রাগে কেঁপে উঠল এবং তার কণ্ঠস্বর খুঁজে বের করার জন্য লড়াই
করল।
—Si vuelves a golpear a ese perro, te mataré —dijo
finalmente.

"তুমি যদি আবার ওই কুকুরটিকে আঘাত করো, তাহলে আমি
তোমাকে মেরে ফেলব," অবশেষে সে বলল।
Hal se limpió la sangre de la boca y volvió a avanzar.

হ্যাল তার মুখ থেকে রক্ত মুছে আবার এগিয়ে এলো।
—Es mi perro —murmuró—. ¡Quítate del medio o te curaré!

"এটা আমার কুকুর," সে বিড়বিড় করে বলল। "পথ থেকে সরে যাও,
নাহলে আমি তোমাকে ঠিক করে দেব।"
"Voy a Dawson y no me lo vas a impedir", añadió.

"আমি ডসন যাচ্ছি, আর তুমি আমাকে থামাচ্ছ না," সে আরও বলল।
Thornton se mantuvo firme entre Buck y el joven enojado.

থর্নটিন বাক এবং রাগান্বিত যুবকের মাঝখানে দৃঢ়ভাবে
দাঁড়িয়েছিলেন।
No tenía intención de hacerse a un lado o dejar pasar a Hal.

তার সরে দাঁড়ানোর বা হ্যালকে যেতে দেওয়ার কোনও ইচ্ছা ছিল না।

Hal sacó su cuchillo de caza, largo y peligroso en la mano.

হ্যাল তার শিকারের ছুরিটি বের করল, হাতে লম্বা এবং বিপজ্জনক।

Mercedes gritó, luego lloró y luego rió con una histeria salvaje.

মার্সিডিজ চিৎকার করে উঠল, তারপর কেঁদে উঠল, তারপর বন্য হিস্টিরিয়ায় হেসে উঠল।

Thornton golpeó la mano de Hal con el mango de su hacha, fuerte y rápido.

থর্নটন তার কুঠার-হাত দিয়ে হ্যালের হাতে জোরে এবং দ্রুত আঘাত করলেন।

El cuchillo se soltó del agarre de Hal y voló al suelo.

ছুরিটি হ্যালের হাত থেকে খুলে মাটিতে পড়ে গেল।

Hal intentó recoger el cuchillo y Thornton volvió a golpearle los nudillos.

হ্যাল ছুরিটা তুলে নেওয়ার চেষ্টা করল, আর থর্নটন আবার তার নাকফুলগুলো টিপে ধরল।

Entonces Thornton se agachó, agarró el cuchillo y lo sostuvo.

তারপর থর্নটন ঝুঁকে পড়ল, ছুরিটা ধরল, আর ধরে রাখল।

Con dos rápidos golpes del mango del hacha, cortó las riendas de Buck.

কুঠার-হাতের দুটি দ্রুত আঘাত দিয়ে সে বাকের লাগাম কেটে দিল।

Hal ya no tenía fuerzas para luchar y se apartó del perro.

হ্যালের মনে আর কোন লড়াই রইল না এবং সে কুকুরের কাছ থেকে পিছু হটল।

Además, Mercedes necesitaba ahora ambos brazos para mantenerse erguida.

তাছাড়া, মার্সিডিজকে সোজা রাখার জন্য এখন তার দুই হাতেরই প্রয়োজন।

Buck estaba demasiado cerca de la muerte como para volver a ser útil para tirar de un trineo.

বাক এতটাই মৃত্যুর কাছাকাছি ছিল যে আবার স্লেজ টানার কাজে লাগতে পারছিল না।

Unos minutos después, se marcharon y se dirigieron río abajo.

কয়েক মিনিট পরে, তারা নদীর ধারে নেমে বেরিয়ে পড়ল।

Buck levantó la cabeza débilmente y los observó mientras salían del banco.

বাক দুর্বলভাবে মাথা তুলে তাদের ব্যাংক থেকে বেরিয়ে যেতে দেখল।

Pike lideró el equipo, con Solleks en la parte trasera, al volante.

পাইক দলকে নেতৃত্ব দিয়েছিলেন, সোলেক্স পিছনে ছিলেন হুইল স্পটে।

Joe y Teek caminaron entre ellos, ambos cojeando por el cansancio.

জো আর টিক দুজনেই ক্লান্তিতে খুঁড়ে খুঁড়ে হেঁটে যাচ্ছিল।

Mercedes se sentó en el trineo y Hal agarró el largo palo.

মার্সিডিজ স্লেজে বসল, আর হ্যাল লম্বা জি-পোলটা ধরে রাখল।

Charles se tambaleó detrás, sus pasos torpes e inseguros.

চার্লস হোঁচট খেয়ে পিছনে পড়ে গেল, তার পদক্ষেপগুলি আনাড়ি এবং অনিশ্চিত।

Thornton se arrodilló junto a Buck y buscó con delicadeza los huesos rotos.

থর্নটন বাকের পাশে হাঁটু গেড়ে বসে ভাঙা হাড়ের জন্য আলতো করে অনুভব করলেন।

Sus manos eran ásperas pero se movían con amabilidad y cuidado.

তার হাত রুক্ষ ছিল কিন্তু দয়া ও যত্নের সাথে নাড়াচাড়া করত।

El cuerpo de Buck estaba magullado pero no mostraba lesiones duraderas.

বাকের শরীরে আঘাতের চিহ্ন ছিল কিন্তু স্থায়ী কোনও আঘাত ছিল না।

Lo que quedó fue un hambre terrible y una debilidad casi total.

বাকি রইলো ভয়াবহ ক্ষুধা আর প্রায় সম্পূর্ণ দুর্বলতা।

Cuando esto quedó claro, el trineo ya había avanzado mucho río abajo.

যখন এটি স্পষ্ট হয়ে উঠল, স্লেজটি নদীর অনেক নিচে চলে গিয়েছিল।

El hombre y el perro observaron cómo el trineo se deslizaba lentamente sobre el hielo agrietado.

মানুষ আর কুকুর দেখল স্লেজটা ধীরে ধীরে বরফের উপর দিয়ে হামাগুড়ি দিচ্ছে।

Luego vieron que el trineo se hundía en un hueco.

তারপর, তারা দেখতে পেল স্লেজটি একটি গর্তে ডুবে গেছে।

El mástil voló hacia arriba, con Hal todavía aferrándose a él en vano.

জি-পোলটি উড়ে গেল, হ্যাল এখনও বৃথাই এটিকে আঁকড়ে ধরে আছে।

El grito de Mercedes les llegó a través de la fría distancia.

মার্সিডিজের চিৎকার ঠান্ডা দূরত্ব পেরিয়ে তাদের কাছে পৌঁছে গেল।

Charles se giró y dio un paso atrás, pero ya era demasiado tarde.

চার্লস ঘুরে দাঁড়াল এবং পিছিয়ে গেল—কিন্তু সে অনেক দেরি করে ফেলেছিল।

Una capa de hielo entera cedió y todos ellos cayeron al suelo.

একটা পুরো বরফের চাদর সরে গেল, আর সবগুলোই মাটিতে পড়ে গেল।

Los perros, los trineos y las personas desaparecieron en el agua negra que había debajo.

কুকুর, স্লেজ এবং মানুষ নীচের কালো জলে অদৃশ্য হয়ে গেল।

En el hielo por donde habían pasado sólo quedaba un amplio agujero.

তারা যেখানে গিয়েছিল সেখানে কেবল বরফের একটি প্রশস্ত গর্ত অবশিষ্ট ছিল।

El sendero se había hundido por completo, tal como Thornton había advertido.

থর্নটন যেমন সতর্ক করেছিলেন, ঠিক তেমনই পথের তলদেশটি পড়ে গিয়েছিল।

Thornton y Buck se miraron el uno al otro y guardaron silencio por un momento.

থর্নটন আর বাক একে অপরের দিকে তাকাল, কিছুক্ষণ চুপ করে রইল।

—Pobre diablo —dijo Thornton suavemente, y Buck le lamió la mano.

"তুমি বেচারা শয়তান," থর্নটন মৃদুস্বরে বলল, আর বাক তার হাত চাটলো।

Por el amor de un hombre

একজন মানুষের ভালোবাসার জন্য

John Thornton se congeló los pies en el frío del diciembre anterior.

গত ডিসেম্বরের ঠান্ডায় জন থর্নটনের পা জমে যায়।

Sus compañeros lo hicieron sentir cómodo y lo dejaron recuperarse solo.

তার সঙ্গীরা তাকে আরামদায়ক করে তুলেছিল এবং তাকে একা সুস্থ হতে দিয়েছিল।

Subieron al río para recoger una balsa de troncos para aserrar para Dawson.

তারা ডসনের জন্য করাতের কাঠের ভেলা সংগ্রহ করতে নদীর ধারে গেল।

Todavía cojeaba ligeramente cuando rescató a Buck de la muerte.

বাককে মৃত্যুর হাত থেকে বাঁচানোর সময় সে তখনও কিছুটা খোঁড়াচ্ছিল।

Pero como el clima cálido continuó, incluso esa cojera desapareció.

কিন্তু উষ্ণ আবহাওয়া অব্যাহত থাকার সাথে সাথে, সেই লোমও অদৃশ্য হয়ে গেল।

Durante los largos días de primavera, Buck descansaba a orillas del río.

বসন্তের দীর্ঘ দিনগুলিতে নদীর তীরে শুয়ে, বাক বিশ্রাম নিত।

Observó el agua fluir y escuchó a los pájaros y a los insectos.

সে প্রবাহিত জলের দিকে তাকিয়ে থাকত এবং পাখি ও পোকামাকড়ের কথা শুনত।

Lentamente, Buck recuperó su fuerza bajo el sol y el cielo.

ধীরে ধীরে, বাক সূর্য ও আকাশের নীচে তার শক্তি ফিরে পেল।

Un descanso fue maravilloso después de viajar tres mil millas.

তিন হাজার মাইল ভ্রমণের পর বিশ্রামটা অসাধারণ লাগলো।

Buck se volvió perezoso a medida que sus heridas sanaban y su cuerpo se llenaba.

বাকের ক্ষত সেরে যাওয়ায় এবং তার শরীর ভরে যাওয়ায় সে অলস হয়ে পড়ে।

Sus músculos se reafirmaron y la carne volvió a cubrir sus huesos.

তার পেশী শক্ত হয়ে উঠল, এবং মাংস তার হাড়গুলিকে ঢেকে ফেলল।

Todos estaban descansando: Buck, Thornton, Skeet y Nig.

তারা সবাই বিশ্রাম নিচ্ছিল—বাক, থর্নটন, স্কিট এবং নিগ।

Esperaron la balsa que los llevaría a Dawson.

তারা অপেক্ষা করছিল সেই ভেলার জন্য যেটি তাদেরকে ডসনে নিয়ে যাবে।

Skeet era un pequeño setter irlandés que se hizo amigo de Buck.

স্কিট ছিল একজন ছোট আইরিশ সেটার, যে বাকের সাথে বন্ধুত্ব করেছিল।

Buck estaba demasiado débil y enfermo para resistirse a ella en su primer encuentro.

বাক খুব দুর্বল এবং অসুস্থ ছিলেন, প্রথম সাক্ষাতেই তিনি তাকে প্রতিরোধ করতে পারেননি।

Skeet tenía el rasgo de sanador que algunos perros poseen naturalmente.

স্কিটের মধ্যে নিরাময়কারী বৈশিষ্ট্য ছিল যা কিছু কুকুরের স্বাভাবিকভাবেই থাকে।

Como una gata madre, lamió y limpió las heridas abiertas de Buck.

মা বিড়ালের মতো, সে বাকের কাঁচা ক্ষত চেটে পরিষ্কার করত।

Todas las mañanas, después del desayuno, repetía su minucioso trabajo.

প্রতিদিন সকালে নাস্তার পর, সে তার সাবধানতার সাথে কাজটি পুনরাবৃত্তি করত।

Buck llegó a esperar su ayuda tanto como la de Thornton.

বাক থর্নটনের মতোই তার সাহায্য আশা করেছিল।

Nig también era amigable, pero menos abierto y menos cariñoso.

নিগও বন্ধুত্বপূর্ণ ছিল, কিন্তু কম খোলামেলা এবং কম স্নেহশীল ছিল।

Nig era un perro grande y negro, mitad sabueso y mitad lebrel.

নিগ ছিল একটি বড় কালো কুকুর, কিছুটা ব্লাডহাউন্ড আর কিছুটা ডিয়ারহাউন্ড।

Tenía ojos sonrientes y un espíritu bondadoso sin límites.

তার চোখ ছিল হাস্যোজ্জ্বল আর আত্মায় ছিল অফুরন্ত ভালো স্বভাব।

Para sorpresa de Buck, ninguno de los perros mostró celos hacia él.

বাক অবাক হয়ে গেল, কোন কুকুরই তার প্রতি ঈর্ষা দেখাল না।

Tanto Skeet como Nig compartieron la amabilidad de John Thornton.

স্কিট এবং নিগ উভয়েই জন থর্নটনের দয়া ভাগ করে নিয়েছিল।

A medida que Buck se hacía más fuerte, lo atrajeron hacia juegos de perros tontos.

বাক যত শক্তিশালী হতে থাকে, তারা তাকে বোকা কুকুরের খেলায় প্রলুব্ধ করে।

Thornton también jugaba a menudo con ellos, incapaz de resistirse a su alegría.

থর্নটনও প্রায়শই তাদের সাথে খেলতেন, তাদের আনন্দ ঠেকাতে পারতেন না।

De esta manera lúdica, Buck pasó de la enfermedad a una nueva vida.

এই কৌতুকপূর্ণ উপায়ে, বাক অসুস্থতা থেকে নতুন জীবনে চলে গেলেন।

El amor, el amor verdadero, ardiente y apasionado, finalmente era suyo.

ভালোবাসা—সত্যিকারের, জ্বলন্ত, এবং আবেগপূর্ণ ভালোবাসা— অবশেষে তার হয়ে উঠল।

Nunca había conocido ese tipo de amor en la finca de Miller.

মিলারের এস্টেটে এই ধরণের ভালোবাসা সে কখনও জানত না।

Con los hijos del Juez había compartido trabajo y aventuras.

বিচারকের ছেলেদের সাথে, তিনি কাজ এবং দুঃসাহসিক কাজ ভাগ করে নিয়েছিলেন।

En los nietos vio un orgullo rígido y jactancioso.

নাতিদের সাথে, তিনি কঠোর এবং গর্বিত অহংকার দেখেছিলেন।

Con el propio juez Miller mantuvo una amistad respetuosa.

বিচারক মিলারের সাথেও তার এক শ্রদ্ধাশীল বন্ধুত্ব ছিল।

Pero el amor que era fuego, locura y adoración llegó con Thornton.

কিন্তু থর্নটনের সাথেই এসেছিল আগুন, উন্মাদনা এবং উপাসনাপূর্ণ ভালোবাসা।

Este hombre había salvado la vida de Buck, y eso solo significaba mucho.

এই লোকটি বাকের জীবন বাঁচিয়েছিল, আর এরই অর্থ ছিল অনেক।

Pero más que eso, John Thornton era el tipo de maestro ideal.

কিন্তু তার চেয়েও বড় কথা, জন থর্নটন ছিলেন আদর্শ ধরণের মাস্টার।

Otros hombres cuidaban perros por obligación o necesidad laboral.

অন্য পুরুষরা কর্তব্য বা ব্যবসায়িক প্রয়োজনে কুকুরের যত্ন নিত।

John Thornton cuidaba a sus perros como si fueran sus hijos.

জন থর্নটন তার কুকুরদের এমনভাবে যত্ন করতেন যেন তারা তার সন্তান।

Él se preocupaba por ellos porque los amaba y simplemente no podía evitarlo.

তিনি তাদের যত্ন নিতেন কারণ তিনি তাদের ভালোবাসতেন এবং তা ঠেকাতে পারতেন না।

John Thornton vio incluso más lejos de lo que la mayoría de los hombres lograron ver.

জন থর্নটন আরও অনেক দূর দেখতে পেলেন যা বেশিরভাগ মানুষ কখনও দেখতে পারেননি।

Nunca se olvidó de saludarlos amablemente o decirles alguna palabra de aliento.

তিনি তাদের সদয়ভাবে অভ্যর্থনা জানাতে বা উৎসাহমূলক কিছু বলতে কখনও ভোলেননি।

Le encantaba sentarse con los perros para tener largas charlas, o "gases", como él decía.

সে কুকুরদের সাথে বসে দীর্ঘক্ষণ কথা বলতে, অথবা "গ্যাসি" বলতে ভালোবাসতো, যেমনটা সে বলতো।

Le gustaba agarrar bruscamente la cabeza de Buck entre sus fuertes manos.

সে তার শক্ত হাতের মাঝে বাকের মাথাটা মোটামুটি চেপে ধরতে পছন্দ করত।

Luego apoyó su cabeza contra la de Buck y lo sacudió suavemente.

তারপর সে বাকের মাথার উপর নিজের মাথা রাখল এবং তাকে আলতো করে নাড়াল।

Mientras tanto, él llamaba a Buck con nombres groseros que significaban amor para Buck.

সব সময়, সে বাককে এমন অভদ্র নাম দিত যার অর্থ বাকের প্রতি ভালোবাসা।

Para Buck, ese fuerte abrazo y esas palabras le trajeron una profunda alegría.

বাকের কাছে, সেই রুক্ষ আলিঙ্গন এবং সেই কথাগুলি গভীর আনন্দ এনেছিল।

Su corazón parecía latir con fuerza de felicidad con cada movimiento.

প্রতিটি নড়াচড়ায় তার হৃদয় আনন্দে কেঁপে উঠছিল বলে মনে হচ্ছিল।

Cuando se levantó de un salto, su boca parecía como si se estuviera riendo.

পরে যখন সে লাফিয়ে উঠল, তখন তার মুখটা যেন হেসে উঠল।

Sus ojos brillaban intensamente y su garganta temblaba con una alegría tácita.

তার চোখ উজ্জ্বলভাবে জ্বলজ্বল করছিল এবং অব্যক্ত আনন্দে তার গলা কাঁপছিল।

Su sonrisa se detuvo en ese estado de emoción y afecto resplandeciente.

আবেগ আর স্নেহের সেই উজ্জ্বল অবস্থায় তার হাসি স্থির হয়ে রইল।

Entonces Thornton exclamó pensativo: "¡Dios! ¡Casi puede hablar!"

তারপর থর্নটন চিন্তা করে বললেন, "ঈশ্বর! সে প্রায় কথা বলতে পারে!"

Buck tenía una extraña forma de expresar amor que casi causaba dolor.

বাকের ভালোবাসা প্রকাশের এক অদ্ভুত পদ্ধতি ছিল যা প্রায় যন্ত্রণার কারণ হত।

A menudo apretaba muy fuerte la mano de Thornton entre los dientes.

সে প্রায়শই থর্নটনের হাত দাঁতে খুব শক্ত করে চেপে ধরত।

La mordedura iba a dejar marcas profundas que permanecerían durante algún tiempo.

কামড়টি গভীর চিহ্ন রেখে যাচ্ছিল যা কিছুক্ষণ পরেও থেকে যাবে।

Buck creía que esos juramentos eran de amor y Thornton lo sabía también.

বাক বিশ্বাস করতেন যে সেই শপথগুলি ভালোবাসা ছিল, এবং থর্নটনও একই কথা জানতেন।

La mayoría de las veces, el amor de Buck se demostraba en una adoración silenciosa, casi silenciosa.

বেশিরভাগ ক্ষেত্রেই, বাকের ভালোবাসা নীরব, প্রায় নীরব ভক্তির মাধ্যমে প্রকাশিত হত।

Aunque se emocionaba cuando lo tocaban o le hablaban, no buscaba atención.

স্পর্শ করলে বা কথা বললে তিনি রোমাঞ্চিত হলেও, মনোযোগ আকর্ষণ করেননি।

Skeet empujó su nariz bajo la mano de Thornton hasta que él la acarició.

স্কিট থর্নটনের হাতের নিচে তার নাক ঠেলে দিল যতক্ষণ না সে তাকে আদর করল।

Nig se acercó en silencio y apoyó su gran cabeza en la rodilla de Thornton.

নিগ চুপচাপ উঠে গেল এবং থর্নটনের হাঁটুতে তার বিশাল মাথা রাখল।

Buck, por el contrario, se conformaba con amar desde una distancia respetuosa.

বিপরীতে, বাক সম্মানজনক দূরত্ব থেকে ভালোবাসায় সন্তুষ্ট ছিলেন।

Durante horas permaneció tendido a los pies de Thornton, alerta y observando atentamente.

সে থর্নটনের পায়ের কাছে ঘণ্টার পর ঘণ্টা মিথ্যা বলেছিল, সতর্ক ছিল এবং খুব কাছ থেকে দেখছিল।

Buck estudió cada detalle del rostro de su amo y su más mínimo movimiento.

বাক তার মালিকের মুখের প্রতিটি খুঁটিনাটি এবং সামান্যতম নড়াচড়া পর্যবেক্ষণ করল।

O yacía más lejos, estudiando la figura del hombre en silencio.

অথবা আরও দূরে শুয়ে, নীরবে লোকটির আকৃতি পর্যবেক্ষণ করে।

Buck observó cada pequeño movimiento, cada cambio de postura o gesto.

বাক প্রতিটি ছোট ছোট নড়াচড়া, ভঙ্গিমা বা অঙ্গভঙ্গির প্রতিটি পরিবর্তন লক্ষ্য করতেন।

Tan poderosa era esta conexión que a menudo atraía la mirada de Thornton.

এই সংযোগটি এতটাই শক্তিশালী ছিল যে প্রায়শই থর্নটনের দৃষ্টি আকর্ষণ করত।

Sostuvo la mirada de Buck sin palabras, pero el amor brillaba claramente a través de ella.

কোন কথা ছাড়াই সে বাকের চোখের সাথে দেখা করল, ভালোবাসা স্পষ্টভাবে জ্বলজ্বল করছিল।

Durante mucho tiempo después de ser salvado, Buck nunca perdió de vista a Thornton.

রক্ষা পাওয়ার পর অনেকক্ষণ ধরে, বাক কখনও থর্নটনকে দৃষ্টির আড়াল হতে দেননি।

Cada vez que Thornton salía de la tienda, Buck lo seguía de cerca afuera.

যখনই থর্নটিন তাঁবু থেকে বের হতেন, বাক বাইরে তাকে খুব কাছ থেকে অনুসরণ করতেন।

Todos los amos severos de las Tierras del Norte habían hecho que Buck tuviera miedo de confiar.

নর্থল্যান্ডের সমস্ত কঠোর প্রভু বাককে বিশ্বাস করতে ভয় পেয়েছিল।

Temía que ningún hombre pudiera seguir siendo su amo durante más de un corto tiempo.

তিনি ভয় পেতেন যে কোনও মানুষ অল্প সময়ের বেশি তার প্রভু থাকতে পারবে না।

Temía que John Thornton desapareciera como Perrault y François.

তিনি আশঙ্কা করেছিলেন যে জন থর্নটনও পেরাল্ট এবং ফ্রাঁসোয়াদের মতো উধাও হয়ে যাবেন।

Incluso por la noche, el miedo a perderlo acechaba el sueño inquieto de Buck.

রাতেও, তাকে হারানোর ভয় বাকের অস্থির ঘুমকে তাড়া করত।

Cuando Buck se despertó, salió a escondidas al frío y fue a la tienda de campaña.

যখন বাক জেগে উঠল, সে ঠান্ডায় লাফিয়ে লাফিয়ে বেরিয়ে গেল এবং তাঁবুতে গেল।

Escuchó atentamente el suave sonido de la respiración en su interior.

ভেতরে শ্বাস-প্রশ্বাসের মৃদু শব্দ সে মনোযোগ দিয়ে শুনল।

A pesar del profundo amor de Buck por John Thornton, lo salvaje siguió vivo.

জন থর্নটনের প্রতি বাকের গভীর ভালোবাসা সত্ত্বেও, বন্যটি বেঁচে ছিল।

Ese instinto primitivo, despertado en el Norte, no desapareció.

উত্তরে জাগ্রত সেই আদিম প্রবৃত্তিটি অদৃশ্য হয়ে যায়নি।

El amor trajo devoción, lealtad y el cálido vínculo del fuego.

ভালোবাসা নিষ্ঠা, আনুগত্য এবং অগ্নি-পক্ষের উষ্ণ বন্ধন এনে দেয়।

Pero Buck también mantuvo sus instintos salvajes, agudos y siempre alerta.

কিন্তু বাক তার বন্য প্রবৃত্তিকেও তীক্ষ্ণ এবং সর্বদা সতর্ক রেখেছিলেন।

No era sólo una mascota domesticada de las suaves tierras de la civilización.

সে কেবল সভ্যতার নরম ভূমি থেকে আসা একটি পোষা প্রাণী ছিল না।

Buck era un ser salvaje que había venido a sentarse junto al fuego de Thornton.

বাক ছিল একটা বন্য প্রাণী যে থর্নটনের আগুনের পাশে বসেছিল।

Parecía un perro del Sur, pero en su interior vivía lo salvaje.

সে দেখতে সাউথল্যান্ডের কুকুরের মতো, কিন্তু তার ভেতরে বন্যতা বাস করত।

Su amor por Thornton era demasiado grande como para permitirle robarle algo.

থর্নটনের প্রতি তার ভালোবাসা এতটাই বেশি ছিল যে, লোকটির কাছ থেকে চুরি করা তার পক্ষে সম্ভব ছিল না।

Pero en cualquier otro campamento, robaría con valentía y sin pausa.

কিন্তু অন্য যেকোনো শিবিরে, সে সাহসের সাথে এবং বিরতি ছাড়াই চুরি করত।

Era tan astuto al robar que nadie podía atraparlo ni acusarlo.

সে চুরিতে এতটাই চালাক ছিল যে কেউ তাকে ধরতে বা অভিযুক্ত করতে পারত না।

Su rostro y su cuerpo estaban cubiertos de cicatrices de muchas peleas pasadas.

তার মুখ এবং শরীর অতীতের অনেক লড়াইয়ের ক্ষতচিহ্নে ঢাকা ছিল।

Buck seguía luchando con fiereza, pero ahora luchaba con más astucia.

বাক তখনও প্রচণ্ডভাবে লড়াই করেছিল, কিন্তু এখন সে আরও চালাকির সাথে লড়াই করেছিল।

Skeet y Nig eran demasiado amables para pelear, y eran de Thornton.

স্কিট এবং নিগ লড়াই করার জন্য খুব ভদ্র ছিল, এবং তারা থর্নটনের ছিল।

Pero cualquier perro extraño, por fuerte o valiente que fuese, cedía.

কিন্তু যেকোনো অদ্ভুত কুকুর, যতই শক্তিশালী বা সাহসী হোক না কেন, হাল ছেড়ে দিল।

De lo contrario, el perro se encontraría luchando contra Buck; luchando por su vida.

অন্যথায়, কুকুরটি নিজেকে বাকের সাথে লড়াই করতে দেখল; তার জীবনের জন্য লড়াই করছে।

Buck no tuvo piedad una vez que decidió pelear contra otro perro.

অন্য কুকুরের সাথে লড়াই করার সিদ্ধান্ত নেওয়ার পর বাকের কোনও দয়া হয়নি।

Había aprendido bien la ley del garrote y el colmillo en las Tierras del Norte.

সে নর্থল্যান্ডে ক্লাব এবং ফ্যাং আইন ভালোভাবে শিখেছিল।

Él nunca renunció a una ventaja y nunca se retractó de la batalla.

তিনি কখনও কোনও সুবিধা ত্যাগ করেননি এবং যুদ্ধ থেকে কখনও পিছু হটেননি।

Había estudiado a los Spitz y a los perros más feroces del correo y de la policía.

সে স্পিটজ এবং ডাক ও পুলিশের সবচেয়ে হিংস্র কুকুর সম্পর্কে পড়াশোনা করেছিল।

Sabía claramente que no había término medio en un combate salvaje.

তিনি স্পষ্টভাবে জানতেন যে বন্য লড়াইয়ে কোনও মধ্যম পন্থা নেই।

Él debía gobernar o ser gobernado; mostrar misericordia significaba mostrar debilidad.

তাকে শাসন করতে হবে অথবা শাসিত হতে হবে; করুণা দেখানোর অর্থ দুর্বলতা দেখানো।

Mercy era una desconocida en el crudo y brutal mundo de la supervivencia.

বেঁচে থাকার কাঁচা এবং নিষ্ঠুর জগতে করুণা অজানা ছিল।

Mostrar misericordia era visto como miedo, y el miedo conducía rápidamente a la muerte.

করুণা দেখানোকে ভয় হিসেবে দেখা হত, এবং ভয় দ্রুত মৃত্যুর দিকে নিয়ে যেত।

La antigua ley era simple: matar o ser asesinado, comer o ser comido.

পুরনো আইনটি ছিল সহজ: হত্যা করো অথবা নিহত হও, খাও অথবা খাওয়া হও।

Esa ley vino desde las profundidades del tiempo, y Buck la siguió plenamente.

সেই নিয়মটি সময়ের গভীরতা থেকে এসেছে, এবং বাক তা পুরোপুরি অনুসরণ করেছিলেন।

Buck era mayor que su edad y el número de respiraciones que tomaba.

বাক তার বয়স এবং নিঃশ্বাসের সংখ্যার চেয়ে বড় ছিল।

Conectó claramente el pasado antiguo con el momento presente.

তিনি প্রাচীন অতীতকে বর্তমানের সাথে স্পষ্টভাবে সংযুক্ত করেছিলেন।

Los ritmos profundos de las épocas lo atravesaban como mareas.

যুগ যুগের গভীর ছন্দ তার উপর দিয়ে জোয়ারের মতো বয়ে যেত।

El tiempo latía en su sangre con la misma seguridad con la que las estaciones movían la tierra.

ঋতু যেমন পৃথিবীকে নাড়া দেয়, তেমনি সময়ও তার রক্তে স্পন্দিত হচ্ছিল।

Se sentó junto al fuego de Thornton, con el pecho fuerte y los colmillos blancos.

সে থর্নটনের আগুনের পাশে বসেছিল, শক্ত বুক এবং সাদা দাঁতওয়ালা।

Su largo pelaje ondeaba, pero detrás de él los espíritus de los perros salvajes observaban.

তার লম্বা পশম দোলাচ্ছিল, কিন্তু তার পিছনে বন্য কুকুরের আত্মারা তাকিয়ে ছিল।

Lobos medio y lobos completos se agitaron dentro de su corazón y sus sentidos.

তার হৃদয় ও ইন্দ্রিয়ের মধ্যে আধ-নেকড়ে এবং পূর্ণ নেকড়েরা নাড়াচাড়া করছিল।

Probaron su carne y bebieron la misma agua que él.

তারা তার মাংসের স্বাদ নিল এবং তার মতোই পানি পান করল।

Olfatearon el viento junto a él y escucharon el bosque.

তারা তার পাশে বাতাস শুঁকেছিল এবং বনের কথা শুনছিল।

Susurraron los significados de los sonidos salvajes en la oscuridad.

অন্ধকারে তারা ফিসফিস করে বুনো শব্দের অর্থ ব্যাখ্যা করল।

Ellos moldearon sus estados de ánimo y guiaron cada una de sus reacciones tranquilas.

এগুলো তার মেজাজকে আকৃতি দিত এবং তার প্রতিটি নীরব প্রতিক্রিয়াকে পরিচালিত করত।

Se quedaron con él mientras dormía y se convirtieron en parte de sus sueños más profundos.

সে যখন ঘুমাচ্ছিল তখন সেগুলো তার সাথে শুয়েছিল এবং তার গভীর স্বপ্নের অংশ হয়ে গিয়েছিল।

Soñaron con él, más allá de él, y constituyeron su propio espíritu.

তারা তার সাথে, তার বাইরেও স্বপ্ন দেখেছিল, এবং তার আত্মাকে তৈরি করেছিল।

Los espíritus de la naturaleza llamaron con tanta fuerza que Buck se sintió atraído.

বন্য আত্মারা এত জোরে ডাকছিল যে বাক টান অনুভব করল।

Cada día, la humanidad y sus reivindicaciones se debilitaban más en el corazón de Buck.

প্রতিদিন, বাকের হৃদয়ে মানবজাতি এবং তার দাবি দুর্বল হয়ে পড়ল।

En lo profundo del bosque, un llamado extraño y emocionante estaba por surgir.

গভীর জঙ্গলে, এক অদ্ভুত এবং রোমাঞ্চকর ডাক ভেসে আসছিল।

Cada vez que escuchaba el llamado, Buck sentía un impulso que no podía resistir.

প্রতিবার যখনই বাক ডাকটা শুনত, তখনই একটা তাগিদ অনুভব করত যা সে প্রতিরোধ করতে পারত না।

Él iba a alejarse del fuego y de los caminos humanos trillados.

সে আগুন এবং বিধ্বস্ত মানুষের পথ থেকে সরে আসতে যাচ্ছিল।

Iba a adentrarse en el bosque, avanzando sin saber por qué.

সে বনে ঝাঁপিয়ে পড়তে যাচ্ছিল, কেন তা না জেনেই এগিয়ে যাচ্ছিল।

Él no cuestionó esta atracción porque el llamado era profundo y poderoso.

তিনি এই আকর্ষণ নিয়ে প্রশ্ন তোলেননি, কারণ আহ্বানটি ছিল গভীর এবং শক্তিশালী।

A menudo, alcanzaba la sombra verde y la tierra suave e intacta.

প্রায়শই, সে সবুজ ছায়া আর নরম, অস্পৃশ্য মাটির কাছে পৌঁছে যেত

Pero entonces el fuerte amor por John Thornton lo atrajo de nuevo al fuego.

কিন্তু তারপর জন থর্নটনের প্রতি প্রবল ভালোবাসা তাকে আবারও সেই আগুনে টেনে আনল।

Sólo John Thornton realmente pudo sostener en sus manos el corazón salvaje de Buck.

একমাত্র জন থর্নটনই সত্যিকার অর্থে বাকের বন্য হৃদয়কে নিজের আঁকড়ে ধরে রেখেছিলেন।

El resto de la humanidad no tenía ningún valor o significado duradero para Buck.

বাকের কাছে বাকি মানবজাতির কোন স্থায়ী মূল্য বা অর্থ ছিল না।

Los extraños podrían elogiarlo o acariciar su pelaje con manos amistosas.

অপরিচিতরা হয়তো তার প্রশংসা করতে পারে অথবা বন্ধুত্বপূর্ণ হাত দিয়ে তার পশম স্পর্শ করতে পারে।

Buck permaneció impasible y se alejó por demasiado afecto.

বাক অটল রইল এবং অতিরিক্ত স্নেহের কারণে চলে গেল।

Hans y Pete llegaron con la balsa que habían esperado durante tanto tiempo.

হ্যান্স এবং পিট বহু প্রতীক্ষিত ভেলাটি নিয়ে এসেছিলেন।

Buck los ignoró hasta que supo que estaban cerca de Thornton.

বাক তাদের উপেক্ষা করলেন যতক্ষণ না তিনি জানতে পারলেন যে তারা থর্নটনের কাছাকাছি।

Después de eso, los toleró, pero nunca les mostró total calidez.

এরপর, তিনি তাদের সহ্য করলেন, কিন্তু কখনও পূর্ণ উষ্ণতা দেখালেন না।

Él aceptaba comida o gentileza de ellos como si les estuviera haciendo un favor.

তিনি তাদের কাছ থেকে খাবার বা দয়া গ্রহণ করতেন যেন তিনি তাদের প্রতি অনুগ্রহ করছেন।

Eran como Thornton: sencillos, honestos y claros en sus pensamientos.

তারা থর্নটনের মতোই ছিলেন—সরল, সৎ এবং চিন্তাভাবনায় স্পষ্ট।

Todos juntos viajaron al aserradero de Dawson y al gran remolino.

তারা সবাই মিলে ডসনের করাতকল এবং গ্রেট এডিতে ভ্রমণ করেছিল

En su viaje aprendieron a comprender profundamente la naturaleza de Buck.

তাদের যাত্রাপথে তারা বাকের প্রকৃতি গভীরভাবে বুঝতে শিখেছে।

No intentaron acercarse como lo habían hecho Skeet y Nig.

তারা স্কিট এবং নিগের মতো ঘনিষ্ঠ হওয়ার চেষ্টা করেনি।

Pero el amor de Buck por John Thornton solo se profundizó con el tiempo.

কিন্তু সময়ের সাথে সাথে জন থর্নটনের প্রতি বাকের ভালোবাসা আরও গভীর হতে থাকে।

Sólo Thornton podía colocar una mochila en la espalda de Buck en el verano.

গ্রীষ্মে কেবল থর্নটনই বাকের পিঠে একটা প্যাকেট রাখতে পারতেন।

Cualquiera que fuera lo que Thornton ordenaba, Buck estaba dispuesto a hacerlo a cabalidad.

থর্নটন যা-ই আদেশ করুক না কেন, বাক পুরোপুরি করতে ইচ্ছুক ছিলেন।

Un día, después de que dejaron Dawson hacia las cabeceras del río Tanana,

একদিন, তারা ডসন থেকে তানানার উৎসমুখে যাওয়ার পর,

El grupo se sentó en un acantilado que caía un metro hasta el lecho rocoso desnudo.

দলটি একটি খাড়া পাহাড়ের উপর বসেছিল যা তিন ফুট নিচে নেমে খালি পাথরের মতো হয়ে গিয়েছিল।

John Thornton se sentó cerca del borde y Buck descansó a su lado.

জন থর্নটন ধারের কাছে বসেছিলেন, আর বাক তার পাশে বিশ্রাম নিচ্ছিলেন।

Thornton tuvo una idea repentina y llamó la atención de los hombres.

থর্নটনের হঠাৎ একটা চিন্তা এলো এবং সে লোকগুলোর দৃষ্টি আকর্ষণ করলো।

Señaló hacia el otro lado del abismo y le dio a Buck una única orden.

সে খাদের ওপারে আঙুল তুলে বাককে একটাই নির্দেশ দিল।

—¡Salta, Buck! —dijo, extendiendo el brazo por encima del precipicio.

"লাফ দাও, বাক!" সে বলল, ড্রপের উপর হাত বাড়িয়ে।

En un momento, tuvo que agarrar a Buck, quien estaba saltando para obedecer.

মুহূর্তের মধ্যে, তাকে বাককে ধরে ফেলতে হল, যে লাফিয়ে লাফিয়ে কথা বলছিল।

Hans y Pete corrieron hacia adelante y los pusieron a ambos a salvo.

হ্যান্স এবং পিট দ্রুত এগিয়ে গেলেন এবং দুজনকেই নিরাপদ স্থানে টেনে আনলেন।

Cuando todo terminó y recuperaron el aliento, Pete habló.

সব শেষ হওয়ার পর, আর তাদের নিঃশ্বাস বন্ধ হয়ে যাওয়ার পর, পিট কথা বলল।

"El amor es extraño", dijo, conmocionado por la feroz devoción del perro.

"ভালোবাসাটা অদ্ভুত," সে বলল, কুকুরের তীব্র ভক্তিতে কেঁপে উঠল।

Thornton meneó la cabeza y respondió con seriedad y calma.

থর্নটন মাথা নাড়লেন এবং শান্ত গম্ভীরতার সাথে উত্তর দিলেন।

"No, el amor es espléndido", dijo, "pero también terrible".

"না, ভালোবাসাটা অসাধারণ," সে বলল, "কিন্তু ভয়ানকও।"

"A veces, debo admitirlo, este tipo de amor me da miedo".

"মাঝে মাঝে, আমাকে স্বীকার করতেই হবে, এই ধরণের ভালোবাসা আমাকে ভয় পাইয়ে দেয়।"

Pete asintió y dijo: "Odiaría ser el hombre que te toque".

পিট মাথা নাড়িয়ে বলল, "তোমাকে স্পর্শ করা মানুষ হতে আমার ভালো লাগবে না।"

Miró a Buck mientras hablaba, serio y lleno de respeto.

কথা বলার সময় সে বাকের দিকে তাকাল, গম্ভীর এবং শ্রদ্ধায় ভরা।

—¡Py Jingo! —dijo Hans rápidamente—. Yo tampoco, señor.

"পাই জিঙ্গো!" হ্যান্স তাড়াতাড়ি বলল। "আমিও, না স্যার।"

Antes de que terminara el año, los temores de Pete se hicieron realidad en Circle City.

বছর শেষ হওয়ার আগেই, সার্কেল সিটিতে পিটের আশঙ্কা সত্যি হয়ে গেল।

Un hombre cruel llamado Black Burton provocó una pelea en el bar.

ব্ল্যাক বার্টন নামে এক নিষ্ঠুর লোক বারে মারামারি শুরু করে।

Estaba enojado y malicioso, arremetiendo contra un nuevo novato.

সে রাগান্বিত এবং বিদ্বেষপূর্ণ ছিল, নতুন কোমল পায়ের উপর আঘাত করছিল।

John Thornton entró en escena, tranquilo y afable como siempre.

জন থর্নটন এগিয়ে এলেন, বরাবরের মতো শান্ত এবং সদালাপী।

Buck yacía en un rincón, con la cabeza gacha, observando a Thornton de cerca.

বাক এক কোণে শুয়ে মাথা নিচু করে থর্নটনকে খুব কাছ থেকে দেখছিল।

Burton atacó de repente, y su puñetazo hizo que Thornton girara.

বার্টন হঠাৎ আঘাত করলেন, তার ঘুষি থর্নটনকে ঘুরিয়ে দিল।

Sólo la barandilla de la barra evitó que se estrellara con fuerza contra el suelo.

কেবল বারের রেলিং তাকে মাটিতে জোরে আছড়ে পড়া থেকে রক্ষা করেছিল।

Los observadores oyeron un sonido que no era un ladrido ni un aullido.

প্রহরীরা এমন একটি শব্দ শুনতে পেল যা ঘেউ ঘেউ বা চিৎকারের শব্দ ছিল না।

Un rugido profundo salió de Buck mientras se lanzaba hacia el hombre.

লোকটির দিকে ছুটতে ছুটতে বাকের কাছ থেকে একটা গভীর গর্জন ভেসে এলো।

Burton levantó el brazo y apenas salvó su vida.

বার্টন তার হাত উপরে তুলে ফেললেন এবং খুব কষ্ট করে নিজের জীবন বাঁচালেন।

Buck se estrelló contra él y lo tiró al suelo.

বাক তার সাথে ধাক্কা খায়, তাকে মেঝেতে আছড়ে পড়ে।

Buck mordió profundamente el brazo del hombre y luego se abalanzó sobre su garganta.

বাক লোকটির বাহুতে গভীরভাবে কামড় দিল, তারপর গলার দিকে ঝাঁপিয়ে পড়ল।

Burton sólo pudo bloquearlo parcialmente y su cuello quedó destrozado.

বার্টন কেবল আংশিকভাবে বাধা দিতে পেরেছিলেন, এবং তার ঘাড় ছিঁড়ে গিয়েছিল।

Los hombres se apresuraron a entrar, con los garrotes en alto, y apartaron a Buck del hombre sangrante.

লোকেরা ছুটে এলো, লাঠি তুলে বাককে রক্তাক্ত লোকটিকে তাড়িয়ে দিল।

Un cirujano trabajó rápidamente para detener la fuga de sangre.

একজন সার্জন দ্রুত রক্ত পড়া বন্ধ করার চেষ্টা করলেন।

Buck caminaba de un lado a otro y gruñía, intentando atacar una y otra vez.

বাক বারবার আক্রমণ করার চেষ্টা করে, গর্জন করে উঠল।

Sólo los golpes con los palos le impidieron llegar hasta Burton.

শুধুমাত্র সুইংিং ক্লাবগুলি তাকে বার্টনে পৌঁছাতে বাধা দিয়েছিল।

Allí mismo se convocó y celebró una asamblea de mineros.

ঘটনাস্থলেই খনি শ্রমিকদের একটি সভা ডাকা হয়েছিল এবং অনুষ্ঠিত হয়েছিল।

Estuvieron de acuerdo en que Buck había sido provocado y votaron por liberarlo.

তারা একমত হয়েছিল যে বাককে উসকানি দেওয়া হয়েছে এবং তাকে মুক্ত করার পক্ষে ভোট দিয়েছে।

Pero el feroz nombre de Buck ahora resonaba en todos los campamentos de Alaska.

কিন্তু বাকের ভয়ঙ্কর নাম এখন আলাস্কার প্রতিটি শিবিরে প্রতিধ্বনিত হচ্ছে।

Más tarde ese otoño, Buck salvó a Thornton nuevamente de una nueva manera.

সেই শরতের পরে, বাক আবার নতুন উপায়ে থর্নটনকে রক্ষা করেন।

Los tres hombres guiaban un bote largo por rápidos agitados.

তিনজন লোক উত্তাল নদী দিয়ে একটি লম্বা নৌকা চালাচ্ছিল।

Thornton tripulaba el bote, gritando instrucciones para llegar a la costa.

থর্নটন নৌকা চালাচ্ছিলেন, তীরের দিকে দিকনির্দেশনা দিচ্ছিলেন।

Hans y Pete corrieron por la tierra, sosteniendo una cuerda de árbol a árbol.

হ্যান্স এবং পিট গাছ থেকে গাছে দড়ি ধরে জমিতে দৌড়াতে লাগল।

Buck seguía el ritmo en la orilla, siempre observando a su amo.

বাক তীরে পাড়া দিয়ে চলতে থাকল, সবসময় তার মালিকের দিকে নজর রাখল।

En un lugar desagradable, las rocas sobresalían bajo el agua rápida.

এক নোংরা জায়গায়, দ্রুত জলের তলায় পাথরগুলো বেরিয়ে এসেছে।

Hans soltó la cuerda y Thornton dirigió el bote hacia otro lado.

হ্যান্স দড়ি ছেড়ে দিল, আর থর্নটন নৌকাটা আরও দূরে চালাল।

Hans corrió para alcanzar el barco nuevamente más allá de las rocas peligrosas.

হ্যান্স বিপজ্জনক পাথর পেরিয়ে আবার নৌকা ধরার জন্য দৌড়ে গেল।

El barco superó la cornisa pero se topó con una parte más fuerte de la corriente.

নৌকাটি খাড়া অংশ পরিষ্কার করল কিন্তু স্রোতের আরও শক্তিশালী অংশে আঘাত করল।

Hans agarró la cuerda demasiado rápido y desequilibró el barco.

হ্যান্স খুব দ্রুত দড়ি ধরে নৌকাটিকে ভারসাম্যহীন করে ফেলল।

El barco se volcó y se estrelló contra la orilla, boca abajo.

নৌকাটি উল্টে গেল এবং তীরে ধাক্কা মারল, একেবারে নীচের দিকে।

Thornton fue arrojado y arrastrado hacia la parte más salvaje del agua.

থর্নটনকে বাইরে ফেলে দেওয়া হয়েছিল এবং জলের সবচেয়ে জঙ্গলে ভাসিয়ে দেওয়া হয়েছিল।

Ningún nadador habría podido sobrevivir en esas aguas turbulentas y mortales.

সেই মারাত্মক, তীব্র জলরাশিতে কোনও সাঁতারু বেঁচে থাকতে পারত না।

Buck saltó instantáneamente y persiguió a su amo río abajo.

বাক তৎক্ষণাৎ লাফিয়ে পড়ে এবং তার মনিবকে নদীর ধারে তাড়া করে।

Después de trescientos metros, llegó por fin a Thornton.

তিনশো গজ পর, অবশেষে সে থর্নটনে পৌঁছালো।

Thornton agarró la cola de Buck y Buck se giró hacia la orilla.

থর্নটন বাকের লেজ ধরে ফেলল, আর বাক তীরের দিকে ঘুরে দাঁড়াল।

Nadó con todas sus fuerzas, luchando contra el arrastre salvaje del agua.

সে পুরো শক্তি দিয়ে সাঁতার কাটল, জলের তীব্র টানের সাথে লড়াই করে।

Se movieron río abajo más rápido de lo que podían llegar a la orilla.

তারা তীরে পৌঁছানোর চেয়ে দ্রুততর গতিতে নদীর স্রোতে চলে গেল।

Más adelante, el río rugía cada vez más fuerte mientras caía en rápidos mortales.

সামনে, নদীটি আরও জোরে গর্জন করছিল যখন এটি মারাত্মক দ্রুত স্রোতের সাথে আছড়ে পড়ছিল।

Las rocas cortaban el agua como los dientes de un peine enorme.

বিশাল চিরুনির দাঁতের মতো পাথরগুলো জলের মধ্য দিয়ে কেটে বেরিয়ে আসছে।

La atracción del agua cerca de la caída era salvaje e ineludible.

ফোঁটার কাছে জলের টান ছিল বর্বর এবং অনিবার্য।

Thornton sabía que nunca podrían llegar a la costa a tiempo.

থর্নটন জানতেন যে তারা কখনই সময়মতো তীরে পৌঁছাতে পারবে না।

Raspó una roca, se estrelló contra otra,

সে একটা পাথরের উপর দিয়ে ঘষে ঘষে, আরেকটা পাথর ভেঙে ফেলল,

Y entonces se estrelló contra una tercera roca, agarrándola con ambas manos.

আর তারপর সে তৃতীয় পাথরের সাথে ধাক্কা খেল, দুই হাতে ধরে।

Soltó a Buck y gritó por encima del rugido: "¡Vamos, Buck! ¡Vamos!".

সে বাককে ছেড়ে দিল এবং গর্জনের সাথে চিৎকার করে বলল, "যাও, বাক! যাও!"

Buck no pudo mantenerse a flote y fue arrastrado por la corriente.

বাক ভেসে থাকতে পারল না এবং স্রোতের টানে ভেসে গেল।

Luchó con todas sus fuerzas, intentando girar, pero no consiguió ningún progreso.

সে কঠোর লড়াই করেছিল, ঘুরে দাঁড়ানোর জন্য সংগ্রাম করেছিল, কিন্তু কোনও অগ্রগতি করতে পারেনি।

Entonces escuchó a Thornton repetir la orden por encima del rugido del río.

তারপর সে শুনতে পেল থর্নটন নদীর গর্জনের উপর দিয়ে আদেশটি পুনরাবৃত্তি করছে।

Buck salió del agua y levantó la cabeza como para echar una última mirada.

বাক জল থেকে উঠে এল, মাথা তুলল যেন শেষবারের মতো দেখার জন্য।

Luego se giró y obedeció, nadando hacia la orilla con resolución.

তারপর ঘুরে দাঁড়ালো এবং বাধ্য হলো, দৃঢ় সংকল্পের সাথে তীরের দিকে সাঁতার কাটলো।

Pete y Hans lo sacaron a tierra en el último momento posible.

পিট এবং হ্যান্স তাকে শেষ সম্ভাব্য মুহূর্তে তীরে টেনে আনলেন।

Sabían que Thornton podría aferrarse a la roca sólo por unos minutos más.

তারা জানত থর্নটন মাত্র কয়েক মিনিটের জন্য পাথরের সাথে লেগে থাকতে পারবে।

Corrieron por la orilla hasta un lugar mucho más arriba de donde estaba colgado.

তারা দৌড়ে ব্যাংকের অনেক উপরে একটা জায়গায় উঠে গেল যেখানে সে ঝুলছিল।

Ataron la cuerda del bote al cuello y los hombros de Buck con cuidado.

তারা নৌকার দড়িটি বাকের ঘাড় এবং কাঁধে সাবধানে বেঁধে দিল।

La cuerda estaba ajustada pero lo suficientemente suelta para permitir la respiración y el movimiento.

দড়িটি শক্ত ছিল কিন্তু শ্বাস-প্রশ্বাস এবং নড়াচড়ার জন্য যথেষ্ট ঢিলেঢালা ছিল।

Luego lo lanzaron nuevamente al caudaloso y mortal río.

তারপর তারা তাকে আবার তীব্র, প্রাণঘাতী নদীতে ফেলে দিল।

Buck nadó con valentía, pero perdió su ángulo debido a la fuerza de la corriente.

বাক সাহসের সাথে সাঁতার কাটল কিন্তু স্রোতের তীব্রতায় তার কোণ মিস করল।

Se dio cuenta demasiado tarde de que iba a dejar atrás a Thornton.

সে বুঝতে পেরেছিল যে সে থর্নটনের পাশ দিয়ে ভেসে যাবে।

Hans tiró de la cuerda con fuerza, como si Buck fuera un barco que se hundía.

হ্যান্স দড়িটা শক্ত করে ঝাঁকিয়ে ধরল, যেন বাক একটা ডুবন্ত নৌকা।

La corriente lo arrastró hacia abajo y desapareció bajo la superficie.

স্রোত তাকে টেনে নিল, এবং সে ভূপৃষ্ঠের নীচে অদৃশ্য হয়ে গেল।

Su cuerpo chocó contra el banco antes de que Hans y Pete pudieran sacarlo.

হ্যান্স এবং পিট তাকে টেনে বের করার আগেই তার দেহটি তীরে আঘাত করে।

Estaba medio ahogado y le sacaron el agua a golpes.

সে আধ ডুবে ছিল, আর তারা তার শরীর থেকে পানি বের করে দিল।

Buck se puso de pie, se tambaleó y volvió a desplomarse en el suelo.

বাক দাঁড়িয়ে রইল, টলমল করে আবার মাটিতে লুটিয়ে পড়ল।

Entonces oyeron la voz de Thornton llevada débilmente por el viento.

তারপর তারা থর্নটনের কণ্ঠস্বর শুনতে পেল, বাতাসের আওয়াজ মৃদুভাবে ভেসে যাচ্ছিল।

Aunque las palabras no eran claras, sabían que estaba cerca de morir.

যদিও কথাগুলো অস্পষ্ট ছিল, তারা জানত যে সে মৃত্যুর কাছাকাছি।

El sonido de la voz de Thornton golpeó a Buck como una sacudida eléctrica.

থর্নটনের কণ্ঠস্বরের শব্দ বাকের উপর বৈদ্যুতিক ঝাঁকুনির মতো আঘাত করল।

Saltó y corrió por la orilla, regresando al punto de lanzamiento.

সে লাফিয়ে উঠে তীরে উঠে গেল, লঞ্চ পয়েন্টে ফিরে এলো।

Nuevamente ataron la cuerda a Buck, y nuevamente entró al arroyo.

আবার তারা বাকের সাথে দড়ি বেঁধে দিল, এবং সে আবার স্রোতে প্রবেশ করল।

Esta vez nadó directo y firmemente hacia el agua que palpitaba.

এবার, সে সরাসরি এবং দৃঢ়ভাবে তীব্র জলে সাঁতার কাটল।

Hans soltó la cuerda con firmeza mientras Pete evitaba que se enredara.

হ্যান্স দড়িটা ধীরে ধীরে ছেড়ে দিল, আর পিট দড়িটা জট পাকানো থেকে রক্ষা করল।

Buck nadó con fuerza hasta que estuvo alineado justo encima de Thornton.

বাক খুব জোরে সাঁতার কেটেছিল যতক্ষণ না সে থর্নটনের ঠিক উপরে লাইনে দাঁড়িয়ে ছিল।

Luego se dio la vuelta y se lanzó hacia abajo como un tren a toda velocidad.

তারপর সে ঘুরে দাঁড়ালো এবং পুরো গতিতে ট্রেনের মতো নেমে এলো।

Thornton lo vio venir, se preparó y le rodeó el cuello con los brazos.

থর্নটন তাকে আসতে দেখে, শক্ত হয়ে গেল, এবং তার গলায় হাত বেঁধে নিল।

Hans ató la cuerda fuertemente alrededor de un árbol mientras ambos eran arrastrados hacia abajo.

দুজনেই নিচে টেনে ধরা পড়ার সাথে সাথে হ্যান্স একটি গাছের সাথে দড়িটি শক্ত করে বেঁধে ফেলল।

Cayeron bajo el agua y se estrellaron contra rocas y escombros del río.

তারা পানির নিচে পড়ে গেল, পাথর এবং নদীর ধ্বংসাবশেষে ধাক্কা খেল।

En un momento Buck estaba arriba y al siguiente Thornton se levantó jadeando.

এক মুহূর্তে বাক উপরে ছিল, পরের মুহূর্তে থর্নটন হাঁপাতে হাঁপাতে উঠল।

Maltratados y asfixiados, se desviaron hacia la orilla y se pusieron a salvo.

মারধর ও শ্বাসরোধের কারণে তারা ব্যাংক এবং নিরাপদ স্থানে পালিয়ে গেল।

Thornton recuperó el conocimiento, acostado sobre un tronco a la deriva.

থর্নটন জ্ঞান ফিরে পেলেন, একটা ভেসে থাকা কাঠের উপর শুয়ে।

Hans y Pete trabajaron duro para devolverle el aliento y la vida.

হ্যান্স এবং পিট তাকে নিঃশ্বাস এবং জীবন ফিরিয়ে আনার জন্য কঠোর পরিশ্রম করেছিল।

Su primer pensamiento fue para Buck, que yacía inmóvil y flácido.

তার প্রথম চিন্তা ছিল বাকের কথা, যে নিশ্চল এবং নিস্তেজ অবস্থায় পড়ে ছিল।

Nig aulló sobre el cuerpo de Buck y Skeet le lamió la cara suavemente.

নিগ বাকের শরীরের উপর চিৎকার করে উঠল, আর স্কিট আলতো করে তার মুখ চাটল।

Thornton, dolorido y magullado, examinó a Buck con manos cuidadosas.

থর্নটন, ক্ষতবিক্ষত এবং ক্ষতবিক্ষত, সাবধানে হাতে বাককে পরীক্ষা করলেন।

Encontró tres costillas rotas, pero ninguna herida mortal en el perro.

তিনি কুকুরটির তিনটি পাঁজর ভাঙা দেখতে পেলেন, কিন্তু কোনও মারাত্মক ক্ষত ছিল না।

"Eso lo resuelve", dijo Thornton. "Acamparemos aquí". Y así lo hicieron.

"এতেই সব ঠিক হয়ে যায়," থর্নটন বললেন। "আমরা এখানেই ক্যাম্প করি।" এবং তারা তা করল।

Se quedaron hasta que las costillas de Buck sanaron y pudo caminar nuevamente.

বাকের পাঁজর সেরে ওঠা এবং সে আবার হাঁটতে না পারা পর্যন্ত তারা সেখানেই ছিল।

Ese invierno, Buck realizó una hazaña que aumentó aún más su fama.

সেই শীতে, বাক এমন একটি কীর্তি সম্পাদন করেছিলেন যা তার খ্যাতি আরও বাড়িয়ে দিয়েছিল।

Fue menos heroico que salvar a Thornton, pero igual de impresionante.

থর্নটনকে বাঁচানোর চেয়ে এটি কম বীরত্বপূর্ণ ছিল, কিন্তু ঠিক ততটাই চিত্তাকর্ষক ছিল।

En Dawson, los socios necesitaban suministros para un viaje lejano.

ডসনে, অংশীদারদের দূর ভ্রমণের জন্য সরবরাহের প্রয়োজন ছিল।
Querían viajar hacia el Este, hacia tierras vírgenes y silvestres.

তারা পূর্ব দিকে, অস্পৃশ্য প্রান্তর ভূমিতে ভ্রমণ করতে চেয়েছিল।
La escritura de Buck en el Eldorado Saloon hizo posible ese viaje.

এলডোরাডো সেলুনে বাকের কাজ সেই ভ্রমণকে সম্ভব করে তুলেছিল।
Todo empezó con hombres alardeando de sus perros mientras bebían.

এটি শুরু হয়েছিল পুরুষদের তাদের কুকুরদের পানীয় নিয়ে বড়াই করার মাধ্যমে।
La fama de Buck lo convirtió en blanco de desafíos y dudas.

বাকের খ্যাতি তাকে চ্যালেঞ্জ এবং সন্দেহের লক্ষ্যবস্তুতে পরিণত করেছিল।
Thornton, orgulloso y tranquilo, se mantuvo firme en la defensa del nombre de Buck.

গর্বিত এবং শান্ত থর্নটন বাকের নাম রক্ষায় দৃঢ়ভাবে দাঁড়িয়েছিলেন।
Un hombre dijo que su perro podía levantar doscientos cincuenta kilos con facilidad.

একজন লোক বললো যে তার কুকুরটি সহজেই পাঁচশো পাউন্ড ওজন তুলতে পারে।
Otro dijo seiscientos, y un tercero se jactó de setecientos.

আরেকজন বলল ছয়শো, আর তৃতীয়জন বলল সাতশো।
"¡Pfft!" dijo John Thornton, "Buck puede tirar de un trineo de mil libras".

"ওহ!" জন থর্নটন বললেন, "বাক হাজার পাউন্ডের স্লেজ টানতে পারে।"
Matthewson, un Rey de Bonanza, se inclinó hacia delante y lo desafió.

- 226 -

ম্যাথিউসন, একজন বোনানজা রাজা, সামনে ঝুঁকে তাকে চ্যালেঞ্জ জানালেন।

¿Crees que puede poner tanto peso en movimiento?

"তুমি কি মনে করো সে এত ওজন কাজে লাগাতে পারবে?"

"¿Y crees que puede tirar del peso cien yardas enteras?"

"আর তুমি কি মনে করো সে পুরো একশ গজ ওজন টানতে পারবে?"

Thornton respondió con frialdad: «Sí. Buck es lo suficientemente bueno como para hacerlo».

থর্নটন শান্ত স্বরে উত্তর দিলেন, "হ্যাঁ। বাক এটা করার জন্য যথেষ্ট কুকুর।"

"Pondrá mil libras en movimiento y las arrastrará cien yardas".

"সে এক হাজার পাউন্ড গতিতে চালাবে, এবং একশ গজ টেনে তুলবে।"

Matthewson sonrió lentamente y se aseguró de que todos los hombres escucharan sus palabras.

ম্যাথিউসন ধীরে ধীরে হাসলেন এবং নিশ্চিত করলেন যে সকল মানুষ তার কথাগুলো শুনছে।

Tengo mil dólares que dicen que no puede. Ahí está.

"আমার কাছে এক হাজার ডলার আছে যা বলে যে সে পারবে না। এই তো।"

Arrojó un saco de polvo de oro del tamaño de una salchicha sobre la barra.

সে সসেজের আকারের সোনার ধুলোর বস্তা বারের উপর ছুঁড়ে মারল।

Nadie dijo una palabra. El silencio se hizo denso y tenso a su alrededor.

কেউ একটা কথাও বলল না। তাদের চারপাশের নীরবতা ভারী ও উত্তেজনাপূর্ণ হয়ে উঠল।

El engaño de Thornton —si es que lo hubo— había sido tomado en serio.

থর্নটনের ধোঁকাবাজি—যদি তা হয়ে থাকে—তবে তা গুরুত্বের সাথে নেওয়া হয়েছিল।

Sintió que el calor le subía a la cara mientras la sangre le subía a las mejillas.

রক্ত তার গালে ছুটে যাওয়ার সাথে সাথে তার মুখে তাপ বেড়ে যেতে লাগল।

En ese momento su lengua se había adelantado a su razón.

সেই মুহূর্তে তার জিহ্বা তার যুক্তির চেয়ে এগিয়ে গিয়েছিল।

Realmente no sabía si Buck podría mover mil libras.

সে সত্যিই জানত না যে বাক হাজার পাউন্ড সরাতে পারবে কিনা।

¡Media tonelada! Solo su tamaño le hacía sentir un gran peso en el corazón.

আধা টন! এর আকার দেখেই তার মন ভারী হয়ে উঠল।

Tenía fe en la fuerza de Buck y creía que era capaz.

তার বাকের শক্তির উপর বিশ্বাস ছিল এবং সে তাকে সক্ষম বলে মনে করেছিল।

Pero nunca se había enfrentado a un desafío así, no de esta manera.

কিন্তু সে কখনও এই ধরণের চ্যালেঞ্জের মুখোমুখি হয়নি, এভাবেও নয়।

Una docena de hombres lo observaban en silencio, esperando ver qué haría.

এক ডজন লোক চুপচাপ তার দিকে তাকিয়ে ছিল, সে কী করে তা দেখার জন্য অপেক্ষা করছিল।

Él no tenía el dinero, ni tampoco Hans ni Pete.

তার কাছে টাকা ছিল না—হ্যান্স বা পিটের কাছেও ছিল না।

"Tengo un trineo afuera", dijo Matthewson fría y directamente.

"আমার বাইরে একটা স্লেজ আছে," ম্যাথিউসন ঠান্ডা এবং সরাসরি বললেন।

“Está cargado con veinte sacos de cincuenta libras cada uno, todo de harina.

“এতে বিশটি বস্তা বোঝাই, প্রতিটি পঞ্চাশ পাউন্ড, পুরোটাই ময়দা।

Así que no dejen que un trineo perdido sea su excusa ahora”, añadió.

তাই এখনই হারিয়ে যাওয়া স্লেজকে তোমার অজুহাত হতে দিও না,” তিনি আরও যোগ করেন।

Thornton permaneció en silencio. No sabía qué decir.

থর্নটন চুপ করে দাঁড়িয়ে রইল। সে বুঝতে পারছিল না কোন শব্দে কথা বলবে।

Miró a su alrededor los rostros sin verlos con claridad.

সে মুখগুলোর দিকে তাকালো, কিন্তু স্পষ্ট দেখতে পেলো না।

Parecía un hombre congelado en sus pensamientos, intentando reiniciarse.

তাকে এমন একজন মানুষের মতো দেখাচ্ছিল যিনি চিন্তায় ডুবে আছেন, আবার শুরু করার চেষ্টা করছেন।

Luego vio a Jim O'Brien, un amigo de la época de Mastodon.

তারপর সে জিম ও'ব্রায়ানের সাথে দেখা করল, মাস্টোডন যুগের বন্ধু।

Ese rostro familiar le dio un coraje que no sabía que tenía.

সেই পরিচিত মুখটি তাকে এমন সাহস জুগিয়েছিল যা সে জানত না যে তার আছে।

Se giró y preguntó en voz baja: "¿Puedes prestarme mil?"

সে ঘুরে নিচু স্বরে জিজ্ঞাসা করল, "তুমি কি আমাকে এক হাজার টাকা ধার দিতে পারবে?"

“Claro”, dijo O'Brien, dejando caer un pesado saco junto al oro.

"অবশ্যই," ও'ব্রায়েন বললেন, সোনার কাছে একটা ভারী বস্তা ফেলে দিয়ে।

"Pero la verdad, John, no creo que la bestia pueda hacer esto".

"কিন্তু সত্যি বলতে, জন, আমি বিশ্বাস করি না যে জন্তুটি এটা করতে পারে।"

Todos los que estaban en el Eldorado Saloon corrieron hacia afuera para ver el evento.

এলডোরাডো সেলুনের সবাই অনুষ্ঠানটি দেখার জন্য বাইরে ছুটে গেল।

Abandonaron las mesas y las bebidas, e incluso los juegos se pausaron.

তারা টেবিল এবং পানীয় রেখে গেল, এমনকি খেলাগুলিও স্থগিত করা হল।

Comerciantes y jugadores acudieron para presenciar el final de la audaz apuesta.

ডিলার এবং জুয়াড়িরা সাহসী বাজির শেষ দেখতে এসেছিল।

Cientos de personas se reunieron alrededor del trineo en la calle helada y abierta.

বরফের খোলা রাস্তায় স্লেজের চারপাশে শত শত লোক জড়ো হয়েছিল।

El trineo de Matthewson estaba cargado con un montón de sacos de harina.

ম্যাথিউসনের স্লেজটি আটার বস্তা ভর্তি করে দাঁড়িয়ে ছিল।

El trineo había permanecido parado durante horas a temperaturas bajo cero.

স্লেজটি মাইনাস তাপমাত্রায় ঘণ্টার পর ঘণ্টা ধরে বসে ছিল।

Los patines del trineo estaban congelados y pegados a la nieve compacta.

স্লেজের দৌড়বিদরা তুষারপাতের কারণে জমে গিয়েছিল।

Los hombres ofrecieron dos a uno de que Buck no podría mover el trineo.

পুরুষরা দুই-একের ব্যবধানে অডস দিয়েছিল যে বাক স্লেজটি সরাতে পারবে না।

Se desató una disputa sobre lo que realmente significaba "break out".

"ব্রেক আউট" এর আসল অর্থ কী তা নিয়ে একটি বিতর্ক শুরু হয়েছিল।

O'Brien dijo que Thornton debería aflojar la base congelada del trineo.

ও'ব্রায়েন বললেন, থর্নটনের উচিত স্লেজের জমে থাকা ভিত্তিটি আলগা করা।

Buck pudo entonces "escapar" de un comienzo sólido e inmóvil.

বাক তখন একটি দৃঢ়, গতিহীন শুরু থেকে "ভেঙে" যেতে পারে।

Matthewson argumentó que el perro también debe liberar a los corredores.

ম্যাথিউসন যুক্তি দিয়েছিলেন যে কুকুরটিকেও দৌড়বিদদের মুক্ত করতে হবে।

Los hombres que habían escuchado la apuesta estuvieron de acuerdo con la opinión de Matthewson.

যারা বাজি শুনেছিলেন তারা ম্যাথিউসনের মতামতের সাথে একমত পোষণ করেছিলেন।

Con esa decisión, las probabilidades aumentaron a tres a uno en contra de Buck.

এই রায়ের সাথে সাথে, বাকের বিপক্ষে জয়ের সম্ভাবনা তিন-একে বেড়ে গেল।

Nadie se animó a asumir las crecientes probabilidades de tres a uno.

তিন-একের ক্রমবর্ধমান সম্ভাবনা মেনে নিতে কেউ এগিয়ে আসেনি।

Ningún hombre creyó que Buck pudiera realizar la gran hazaña.

একজনও মানুষ বিশ্বাস করেনি যে বাক এই দুর্দান্ত কীর্তিটি সম্পাদন করতে পারবে।

Thornton se había apresurado a hacer la apuesta, cargado de dudas.

থর্নটনকে তাড়াহুড়ো করে বাজি ধরতে হয়েছিল, সন্দেহে ভারাক্রান্ত।

Ahora miró el trineo y el equipo de diez perros que estaba a su lado.

এবার সে স্লেজ আর তার পাশে থাকা দশ কুকুরের দলের দিকে তাকাল।

Ver la realidad de la tarea la hizo parecer más imposible.

কাজের বাস্তবতা দেখে এটা আরও অসম্ভব মনে হলো।

Matthewson estaba lleno de orgullo y confianza en ese momento.

সেই মুহূর্তে ম্যাথিউসন গর্ব এবং আত্মবিশ্বাসে পূর্ণ ছিলেন।

—¡Tres a uno! —gritó—. ¡Apuesto mil más, Thornton!

"তিনজন এক!" সে চিৎকার করে বলল। "আমি আরও হাজার টাকা বাজি ধরব, থর্নটন!

"¿Qué dices?" añadió lo suficientemente alto para que todos lo oyeran.

"তুমি কী বলো?" সে আরও বলল, এত জোরে যে সবাই শুনতে পেল।

El rostro de Thornton mostraba sus dudas, pero su ánimo se había elevado.

থর্নটনের মুখে তার সন্দেহ ফুটে উঠল, কিন্তু তার মনোবল জেগে উঠল।

Ese espíritu de lucha ignoraba las probabilidades y no temía a nada en absoluto.

সেই লড়াইয়ের মনোভাব প্রতিকূলতা উপেক্ষা করেছিল এবং কোনও কিছুরই ভয় পায়নি।

Llamó a Hans y Pete para que trajeran todo su dinero a la mesa.

সে হ্যান্স এবং পিটকে তাদের সমস্ত নগদ টাকা টেবিলে আনতে ডাকল।

Les quedaba poco: sólo doscientos dólares en total.

তাদের কাছে খুব একটা অবশিষ্ট ছিল না—শুধুমাত্র দুইশ ডলার।

Esta pequeña suma constituía su fortuna total en tiempos difíciles.

কঠিন সময়ে এই সামান্য পরিমাণই ছিল তাদের মোট সম্পদ।

Aún así, apostaron toda su fortuna contra la apuesta de Matthewson.

তবুও, তারা ম্যাথিউসনের বাজির বিরুদ্ধে সমস্ত ভাগ্য বিসর্জন দিয়েছিল।

El equipo de diez perros fue desenganchado y se alejó del trineo.

দশ কুকুরের দলটি অক্ষত ছিল এবং স্লেজ থেকে দূরে সরে গিয়েছিল।

Buck fue colocado en las riendas, vistiendo su arnés familiar.

বাককে তার পরিচিত জোতা পরে লাগাম টেনে বসানো হয়েছিল।

Había captado la energía de la multitud y sentía la tensión.

সে ভিড়ের শক্তি বুঝতে পেরেছিল এবং উত্তেজনা অনুভব করেছিল।

De alguna manera, sabía que tenía que hacer algo por John Thornton.

কোনওভাবে, সে জানত জন থর্নটনের জন্য তাকে কিছু করতে হবে।

La gente murmuraba con admiración ante la orgullosa figura del perro.

কুকুরটির গর্বিত অবয়ব দেখে লোকেরা প্রশংসায় বিড়বিড় করতে লাগল।

Era delgado y fuerte, sin un solo gramo de carne extra.

সে রোগা এবং শক্তিশালী ছিল, এক পাউন্ডও অতিরিক্ত মাংস ছিল না।

Su peso total de ciento cincuenta libras era todo potencia y resistencia.

তার পুরো একশো পঞ্চাশ পাউন্ড ওজন ছিল শক্তি এবং সহনশীলতা।

El pelaje de Buck brillaba como la seda, espeso y saludable.

বাকের কোটটি রেশমের মতো চকচক করছিল, স্বাস্থ্য এবং শক্তিতে পুরু।

El pelaje a lo largo de su cuello y hombros pareció levantarse y erizarse.

তার ঘাড় এবং কাঁধের পশমগুলো উঁচু হয়ে উঠছিল এবং ঝাঁকুনি দিচ্ছিল।

Su melena se movía levemente, cada cabello vivo con su gran energía.

তার কেশর সামান্য নড়ছিল, প্রতিটি চুল তার প্রচণ্ড শক্তিতে সজীব ছিল।

Su pecho ancho y sus piernas fuertes hacían juego con su cuerpo pesado y duro.

তার প্রশস্ত বুক এবং শক্তিশালী পা তার ভারী, শক্ত দেহের সাথে মিলে গেল।

Los músculos se ondulaban bajo su abrigo, tensos y firmes como hierro.

তার কোটের নীচে পেশীগুলো ঢেউ খেলানো, আবদ্ধ লোহার মতো শক্ত এবং শক্ত।

Los hombres lo tocaron y juraron que estaba construido como una máquina de acero.

লোকেরা তাকে স্পর্শ করেছিল এবং শপথ করেছিল যে সে একটি ইস্পাত যন্ত্রের মতো তৈরি।

Las probabilidades bajaron levemente a dos a uno contra el gran perro.

দুর্দান্ত কুকুরটির বিপক্ষে জয়ের সম্ভাবনা কিছুটা কমে দুই-একে নেমে এসেছে।

Un hombre de los bancos Skookum se adelantó, tartamudeando.

স্কুকুম বেঞ্চের একজন লোক তোতলাতে তোতলাতে এগিয়ে গেল।

—¡Bien, señor! ¡Ofrezco ochocientas libras por él, antes del examen, señor!

"ভালো, স্যার! আমি ওর জন্য আটশো টাকা দিচ্ছি—পরীক্ষার আগে, স্যার!"

"¡Ochocientos, tal como está ahora mismo!" insistió el hombre.

"আটশ, এখন যেমন সে দাঁড়িয়ে আছে!" লোকটি জোর দিয়ে বলল।

Thornton dio un paso adelante, sonrió y meneó la cabeza con calma.

থর্নটন এগিয়ে এলেন, হাসলেন, এবং শান্তভাবে মাথা নাড়লেন।

Matthewson intervino rápidamente con una voz de advertencia y el ceño fruncido.

ম্যাথিউসন দ্রুত সতর্কীকরণ স্বরে এবং ভ্রু কুঁচকে ভেতরে প্রবেশ করলেন।

—Debes alejarte de él —dijo—. Dale espacio.

"তোমাকে তার কাছ থেকে দূরে সরে যেতে হবে," সে বলল। "ওকে জায়গা দাও।"

La multitud quedó en silencio; sólo los jugadores seguían ofreciendo dos a uno.

জনতা চুপ করে গেল; কেবল জুয়াড়িরা তখনও দুই-একটি অফার করছিল।

Todos admiraban la complexión de Buck, pero la carga parecía demasiado grande.

সবাই বাকের গঠনের প্রশংসা করেছিল, কিন্তু বোঝাটা খুব দারুন লাগছিল।

Veinte sacos de harina, cada uno de cincuenta libras de peso, parecían demasiados.

বিশ বস্তা ময়দা—প্রতিটি পঞ্চাশ পাউন্ড ওজনের—অনেক বেশি মনে হচ্ছিল।

Nadie estaba dispuesto a abrir su bolsa y arriesgar su dinero.

কেউ তাদের থলি খুলে টাকা ঝুঁকি নিতে রাজি ছিল না।

Thornton se arrodilló junto a Buck y tomó su cabeza con ambas manos.

থর্নটন বাকের পাশে হাঁটু গেড়ে বসে তার মাথা দুই হাতে ধরলেন।

Presionó su mejilla contra la de Buck y le habló al oído.

সে বাকের গালে তার গাল চেপে ধরে তার কানে কথা বলল।

Ya no había apretones juguetones ni susurros de insultos amorosos.

এখন আর কোন কৌতুকপূর্ণ কাঁপুনি বা ফিসফিসিয়ে বলা প্রেমময় অপমান ছিল না।

Él sólo murmuró suavemente: "Tanto como me amas, Buck".

সে কেবল মৃদুস্বরে বিড়বিড় করল, "তুমি আমাকে যতটা ভালোবাসো, বাক।"

Buck dejó escapar un gemido silencioso, su entusiasmo apenas fue contenido.

বাক একটা মৃদু আর্তনাদ করলো, তার আগ্রহটা খুব একটা দমন করতে পারলো না।

Los espectadores observaron con curiosidad cómo la tensión llenaba el aire.

দর্শকরা কৌতূহলবশত তা দেখছিল, যখন বাতাসে উত্তেজনা ছড়িয়ে পড়েছিল।

El momento parecía casi irreal, como algo más allá de la razón.

মুহূর্তটি প্রায় অবাস্তব মনে হচ্ছিল, যুক্তির বাইরে কিছু একটা।

Cuando Thornton se puso de pie, Buck tomó suavemente su mano entre sus mandíbulas.

থর্নটন যখন দাঁড়ালেন, বাক আলতো করে তার হাত তার চোয়ালের মধ্যে ধরলেন।

Presionó con los dientes y luego lo soltó lenta y suavemente.

সে দাঁত দিয়ে চেপে ধরল, তারপর ধীরে ধীরে ছেড়ে দিল।

Fue una respuesta silenciosa de amor, no dicha, pero entendida.

এটা ছিল ভালোবাসার নীরব উত্তর, মুখে বলা হয়নি, কিন্তু বোঝা গেছে।

Thornton se alejó bastante del perro y dio la señal.

থর্নটন কুকুরটির কাছ থেকে বেশ কিছুটা পিছিয়ে এসে সংকেত দিল।

—Ahora, Buck —dijo, y Buck respondió con calma y concentración.

"এখন, বাক," সে বলল, এবং বাক মনোযোগী শান্ত স্বরে উত্তর দিল।

Buck apretó las correas y luego las aflojó unos centímetros.

বাক চিহ্নগুলো শক্ত করে ধরল, তারপর কয়েক ইঞ্চি আলগা করে দিল।

Éste era el método que había aprendido; su manera de romper el trineo.

এই পদ্ধতিটিই সে শিখেছিল; স্লেজ ভাঙার তার উপায়।

—¡Caramba! —gritó Thornton con voz aguda en el pesado silencio.

"জি!" থর্নটন চিৎকার করে উঠল, ভারী নীরবতার মধ্যে তার কণ্ঠস্বর তীক্ষ্ণ।

Buck giró hacia la derecha y se lanzó con todo su peso.

বাক ডানদিকে ঘুরে তার সমস্ত ওজন নিয়ে ঝাঁপিয়ে পড়ল।

La holgura desapareció y la masa total de Buck golpeó las cuerdas apretadas.

ঢিলেঢালা ভাবটা অদৃশ্য হয়ে গেল, আর বাকের পুরো ভর শক্ত চিহ্নগুলিতে আঘাত করল।

El trineo tembló y los patines produjeron un crujido crujiente.

স্লেজটি কাঁপছিল, আর দৌড়বিদরা একটা তীব্র কর্কশ শব্দ করছিল।

—¡Ja! —ordenó Thornton, cambiando nuevamente la dirección de Buck.

"হা!" থর্নটন আদেশ দিলেন, আবার বাকের দিক পরিবর্তন করলেন।

Buck repitió el movimiento, esta vez tirando bruscamente hacia la izquierda.

বাক আবারও একই পদক্ষেপ নিল, এবার তীব্রভাবে বাম দিকে টান দিল।

El trineo crujió más fuerte y los patines crujieron y se movieron.

স্লেজটি আরও জোরে জোরে ফেটে গেল, দৌড়বিদরা ঝাঁপিয়ে পড়ল এবং নড়তে লাগল।

La pesada carga se deslizó ligeramente hacia un lado sobre la nieve congelada.

ভারী বোঝাটি জমে থাকা তুষারের উপর দিয়ে সামান্য এদিক-ওদিক সরে গেল।

¡El trineo se había soltado del sendero helado!

স্লেজটি বরফের পথের কবল থেকে মুক্ত হয়ে গেছে!

Los hombres contenían la respiración, sin darse cuenta de que ni siquiera estaban respirando.

পুরুষরা তাদের নিঃশ্বাস আটকে রেখেছিল, তারা জানত না যে তারা শ্বাসও নিচ্ছে না।

—¡Ahora, TIRA! —gritó Thornton a través del silencio helado.

"এখন, টান!" থর্নটন হিমায়িত নীরবতা জুড়ে চিৎকার করে উঠল।

La orden de Thornton sonó aguda, como el chasquido de un látigo.

থর্নটনের আদেশ তীব্রভাবে বেজে উঠল, চাবুকের শব্দের মতো।

Buck se lanzó hacia adelante con una estocada feroz y estremecedora.

বাক এক প্রচণ্ড এবং ঝাঁকুনিপূর্ণ ঝাঁকুনি দিয়ে নিজেকে সামনের দিকে ঝাঁপিয়ে পড়ল।

Todo su cuerpo se tensó y se arrugó por la enorme tensión.

প্রচণ্ড চাপের জন্য তার পুরো শরীর টানটান হয়ে গেল।

Los músculos se ondulaban bajo su pelaje como serpientes que cobraban vida.

তার পশমের নীচে পেশীগুলো সাপের মতো দুলছিল, যেন জীবন্ত হয়ে উঠছিল।

Su gran pecho estaba bajo y la cabeza estirada hacia delante, hacia el trineo.

তার বিশাল বুক নিচু ছিল, মাথাটা স্লেজের দিকে সামনের দিকে প্রসারিত ছিল।

Sus patas se movían como un rayo y sus garras cortaban el suelo helado.

তার থাবা বিদ্যুতের মতো নড়ছিল, নখরগুলো হিমায়িত মাটি কেটে ফেলছিল।

Los surcos se abrieron profundos mientras luchaba por cada centímetro de tracción.

প্রতি ইঞ্চি আকর্ষণের জন্য লড়াই করার সময় খাঁজগুলি গভীরভাবে কাটা হয়েছিল।

El trineo se balanceó, tembló y comenzó un movimiento lento e inquieto.

স্লেজটি দুলতে লাগল, কাঁপতে লাগল, এবং ধীরে ধীরে, অস্বস্তিকর গতিতে চলতে শুরু করল।

Un pie resbaló y un hombre entre la multitud gimió en voz alta.

একজন পা পিছলে গেল, আর ভিড়ের মধ্যে একজন লোক জোরে কান্নাকাটি করল।

Entonces el trineo se lanzó hacia adelante con un movimiento brusco y espasmódico.

তারপর স্লেজটি একটা ঝাঁকুনি দিয়ে সামনের দিকে ঝাঁপিয়ে পড়ল।

No se detuvo de nuevo: media pulgada... una pulgada... dos pulgadas más.

এটা আর থামেনি—আধ ইঞ্চি...এক ইঞ্চি...আরও দুই ইঞ্চি।

Los tirones se hicieron más pequeños a medida que el trineo empezó a ganar velocidad.

স্লেজটি গতি বাড়ানোর সাথে সাথে ঝাঁকুনিগুলি ছোট হয়ে গেল।

Pronto Buck estaba tirando con una potencia suave, uniforme y rodante.

শীঘ্রই বাক মসৃণ, সমান, ঘূর্ণায়মান শক্তিতে টানতে শুরু করল।

Los hombres jadearon y finalmente recordaron respirar de nuevo.

পুরুষরা হাঁপাতে হাঁপাতে অবশেষে আবার শ্বাস নেওয়ার কথা মনে পড়ল।

No se habían dado cuenta de que su respiración se había detenido por el asombro.

তারা টেরই পায়নি যে তাদের নিঃশ্বাস বিস্ময়ে বন্ধ হয়ে গেছে।

Thornton corrió detrás, gritando órdenes breves y alegres.

থর্নটন পেছনে দৌড়ে গেল, ছোট ছোট, প্রফুল্ল আদেশ দিল।

Más adelante había una pila de leña que marcaba la distancia.

সামনে ছিল কাঠের স্তূপ যা দূরত্ব চিহ্নিত করেছিল।

A medida que Buck se acercaba a la pila, los vítores se hacían cada vez más fuertes.

বাক যতই স্তূপের কাছে এগোতে লাগল, আনন্দের ধ্বনি আরও জোরে জোরে বাড়তে লাগল।

Los aplausos aumentaron hasta convertirse en un rugido cuando Buck pasó el punto final.

বাক যখন শেষ বিন্দু অতিক্রম করল, তখন উল্লাসধ্বনি গর্জনে পরিণত হল।

Los hombres saltaron y gritaron, incluso Matthewson sonrió.

লোকেরা লাফিয়ে লাফিয়ে চিৎকার করতে লাগল, এমনকি ম্যাথিউসনও হেসে উঠলেন।

Los sombreros volaron por el aire y los guantes fueron arrojados sin pensar ni rumbo.

টুপিগুলো বাতাসে উড়ে গেল, চিন্তাভাবনা বা লক্ষ্য ছাড়াই মিটেনগুলো ছুঁড়ে ফেলা হল।

Los hombres se abrazaron y se dieron la mano sin saber a quién.

পুরুষরা একে অপরকে জড়িয়ে ধরে করমর্দন করল, কে তা না জেনেই।

Toda la multitud vibró en una celebración salvaje y alegre.

পুরো জনতা উচ্ছ্বসিত, আনন্দময় উদযাপনে মুখরিত হয়ে উঠল।

Thornton cayó de rodillas junto a Buck con manos temblorosas.

থর্নটন কাঁপা হাতে বাকের পাশে হাঁটু গেড়ে বসল।

Apretó su cabeza contra la de Buck y lo sacudió suavemente hacia adelante y hacia atrás.

সে বাকের মাথার উপর মাথা চেপে ধরল এবং তাকে আলতো করে এদিক-ওদিক নাড়াল।

Los que se acercaron le oyeron maldecir al perro con silencioso amor.

যারা কাছে এসেছিল তারা তাকে শান্ত ভালোবাসায় কুকুরটিকে অভিশাপ দিতে শুনতে পেল।

Maldijo a Buck durante un largo rato, suavemente, cálidamente, con emoción.

সে অনেকক্ষণ ধরে বাককে গালি দিল—মৃদুস্বরে, উষ্ণভাবে, আবেগের সাথে।

—¡Bien, señor! ¡Bien, señor! —gritó el rey del Banco Skookum a toda prisa.

"ভালো, স্যার! ভালো, স্যার!" স্কুকুম বেঞ্চ রাজা তাড়াহুড়ো করে চিৎকার করে উঠলেন।

—¡Le daré mil, no, mil doscientos, por ese perro, señor!

"আমি তোমাকে ওই কুকুরের জন্য এক হাজার দেব—না, বারোশো—স্যার!"

Thornton se puso de pie lentamente, con los ojos brillantes de emoción.

থর্নটন ধীরে ধীরে উঠে দাঁড়ালো, তার চোখ আবেগে জ্বলজ্বল করছিল।

Las lágrimas corrían abiertamente por sus mejillas sin ninguna vergüenza.

লজ্জা ছাড়াই তার গাল বেয়ে অশ্রুধারা বইতে লাগল।

"Señor", le dijo al rey del Banco Skookum, firme y firme.

"স্যার," সে স্কুকুম বেঞ্চ রাজাকে বলল, অবিচল এবং দৃঢ়ভাবে।

—No, señor. Puede irse al infierno, señor. Esa es mi última respuesta.

"না, স্যার। আপনি নরকে যেতে পারেন, স্যার। এটাই আমার শেষ উত্তর।"

Buck agarró suavemente la mano de Thornton con sus fuertes mandíbulas.

বাক তার শক্ত চোয়ালে আলতো করে থর্নটনের হাত ধরল।

Thornton lo sacudió juguetonamente; su vínculo era más profundo que nunca.

থর্নটন তাকে কৌতুকপূর্ণভাবে নাড়া দিলেন, তাদের বন্ধন আগের মতোই গভীর।

La multitud, conmovida por el momento, retrocedió en silencio.

মুহূর্তের মধ্যে উত্তেজিত জনতা নীরবে পিছিয়ে গেল।

Desde entonces nadie se atrevió a interrumpir tan sagrado afecto.

তারপর থেকে, কেউ এই পবিত্র স্নেহকে বাধা দেওয়ার সাহস করেনি।

El sonido de la llamada

ডাকের শব্দ

Buck había ganado mil seiscientos dólares en cinco minutos.

বাক পাঁচ মিনিটে ষোলশো ডলার আয় করেছিল।

El dinero permitió a John Thornton pagar algunas de sus deudas.

এই টাকা জন থর্নটনকে তার কিছু ঋণ পরিশোধ করতে সাহায্য করেছিল।

Con el resto del dinero se dirigió al Este con sus socios.

বাকি টাকা দিয়ে সে তার সঙ্গীদের সাথে পূর্ব দিকে রওনা দিল।

Buscaban una legendaria mina perdida, tan antigua como el país mismo.

তারা একটি কল্পিত হারিয়ে যাওয়া খনি খুঁজছিল, যা দেশের মতোই পুরনো।

Muchos hombres habían buscado la mina, pero pocos la habían encontrado.

অনেক লোক খনিটি খুঁজছিল, কিন্তু খুব কম লোকই এটি খুঁজে পেয়েছিল।

Más de unos pocos hombres habían desaparecido durante la peligrosa búsqueda.

বিপজ্জনক অনুসন্ধানের সময় কয়েকজনেরও বেশি লোক নিখোঁজ হয়ে গিয়েছিল।

Esta mina perdida estaba envuelta en misterio y vieja tragedia.

এই হারানো খনিটি রহস্য এবং পুরনো ট্র্যাজেডি উভয়ের মধ্যেই মোড়া ছিল।

Nadie sabía quién había sido el primer hombre que encontró la mina.

কেউ জানত না যে খনিটি আবিষ্কারকারী প্রথম ব্যক্তি কে ছিলেন।

Las historias más antiguas no mencionan a nadie por su nombre.

প্রাচীনতম গল্পগুলিতে কারও নাম উল্লেখ করা হয় না।

Siempre había habido allí una antigua y destartalada cabaña.

সেখানে সবসময়ই একটি প্রাচীন ভগ্নাংশের কেবিন ছিল।

Los hombres moribundos habían jurado que había una mina al lado de aquella vieja cabaña.

মৃত ব্যক্তিরা শপথ করেছিল যে সেই পুরানো কেবিনের পাশে একটি খনি ছিল।

Probaron sus historias con oro como ningún otro en ningún otro lugar.

তারা তাদের গল্পগুলিকে এমন সোনার প্রমাণ দিয়ে প্রমাণ করেছে যা অন্য কোথাও পাওয়া যায়নি।

Ningún alma viviente había jamás saqueado el tesoro de aquel lugar.

কোন জীবন্ত প্রাণী কখনও সেই স্থান থেকে ধন লুট করেনি।

Los muertos estaban muertos, y los muertos no cuentan historias.

মৃতরা মৃত ছিল, আর মৃতরা কোন গল্প বলে না।

Entonces Thornton y sus amigos se dirigieron al Este.

তাই থর্নটন এবং তার বন্ধুরা পূর্ব দিকে রওনা হলেন।

Pete y Hans se unieron, trayendo a Buck y seis perros fuertes.

পিট এবং হ্যান্স যোগ দিলেন, বাক এবং ছয়টি শক্তিশালী কুকুর নিয়ে এলেন।

Se embarcaron en un camino desconocido donde otros habían fracasado.

তারা এমন এক অজানা পথে যাত্রা শুরু করল যেখানে অন্যরা ব্যর্থ হয়েছিল।

Se deslizaron en trineo setenta millas por el congelado río Yukón.

তারা হিমায়িত ইউকন নদীর সত্তর মাইল উপরে স্লেজ চালিয়েছিল।

Giraron a la izquierda y siguieron el sendero hacia Stewart.

তারা বাম দিকে ঘুরল এবং স্টুয়ার্টের পথ অনুসরণ করল।

Pasaron Mayo y McQuestion y siguieron adelante.

তারা মায়ো এবং ম্যাককুয়েস্টনকে পাশ করে আরও এগিয়ে গেল।

El río Stewart se encogió y se convirtió en un arroyo, atravesando picos irregulares.

স্টুয়ার্টটি খাঁজকাটা চূড়া বেয়ে স্রোতে সঙ্কুচিত হয়ে পড়ল।

Estos picos afilados marcaban la columna vertebral del continente.

এই তীক্ষ্ণ শৃঙ্গগুলি মহাদেশের মেরুদণ্ডকে চিহ্নিত করেছিল।

John Thornton exigía poco a los hombres y a la tierra salvaje.

জন থর্নটন মানুষ বা বন্য ভূমির কাছ থেকে খুব কমই দাবি করতেন।

No temía a nada de la naturaleza y se enfrentaba a lo salvaje con facilidad.

তিনি প্রকৃতিতে কোনও কিছুকে ভয় পাননি এবং সহজেই বন্যের মুখোমুখি হয়েছিলেন।

Con sólo sal y un rifle, podría viajar a donde quisiera.

শুধুমাত্র লবণ এবং একটি রাইফেল নিয়ে, তিনি যেখানে ইচ্ছা ভ্রমণ করতে পারতেন।

Al igual que los nativos, cazaba alimentos mientras viajaba.

স্থানীয়দের মতো, তিনি ভ্রমণের সময় খাবার শিকার করতেন।

Si no pescaba nada, seguía adelante, confiando en que la suerte le acompañaría.

যদি সে কিছু না ধরত, তবুও সে এগিয়ে যেতে থাকত, সামনের ভাগ্যের উপর ভরসা করে।

En este largo viaje, la carne era lo principal que comían.

এই দীর্ঘ যাত্রায়, মাংসই ছিল তাদের প্রধান খাবার।

El trineo contenía herramientas y municiones, pero no un horario estricto.

স্লেজে সরঞ্জাম এবং গোলাবারুদ ছিল, কিন্তু কোনও নির্দিষ্ট সময়সূচী ছিল না।

A Buck le encantaba este vagabundeo, la caza y la pesca interminables.

বাক এই ঘোরাঘুরি খুব পছন্দ করত; অবিরাম শিকার এবং মাছ ধরা।

Durante semanas estuvieron viajando día tras día.

সপ্তাহের পর সপ্তাহ ধরে তারা দিনের পর দিন ভ্রমণ করে আসছিল।

Otras veces montaban campamentos y permanecían allí durante semanas.

অন্য সময় তারা ক্যাম্প তৈরি করত এবং সপ্তাহের পর সপ্তাহ ধরে স্থির থাকত।

Los perros descansaron mientras los hombres cavaban en la tierra congelada.

কুকুরগুলো বিশ্রাম নিচ্ছিল, আর পুরুষরা জমে থাকা মাটি খুঁড়ছিল।

Calentaron sartenes sobre el fuego y buscaron oro escondido.

তারা আগুনের উপর পাত্র গরম করত এবং লুকানো সোনার সন্ধান করত।

Algunos días pasaban hambre y otros días tenían fiestas.

কিছু দিন তারা অনাহারে থাকত, আর কিছু দিন তারা ভোজ করত।

Sus comidas dependían de la presa y de la suerte de la caza.

তাদের খাবার নির্ভর করত শিকার এবং শিকারের ভাগ্যের উপর।

Cuando llegaba el verano, los hombres y los perros cargaban cargas sobre sus espaldas.

গ্রীষ্ম এলে পুরুষ এবং কুকুররা তাদের পিঠে বোঝা চাপিয়ে নিত।

Navegaron por lagos azules escondidos en bosques de montaña.

তারা পাহাড়ি বনে লুকিয়ে থাকা নীল হ্রদ পেরিয়ে ভেসে বেড়াচ্ছিল।

Navegaban en delgadas embarcaciones por ríos que ningún hombre había cartografiado jamás.

তারা এমন নদীতে পাতলা নৌকা চালিয়েছিল যেগুলো কখনও মানুষ মানচিত্রে দেখেনি।

Esos barcos se construyeron a partir de árboles que cortaban en la naturaleza.

সেই নৌকাগুলো বনে কাটা গাছ দিয়ে তৈরি করা হয়েছিল।

Los meses pasaron y ellos serpentearon por tierras salvajes y desconocidas.

মাস কেটে গেল, এবং তারা বন্য অজানা জমির মধ্য দিয়ে ঘুরে বেড়াল।

No había hombres allí, aunque había rastros antiguos que indicaban que había habido hombres.

সেখানে কোন পুরুষ ছিল না, তবুও পুরানো চিহ্নগুলি ইঙ্গিত দিচ্ছিল যে পুরুষরা সেখানে ছিল।

Si la Cabaña Perdida fue real, entonces otras personas habían pasado por allí alguna vez.

যদি হারানো কেবিনটি সত্যিকারের হত, তাহলে অন্যরা একবার এই পথে এসেছিল।

Cruzaron pasos altos en medio de tormentas de nieve, incluso en verano.

গ্রীষ্মকালেও, তুষারঝড়ের মধ্যেও তারা উঁচু গিরিপথ অতিক্রম করেছে।

Temblaban bajo el sol de medianoche en las laderas desnudas de las montañas.

খালি পাহাড়ের ঢালে মধ্যরাতের রোদের নীচে তারা কাঁপছিল।

Entre la línea de árboles y los campos de nieve, subieron lentamente.

গাছের রেখা এবং তুষারক্ষেত্রের মাঝখানে, তারা ধীরে ধীরে উপরে উঠল।

En los valles cálidos, aplastaban nubes de mosquitos y moscas.

উষ্ণ উপত্যকায়, তারা মশা এবং মাছির মেঘের উপর ঝাঁপিয়ে পড়েছিল।

Recogieron bayas dulces cerca de los glaciares en plena floración del verano.

গ্রীষ্মের পূর্ণ প্রস্ফুটিত অবস্থায় তারা হিমবাহের কাছে মিষ্টি বেরি কুড়িয়েছিল।

Las flores que encontraron eran tan hermosas como las de las Tierras del Sur.

তারা যে ফুলগুলো পেয়েছিলো সেগুলো সাউথল্যান্ডের ফুলগুলোর মতোই সুন্দর ছিল।

Ese otoño llegaron a una región solitaria llena de lagos silenciosos.

সেই শরৎকালে তারা নীরব হ্রদে ভরা এক নির্জন অঞ্চলে পৌঁছেছিল।

La tierra estaba triste y vacía, una vez llena de pájaros y bestias.

জমিটি ছিল বিষণ্ণ এবং শূন্য, একসময় পাখি এবং পশুপাখিতে পরিপূর্ণ ছিল।

Ahora no había vida, sólo el viento y el hielo formándose en charcos.

এখন আর কোন জীবন ছিল না, শুধু পুকুরে বাতাস আর বরফ তৈরি হচ্ছিল।

Las olas golpeaban las orillas vacías con un sonido suave y triste.

ঢেউগুলো মৃদু, শোকাবহ শব্দে শূন্য তীরে আছড়ে পড়ল।

Llegó otro invierno y volvieron a seguir los viejos y tenues senderos.

আবার শীত এলো, আর তারা আবার ক্ষীণ, পুরনো পথ অনুসরণ করলো।

Éstos eran los rastros de hombres que habían buscado
mucho antes que ellos.

এগুলো ছিল তাদের পথ যারা তাদের অনেক আগে থেকেই
খুঁজেছিল।

Un día encontraron un camino que se adentraba
profundamente en el bosque oscuro.

একবার তারা অন্ধকার জঙ্গলের গভীরে একটি পথ খুঁজে পেল।

Era un sendero antiguo y sintieron que la cabaña perdida
estaba cerca.

এটি একটি পুরানো পথ ছিল, এবং তারা অনুভব করেছিল যে হারিয়ে
যাওয়া কেবিনটি কাছে এসে গেছে।

Pero el sendero no conducía a ninguna parte y se perdía en
el espeso bosque.

কিন্তু পথটি কোথাও গেল না এবং ঘন জঙ্গলে মিশে গেল।

Nadie sabe quién hizo el sendero ni por qué lo hizo.

কে পথটি তৈরি করেছিল, এবং কেন তারা এটি করেছিল, কেউ
জানত না।

Más tarde encontraron los restos de una cabaña escondidos
entre los árboles.

পরে, তারা গাছের মধ্যে লুকানো একটি লজের ধ্বংসাবশেষ খুঁজে
পায়।

Mantas podridas yacían esparcidas donde alguna vez
alguien había dormido.

পচা কম্বলগুলো ছড়িয়ে ছিটিয়ে পড়ে আছে যেখানে কেউ একবার
ঘুমিয়েছিল।

John Thornton encontró una pistola de chispa de cañón
largo enterrada en el interior.

জন থর্নটন ভেতরে পুঁতে রাখা একটি লম্বা ব্যারেলযুক্ত চকমকি
পাথর দেখতে পান।

Sabía que se trataba de un cañón de la Bahía de Hudson
desde los primeros días de su comercialización.

তিনি প্রথম দিকের ব্যবসার দিন থেকেই জানতেন যে এটি একটি হাডসন বে বন্দুক।

En aquella época, estas armas se intercambiaban por montones de pieles de castor.

সেই সময়ে এই ধরনের বন্দুকের বিনিময়ে বিভারের চামড়ার স্তূপ বিক্রি করা হত।

Eso fue todo: no quedó ninguna pista del hombre que construyó el albergue.

এইটুকুই ছিল—লজটি কে তৈরি করেছিল তার কোনও চিহ্নই অবশিষ্ট ছিল না।

Llegó nuevamente la primavera y no encontraron ninguna señal de la Cabaña Perdida.

আবার বসন্ত এলো, এবং তারা হারিয়ে যাওয়া কেবিনের কোন চিহ্ন খুঁজে পেল না।

En lugar de eso encontraron un valle amplio con un arroyo poco profundo.

পরিবর্তে তারা একটি প্রশস্ত উপত্যকা খুঁজে পেল যেখানে একটি অগভীর স্রোত বয়ে চলেছে।

El oro se extendía sobre el fondo de las sartenes como mantequilla suave y amarilla.

মসৃণ, হলুদ মাখনের মতো প্যানের তলা জুড়ে সোনা ছড়িয়ে আছে।

Se detuvieron allí y no buscaron más la cabaña.

তারা সেখানেই থামল এবং কেবিনের আর খোঁজ করল না।

Cada día trabajaban y encontraban miles en polvo de oro.

প্রতিদিন তারা কাজ করত এবং হাজার হাজার সোনার ধুলো খুঁজে পেত।

Empaquetaron el oro en bolsas de piel de alce, de cincuenta libras cada una.

তারা সোনাগুলো মুস-চামড়ার বস্তায় ভরে রাখল, প্রতিটি পঞ্চাশ পাউন্ড ওজনের।

Las bolsas estaban apiladas como leña afuera de su pequeña cabaña.

তাদের ছোট্ট লজের বাইরে ব্যাগগুলো কাঠের মতো স্তূপীকৃত ছিল।

Trabajaron como gigantes y los días pasaban como sueños rápidos.

তারা দৈত্যদের মতো কাজ করত, আর দিনগুলো দ্রুত স্বপ্নের মতো কেটে যেত।

Acumularon tesoros a medida que los días interminables transcurrían rápidamente.

অবিরাম দিনগুলো দ্রুত এগিয়ে যাওয়ার সাথে সাথে তারা ধন-সম্পদ জমা করতে লাগল।

Los perros no tenían mucho que hacer excepto transportar carne de vez en cuando.

মাঝে মাঝে মাংস টেনে আনা ছাড়া কুকুরদের আর কিছুই করার ছিল না।

Thornton cazó y mató el animal, y Buck se quedó tendido junto al fuego.

থর্নটন শিকার করে শিকার করে মেরে ফেলল, আর বাক আগুনের পাশে শুয়ে রইল।

Pasó largas horas en silencio, perdido en sus pensamientos y recuerdos.

সে দীর্ঘ সময় নীরবে কাটিয়েছে, চিন্তা ও স্মৃতিতে হারিয়ে গেছে।

La imagen del hombre peludo venía cada vez más a la mente de Buck.

বাকের মনে লোমশ লোকটির ছবি আরও ঘন ঘন ভেসে উঠত।

Ahora que el trabajo escaseaba, Buck soñaba mientras parpadeaba ante el fuego.

এখন সেই কাজ দুষ্প্রাপ্য ছিল, বাক আগুনের দিকে চোখ বুলিয়ে স্বপ্ন দেখছিল।

En esos sueños, Buck vagaba con el hombre en otro mundo.

সেই স্বপ্নগুলিতে, বাক লোকটির সাথে অন্য জগতে ঘুরে বেড়াত।

El miedo parecía el sentimiento más fuerte en ese mundo distante.

ভয় সেই দূরবর্তী পৃথিবীর সবচেয়ে শক্তিশালী অনুভূতি বলে মনে হচ্ছিল।

Buck vio al hombre peludo dormir con la cabeza gacha.

বাক দেখল লোমশ লোকটি মাথা নিচু করে ঘুমাচ্ছে।

Tenía las manos entrelazadas y su sueño era inquieto y entrecortado.

তার হাত দুটো আঁকড়ে ধরেছিল, আর তার ঘুম অস্থির ও ভেঙে গিয়েছিল।

Solía despertarse sobresaltado y mirar con miedo hacia la oscuridad.

সে ঘুম থেকে উঠে ভয়ে অন্ধকারের দিকে তাকিয়ে থাকত।

Luego echaba más leña al fuego para mantener la llama brillante.

তারপর সে আগুনের শিখা উজ্জ্বল রাখার জন্য আগুনের উপর আরও কাঠ ছুড়ে মারত।

A veces caminaban por una playa junto a un mar gris e interminable.

কখনও কখনও তারা ধূসর, অন্তহীন সমুদ্রের ধারে সৈকত ধরে হেঁটে যেত।

El hombre peludo recogía mariscos y los comía mientras caminaba.

লোমশ লোকটি হাঁটার সময় ঝিনুক কুড়িয়ে খেয়ে ফেলল।

Sus ojos buscaban siempre peligros ocultos en las sombras.

তার চোখ সবসময় ছায়ার মধ্যে লুকিয়ে থাকা বিপদের সন্ধান করত।

Sus piernas siempre estaban listas para correr ante la primera señal de amenaza.

তার পা সবসময় হুমকির প্রথম লক্ষণেই দৌড়ানোর জন্য প্রস্তুত ছিল।

Se arrastraron por el bosque, silenciosos y cautelosos, uno al lado del otro.

তারা বনের মধ্য দিয়ে চুপচাপ এবং সতর্কভাবে পাশাপাশি হেঁটে গেল।

Buck lo siguió de cerca y ambos se mantuvieron alerta.

বাক তার পিছু পিছু চলল, আর দুজনেই সতর্ক রইল।

Sus orejas se movían y temblaban, sus narices olfateaban el aire.

তাদের কান কাঁপছিল এবং নড়ছিল, তাদের নাক বাতাস শুঁকেছিল।

El hombre podía oír y oler el bosque tan agudamente como Buck.

লোকটি বাকের মতোই তীব্রভাবে বনের গন্ধ শুনতে এবং শুনতে পেত।

El hombre peludo se balanceó entre los árboles con una velocidad repentina.

লোমশ লোকটি হঠাৎ দ্রুত গতিতে গাছের মধ্য দিয়ে ঝাঁপিয়ে পড়ল।

Saltaba de rama en rama sin perder nunca su agarre.

সে এক ডাল থেকে অন্য ডালে লাফিয়ে বেড়াত, কখনও তার হাতছাড়া করত না।

Se movió tan rápido sobre el suelo como sobre él.

সে মাটির উপর দিয়ে যত দ্রুত গতিতে এগোচ্ছিল, ঠিক তত দ্রুতই উপরেও এগোচ্ছিল।

Buck recordó las largas noches bajo los árboles, haciendo guardia.

বাকের মনে পড়ল গাছের নিচে দীর্ঘ রাত পাহারা দেওয়ার কথা।

El hombre dormía recostado en las ramas, aferrado fuertemente.

লোকটি ডালে বাসা বেঁধে ঘুমাচ্ছিল, শক্ত করে আঁকড়ে ধরে।

Esta visión del hombre peludo estaba estrechamente ligada al llamado profundo.

লোমশ লোকটির এই দৃষ্টি গভীর আহ্বানের সাথে ঘনিষ্ঠভাবে জড়িত ছিল।

El llamado aún resonaba en el bosque con una fuerza inquietante.

সেই ডাকটি তখনও বনের মধ্য দিয়ে ভুতুড়ে শক্তিতে ভেসে আসছিল।

La llamada llenó a Buck de anhelo y una inquieta sensación de alegría.

এই ডাকে বাক আকুল হয়ে উঠল এবং আনন্দের এক অস্থির অনুভূতিতে ভরে উঠল।

Sintió impulsos y agitaciones extrañas que no podía nombrar.

সে অদ্ভুত কিছু তাড়না এবং উত্তেজনা অনুভব করছিল যার নাম সে বলতে পারছিল না।

A veces seguía la llamada hasta lo profundo del tranquilo bosque.

মাঝে মাঝে সে ডাকটি অনুসরণ করতো নিরিবিলি বনের গভীরে।

Buscó el llamado, ladrando suave o agudamente mientras caminaba.

সে ডাকটা খুঁজছিল, যেতে যেতে মৃদু বা তীব্রভাবে ঘেউ ঘেউ করছিল।

Olfateó el musgo y la tierra negra donde crecían las hierbas.

সে ঘাস জন্মানো শ্যাওলা এবং কালো মাটির গন্ধ শুঁকে নিল।

Resopló de alegría ante los ricos olores de la tierra profunda.

গভীর মাটির সুগন্ধে সে আনন্দে নাক ডাকল।

Se agazapó durante horas detrás de troncos cubiertos de hongos.

ছত্রাক ঢাকা কাণ্ডের আড়ালে সে ঘণ্টার পর ঘণ্টা কুঁকড়ে থাকত।

Se quedó quieto, escuchando con los ojos muy abiertos cada pequeño sonido.

সে চুপ করে রইল, চোখ বড় বড় করে প্রতিটি ক্ষুদ্র শব্দ শুনছিল।
Quizás esperaba sorprender al objeto que le había hecho el llamado.

যে জিনিসটা ফোন দিয়েছিল তাকে সে অবাক করে দেবে বলে আশা করেছিল।
Él no sabía por qué actuaba así: simplemente lo hacía.

সে জানত না কেন সে এইভাবে আচরণ করেছে - সে কেবল তাই করেছে।
Los impulsos venían desde lo más profundo, más allá del pensamiento o la razón.

এই তাগিদগুলো ভেতরের গভীর থেকে এসেছিল, চিন্তা বা যুক্তির বাইরে।
Impulsos irresistibles se apoderaron de Buck sin previo aviso ni razón.

কোনও সতর্কীকরণ বা কারণ ছাড়াই অপ্রতিরোধ্য তাড়না বাককে আঁকড়ে ধরে।
A veces dormitaba perezosamente en el campamento bajo el calor del mediodía.

মাঝে মাঝে দুপুরের প্রচণ্ড গরমে ক্যাম্পে সে অলসভাবে ঘুমাচ্ছিল।
De repente, su cabeza se levantó y sus orejas se levantaron en alerta.

হঠাৎ, তার মাথা উঁচু হয়ে গেল এবং তার কান সজাগ হয়ে উঠল।
Entonces se levantó de un salto y se lanzó hacia lo salvaje sin detenerse.

তারপর সে লাফিয়ে উঠে থেমে না গিয়ে বনের দিকে ঝাঁপিয়ে পড়ল।
Corrió durante horas por senderos forestales y espacios abiertos.

সে বনের পথ এবং খোলা জায়গায় ঘণ্টার পর ঘণ্টা দৌড়াদৌড়ি করত।
Le encantaba seguir los lechos de los arroyos secos y espiar a los pájaros en los árboles.

সে শুকনো খালের ধার অনুসরণ করতে এবং গাছে পাখিদের উপর নজর রাখতে ভালোবাসত।

Podría permanecer escondido todo el día, mirando a las perdices pavonearse.

সে সারাদিন লুকিয়ে থাকতে পারত, আর তিতির পাখিদের ঘুরে বেড়ানো দেখতে পারত।

Ellos tamborilearon y marcharon, sin percatarse de la presencia todavía de Buck.

তারা ঢোল বাজালো এবং মিছিল করলো, বাকের উপস্থিতি সম্পর্কে অজ্ঞ।

Pero lo que más le gustaba era correr al atardecer en verano.

কিন্তু তার সবচেয়ে বেশি ভালো লাগত গ্রীষ্মের গোধূলিতে দৌড়ানো।

La tenue luz y los sonidos soñolientos del bosque lo llenaron de alegría.

আবছা আলো আর ঘুমন্ত বনের শব্দ তাকে আনন্দে ভরিয়ে দিল।

Leyó las señales del bosque tan claramente como un hombre lee un libro.

একজন মানুষ যেমন বই পড়ে, সে বনের চিহ্নগুলো স্পষ্টভাবে পড়ে ফেলল।

Y siempre buscaba aquella cosa extraña que lo llamaba.

আর সে সবসময় সেই অদ্ভুত জিনিসটার খোঁজ করতো যে তাকে ডাকছে।

Ese llamado nunca se detuvo: lo alcanzaba despierto o dormido.

সেই ডাক কখনও থামেনি - এটি তার কাছে পৌঁছেছিল জেগে থাকা অবস্থায় অথবা ঘুমন্ত অবস্থায়।

Una noche, se despertó sobresaltado, con los ojos alerta y las orejas alerta.

এক রাতে, সে ঘুম থেকে উঠল, চোখ তীক্ষ্ণ আর কান উঁচু।

Sus fosas nasales se crisparon mientras su melena se erizaba en ondas.

ঢেউয়ের মতো তার কেশর দাঁড়িয়ে থাকায় তার নাকের ছিদ্র কাঁপছিল।

Desde lo profundo del bosque volvió a oírse el sonido, el viejo llamado.

গভীর বন থেকে আবার সেই পুরনো ডাকের শব্দ ভেসে এলো।

Esta vez el sonido sonó claro, un aullido largo, inquietante y familiar.

এবার শব্দটা স্পষ্টভাবে ভেসে এলো, একটা দীর্ঘ, ভুতুড়ে, পরিচিত চিৎকার।

Era como el grito de un husky, pero extraño y salvaje en tono.

এটা ছিল একটা হাস্কির কান্নার মতো, কিন্তু স্বরে অদ্ভুত এবং বন্য।

Buck reconoció el sonido al instante: había oído exactamente el mismo sonido hacía mucho tiempo.

বাক তৎক্ষণাৎ শব্দটা চিনতে পারল—সে অনেক আগেই ঠিক শব্দটি শুনেছিল।

Saltó a través del campamento y desapareció rápidamente en el bosque.

সে শিবিরের মধ্য দিয়ে লাফিয়ে পড়ে এবং দ্রুত বনের মধ্যে অদৃশ্য হয়ে যায়।

A medida que se acercaba al sonido, disminuyó la velocidad y se movió con cuidado.

শব্দের কাছাকাছি আসতেই সে ধীর গতিতে এগিয়ে গেল এবং সাবধানে এগিয়ে গেল।

Pronto llegó a un claro entre espesos pinos.

শীঘ্রই সে ঘন পাইন গাছের মাঝখানে একটি পরিষ্কার জায়গায় পৌঁছে গেল।

Allí, erguido sobre sus cuartos traseros, estaba sentado un lobo de bosque alto y delgado.

সেখানে, তার খাঁচার উপর সোজা হয়ে, একটি লম্বা, রোগা কাঠের নেকড়ে বসেছিল।

La nariz del lobo apuntaba hacia el cielo, todavía haciendo eco del llamado.

নেকড়েটির নাক আকাশের দিকে তাক করে, এখনও ডাকটি প্রতিধ্বনিত হচ্ছে।

Buck no había emitido ningún sonido, pero el lobo se detuvo y escuchó.

বাক কোন শব্দ করলো না, তবুও নেকড়েটা থেমে শুনলো।

Sintiendo algo, el lobo se tensó y buscó en la oscuridad.

কিছু একটা টের পেয়ে, নেকড়েটা চেপে ধরল, অন্ধকারের দিকে তাকিয়ে রইল।

Buck apareció sigilosamente, con el cuerpo agachado y los pies quietos sobre el suelo.

বাক হঠাৎ দৃষ্টির সামনে এসে দাঁড়াল, শরীর নিচু করে, পা মাটিতে নীরব।

Su cola estaba recta y su cuerpo enroscado por la tensión.

তার লেজ সোজা ছিল, তার শরীর টানটানভাবে পেঁচিয়ে যাচ্ছিল।

Mostró al mismo tiempo una amenaza y una especie de amistad ruda.

সে হুমকি এবং এক ধরণের রুক্ষ বন্ধুত্ব দুটোই দেখিয়েছিল।

Fue el saludo cauteloso que compartían las bestias salvajes.

এটি ছিল বন্য পশুদের দ্বারা ভাগ করা সতর্ক অভিবাদন।

Pero el lobo se dio la vuelta y huyó tan pronto como vio a Buck.

কিন্তু বাককে দেখার সাথে সাথে নেকড়েটি ঘুরে পালিয়ে গেল।

Buck lo persiguió, saltando salvajemente, ansioso por alcanzarlo.

বাক তাড়া করল, লাফিয়ে লাফিয়ে, ধরে ফেলতে আগ্রহী হয়ে।

Siguió al lobo hasta un arroyo seco bloqueado por un atasco de madera.

সে নেকড়েটিকে অনুসরণ করে কাঠের জ্যামে আটকে থাকা শুকনো খালে প্রবেশ করল।

Acorralado, el lobo giró y se mantuvo firme.

কোণঠাসা হয়ে, নেকড়েটি ঘুরে দাঁড়াল এবং তার অবস্থান স্থির রাখল।

El lobo gruñó y mordió a su presa como un perro husky atrapado en una pelea.

নেকড়েটা ঝগড়ায় আটকা পড়া তুষারকুকুরের মতো ঘেউ ঘেউ করে ডাকল।

Los dientes del lobo chasquearon rápidamente y su cuerpo se erizó de furia salvaje.

নেকড়েটার দাঁত দ্রুত ঠকঠক করছিল, তার শরীর হিংস্র ক্রোধে ছটফট করছিল।

Buck no atacó, sino que rodeó al lobo con cautelosa amabilidad.

বাক আক্রমণ করেনি বরং সাবধানে বন্ধুত্বপূর্ণ আচরণের সাথে নেকড়েটিকে ঘিরে ধরেছে।

Intentó bloquear su escape con movimientos lentos e inofensivos.

সে ধীর, নিরীহ নড়াচড়া করে তার পালানোর পথ আটকাতে চেষ্টা করেছিল।

El lobo estaba cauteloso y asustado: Buck pesaba tres veces más que él.

নেকড়েটি সতর্ক এবং ভীত ছিল - বাক তাকে তিনবার ছাড়িয়ে গেল।

La cabeza del lobo apenas llegaba hasta el enorme hombro de Buck.

নেকড়েটির মাথাটি সবেমাত্র বাকের বিশাল কাঁধের কাছে পৌঁছেছিল।

Al acecho de un hueco, el lobo salió disparado y la persecución comenzó de nuevo.

একটু ফাঁক করার জন্য, নেকড়েটি লাফিয়ে উঠল এবং আবার তাড়া শুরু হল।

Varias veces Buck lo acorraló y el baile se repitió.

বেশ কয়েকবার বাক তাকে কোণঠাসা করে ফেলল, এবং নাচের পুনরাবৃত্তি হল।

El lobo estaba delgado y débil, de lo contrario Buck no podría haberlo atrapado.

নেকড়েটি রোগা এবং দুর্বল ছিল, নইলে বাক তাকে ধরতে পারত না।

Cada vez que Buck se acercaba, el lobo giraba y lo enfrentaba con miedo.

যতবার বাক কাছে আসত, নেকড়েটি ভয়ে ঘুরতে ঘুরতে তার মুখোমুখি হত।

Luego, a la primera oportunidad, se lanzó de nuevo al bosque.

তারপর প্রথম সুযোগেই, সে আবার বনের দিকে ছুটে গেল।

Pero Buck no se dio por vencido y finalmente el lobo comenzó a confiar en él.

কিন্তু বাক হাল ছাড়েননি, এবং অবশেষে নেকড়ে তাকে বিশ্বাস করতে শুরু করে।

Olió la nariz de Buck y los dos se pusieron juguetones y alertas.

সে বাকের নাক শুঁকে নিল, আর দুজনে খেলাধুলাপূর্ণ এবং সতর্ক হয়ে উঠল।

Jugaban como animales salvajes, feroces pero tímidos en su alegría.

তারা বন্য পশুর মতো খেলছিল, হিংস্র কিন্তু আনন্দে লাজুক।

Después de un rato, el lobo se alejó trotando con calma y propósito.

কিছুক্ষণ পর, নেকড়েটি শান্তভাবে হেঁটে চলে গেল।

Le demostró claramente a Buck que tenía la intención de que lo siguieran.

সে স্পষ্টভাবে বাককে দেখিয়ে দিল যে সে অনুসরণ করতে চাইছে।
Corrieron uno al lado del otro a través de la penumbra del crepúsculo.

গোধূলির অন্ধকারে তারা পাশাপাশি দৌড়াচ্ছিল।
Siguieron el lecho del arroyo hasta el desfiladero rocoso.

তারা খালের ধার ধরে পাথুরে গিরিখাতে উঠে গেল।
Cruzaron una divisoria fría donde había comenzado el arroyo.

তারা একটি ঠান্ডা বিভাজন অতিক্রম করল যেখানে স্রোত শুরু হয়েছিল।
En la ladera más alejada encontraron un extenso bosque y numerosos arroyos.

দূর ঢালে তারা বিস্তৃত বন এবং অনেক ঝর্ণা দেখতে পেল।
Por esta vasta tierra corrieron durante horas sin parar.

এই বিশাল ভূখণ্ডের মধ্য দিয়ে তারা ঘন্টার পর ঘন্টা ছুটেছে, থেমে নেই।
El sol salió más alto, el aire se calentó, pero ellos siguieron corriendo.

সূর্য আরও উপরে উঠল, বাতাস উষ্ণ হয়ে উঠল, কিন্তু তারা দৌড়াতে থাকল।
Buck estaba lleno de alegría: sabía que estaba respondiendo a su llamado.

বাক আনন্দে ভরে উঠল—সে জানত যে সে তার ডাকে সাড়া দিচ্ছে।
Corrió junto a su hermano del bosque, más cerca de la fuente del llamado.

সে তার বন ভাইয়ের পাশে দৌড়ে গেল, ডাকের উৎসের কাছে।
Los viejos sentimientos regresaron, poderosos y difíciles de ignorar.

পুরনো অনুভূতিগুলো ফিরে এলো, শক্তিশালী এবং উপেক্ষা করা কঠিন।
Éstas eran las verdades detrás de los recuerdos de sus sueños.

এই ছিল তার স্বপ্নের স্মৃতির পেছনের সত্য।

Todo esto ya lo había hecho antes, en un mundo distante y sombrío.

সে এর আগেও এক দূরবর্তী ও ছায়াময় পৃথিবীতে এই সব করেছিল।

Ahora lo hizo de nuevo, corriendo salvajemente con el cielo abierto encima.

এখন সে আবার এটা করল, খোলা আকাশের দিকে তাকিয়ে দৌড়াচ্ছিল।

Se detuvieron en un arroyo para beber del agua fría que fluía.

তারা ঠান্ডা প্রবাহমান জল পান করার জন্য একটি স্রোতের ধারে থামল।

Mientras bebía, Buck de repente recordó a John Thornton.

পান করার সময় বাকের হঠাৎ জন থর্নটনের কথা মনে পড়ে গেল।

Se sentó en silencio, desgarrado por la atracción de la lealtad y el llamado.

আনুগত্যের টান আর আহ্বানে ছিন্নভিন্ন হয়ে সে চুপচাপ বসে রইল।

El lobo siguió trotando, pero regresó para impulsar a Buck a seguir adelante.

নেকড়েটি হেঁটে এগিয়ে গেল, কিন্তু ফিরে এসে বাককে এগিয়ে যাওয়ার জন্য তাড়া করল।

Le olisqueó la nariz y trató de convencerlo con gestos suaves.

সে তার নাক শুঁকে মৃদু ভঙ্গিমায় তাকে প্ররোচিত করার চেষ্টা করল।

Pero Buck se dio la vuelta y comenzó a regresar por donde había venido.

কিন্তু বাক ঘুরে দাঁড়ালো এবং যে পথে এসেছিল সেভাবেই ফিরে যেতে লাগলো।

El lobo corrió a su lado durante un largo rato, gimiendo silenciosamente.

নেকড়েটি অনেকক্ষণ ধরে তার পাশে দৌড়ে গেল, নিঃশব্দে কাঁদতে কাঁদতে।

Luego se sentó, levantó la nariz y dejó escapar un largo aullido.

তারপর সে বসে পড়ল, নাক উঁচু করে একটা লম্বা চিৎকার করল।

Fue un grito triste, que se suavizó cuando Buck se alejó.

বাক চলে যাওয়ার সময় এটি ছিল শোকের কান্না, যা নরম হয়ে উঠছিল।

Buck escuchó mientras el sonido del grito se desvanecía lentamente en el silencio del bosque.

বাক শুনতে পেল যখন কান্নার শব্দ ধীরে ধীরে বনের নীরবতায় মিশে গেল।

John Thornton estaba cenando cuando Buck irrumpió en el campamento.

জন থর্নটন রাতের খাবার খাচ্ছিলেন, ঠিক তখনই বাক ক্যাম্পে ঢুকে পড়ল।

Buck saltó sobre él salvajemente, lamiéndolo, mordiéndolo y haciéndolo caer.

বাক তার উপর ঝাঁপিয়ে পড়ল, চাটতে লাগল, কামড় দিল, আর তাকে গুঁড়িয়ে দিল।

Lo derribó, se subió encima y le besó la cara.

সে তাকে ধাক্কা দিল, তার উপর চেপে ধরল, আর তার মুখে চুমু খেল।

Thornton lo llamó con cariño "hacer el tonto en general".

থর্নটন স্নেহের সাথে এটিকে "সাধারণ বোকা বানান" বলে অভিহিত করেছিলেন।

Mientras tanto, maldijo a Buck suavemente y lo sacudió de un lado a otro.

এই সব সময় সে বাককে আলতো করে অভিশাপ দিল এবং তাকে এদিক-ওদিক নাড়াল।

Durante dos días y dos noches enteras, Buck no abandonó el campamento ni una sola vez.

পুরো দুই দিন ও রাত ধরে, বাক একবারও ক্যাম্প ছেড়ে যাননি।

Se mantuvo cerca de Thornton y nunca lo perdió de vista.

সে থর্নটনের খুব কাছেই থাকত এবং তাকে কখনোই তার দৃষ্টির আড়াল হতে দিত না।

Lo siguió mientras trabajaba y lo observó mientras comía.

সে যখন কাজ করছিল তখন সে তার পিছু পিছু আসত এবং যখন সে খাচ্ছিল তখন তার দিকে নজর রাখত।

Acompañaba a Thornton con sus mantas por la noche y lo salía cada mañana.

সে রাতে থর্নটনকে তার কম্বলে এবং প্রতিদিন সকালে বাইরে থাকতে দেখত।

Pero pronto el llamado del bosque regresó, más fuerte que nunca.

কিন্তু শীঘ্রই বনের ডাক ফিরে এলো, আগের চেয়েও জোরে।

Buck volvió a inquietarse, agitado por los pensamientos del lobo salvaje.

বাক আবার অস্থির হয়ে উঠল, বুনো নেকড়ের চিন্তায় উদ্বিগ্ন হয়ে উঠল।

Recordó el terreno abierto y correr uno al lado del otro.

তার মনে পড়ল খোলা জমি আর পাশাপাশি দৌড়ানোর কথা।

Comenzó a vagar por el bosque una vez más, solo y alerta.

সে আবারও একা এবং সতর্ক অবস্থায় বনের মধ্যে ঘুরে বেড়াতে শুরু করল।

Pero el hermano salvaje no regresó y el aullido no se escuchó.

কিন্তু বন্য ভাইটি ফিরে এলো না, আর চিৎকারও শোনা গেল না।

Buck comenzó a dormir a la intemperie, manteniéndose alejado durante días.

বাক বাইরে ঘুমাতে শুরু করল, কয়েকদিন ধরে দূরে থাকল।

Una vez cruzó la alta divisoria donde había comenzado el arroyo.

একবার সে উঁচু বিভাজন অতিক্রম করল যেখানে খালটি শুরু হয়েছিল।

Entró en la tierra de la madera oscura y de los arroyos anchos y fluidos.

সে অন্ধকার কাঠ এবং প্রশস্ত প্রবাহমান নদীর দেশে প্রবেশ করল।
Durante una semana vagó en busca de señales del hermano salvaje.

এক সপ্তাহ ধরে সে ঘুরে বেড়ালো, বন্য ভাইয়ের চিহ্ন খুঁজতে খুঁজতে।
Mataba su propia carne y viajaba con pasos largos e incansables.

সে নিজের মাংস নিজেই মেরে ফেলল এবং দীর্ঘ, অক্লান্ত পদক্ষেপে ভ্রমণ করল।
Pescaba salmón en un ancho río que llegaba al mar.

সে সমুদ্রের সাথে মিশে থাকা প্রশস্ত নদীতে স্যামন মাছ ধরত।
Allí luchó y mató a un oso negro enloquecido por los insectos.

সেখানে, সে পোকামাকড়ের দ্বারা উন্মাদ একটি কালো ভালুকের সাথে লড়াই করে তাকে হত্যা করে।
El oso estaba pescando y corrió ciegamente entre los árboles.

ভালুকটি মাছ ধরছিল এবং অন্ধভাবে গাছের মধ্য দিয়ে দৌড়ে যাচ্ছিল।
La batalla fue feroz y despertó el profundo espíritu de lucha de Buck.

যুদ্ধটি ছিল ভয়াবহ, যা বাকের গভীর লড়াইয়ের মনোবলকে জাগিয়ে তুলেছিল।
Dos días después, Buck regresó y encontró glotones en su presa.

দুই দিন পর, বাক তার শিকারের কাছে উলভারিন খুঁজে পেতে ফিরে আসে।
Una docena de ellos se pelearon con furia y ruidosidad por la carne.

তাদের মধ্যে এক ডজন লোক মাংস নিয়ে তীব্র ক্রোধে ঝগড়া করেছিল।

Buck cargó y los dispersó como hojas en el viento.

বাক জোরে জোরে সেগুলোকে ছড়িয়ে দিল, যেমন বাতাসে পাতা উড়ে গেল।

Dos lobos permanecieron atrás, silenciosos, sin vida e inmóviles para siempre.

দুটি নেকড়ে পিছনে রয়ে গেল - নীরব, প্রাণহীন, এবং চিরতরে অচল।

La sed de sangre se hizo más fuerte que nunca.

রক্তের তৃষ্ণা আগের চেয়ে আরও তীব্র হয়ে উঠল।

Buck era un cazador, un asesino, que se alimentaba de criaturas vivas.

বাক ছিল একজন শিকারী, খুনি, জীবন্ত প্রাণীদের খাওয়াত।

Sobrevivió solo, confiando en su fuerza y sus sentidos agudos.

সে একাই বেঁচে ছিল, তার শক্তি এবং তীক্ষ্ণ ইন্দ্রিয়ের উপর নির্ভর করে।

Prosperó en la naturaleza, donde sólo los más resistentes podían vivir.

সে বনে বেড়ে উঠত, যেখানে কেবল সবচেয়ে কঠিন লোকেরাই বাস করতে পারত।

A partir de esto, un gran orgullo surgió y llenó todo el ser de Buck.

এই থেকে, এক বিরাট অহংকার জেগে উঠল এবং বাকের সমগ্র অস্তিত্বকে ভরে দিল।

Su orgullo se reflejaba en cada uno de sus pasos, en el movimiento de cada músculo.

তার প্রতিটি পদক্ষেপে, প্রতিটি পেশীর তরঙ্গে তার গর্ব ফুটে উঠল।

Su orgullo era tan claro como sus palabras, y se reflejaba en su manera de comportarse.

তার গর্ব কথার মতো স্পষ্ট ছিল, সে কীভাবে নিজেকে বহন করত তাতে স্পষ্ট ছিল।

Incluso su grueso pelaje parecía más majestuoso y brillaba más.

এমনকি তার মোটা কোটটি আরও জাঁকজমকপূর্ণ এবং উজ্জ্বল দেখাচ্ছিল।

Buck podría haber sido confundido con un lobo gigante.

বাককে একটা বিশাল কাঠের নেকড়ে ভেবে ভুল করা যেতে পারে।

A excepción del color marrón en el hocico y las manchas sobre los ojos.

তার মুখের বাদামী অংশ এবং চোখের উপরে দাগ ছাড়া।

Y la raya blanca de pelo que corría por el centro de su pecho.

আর তার বুকের মাঝখান দিয়ে সাদা পশমের রেখা বেয়ে নেমে গেল।

Era incluso más grande que el lobo más grande de esa feroz raza.

সে ছিল সেই হিংস্র জাতের সবচেয়ে বড় নেকড়ের চেয়েও বড়।

Su padre, un San Bernardo, le dio tamaño y complexión robusta.

তার বাবা, একজন সেন্ট বার্নার্ড, তাকে আকার এবং ভারী দেহ দিয়েছিলেন।

Su madre, una pastora, moldeó esa masa hasta darle forma de lobo.

তার মা, একজন রাখাল, সেই বিশাল অংশটিকে নেকড়ের মতো আকার দিয়েছিলেন।

Tenía el hocico largo de un lobo, aunque más pesado y ancho.

তার মুখটা নেকড়ের মতো লম্বা ছিল, যদিও তা ভারী এবং প্রশস্ত ছিল।

Su cabeza era la de un lobo, pero construida en una escala enorme y majestuosa.

তার মাথাটি ছিল নেকড়ের, কিন্তু বিশাল, মহিমান্বিত স্কেলে তৈরি।

La astucia de Buck era la astucia del lobo y de la naturaleza.

বাকের ধূর্ততা ছিল নেকড়ে এবং বন্যের ধূর্ততার মতো।

Su inteligencia provenía tanto del pastor alemán como del san bernardo.

তার বুদ্ধিমত্তা জার্মান শেফার্ড এবং সেন্ট বার্নার্ড উভয়ের কাছ থেকেই এসেছিল।

Todo esto, más la dura experiencia, lo convirtieron en una criatura temible.

এই সব, এবং কঠোর অভিজ্ঞতা, তাকে একটি ভয়ঙ্কর প্রাণী করে তুলেছিল।

Era tan formidable como cualquier bestia que vagaba por las tierras salvajes del norte.

সে উত্তরের বন্য অঞ্চলে ঘুরে বেড়ানো যেকোনো জন্তুর মতোই ভয়ঙ্কর ছিল।

Viviendo sólo de carne, Buck alcanzó el máximo nivel de su fuerza.

শুধুমাত্র মাংস খেয়ে বেঁচে থাকার কারণে, বাক তার শক্তির পূর্ণ শিখরে পৌঁছেছিল।

Rebosaba poder y fuerza masculina en cada fibra de él.

তার প্রতিটি কোষে শক্তি এবং পুরুষালি শক্তি পরিপূর্ণ ছিল।

Cuando Thornton le acarició la espalda, sus pelos brillaron con energía.

থর্নটন যখন তার পিঠে হাত বুলিয়ে দিচ্ছিল, তখন তার চুলগুলো শক্তিতে ঝলমল করছিল।

Cada cabello crujió, cargado con el toque de un magnetismo vivo.

প্রতিটি চুল ফাটল ধরছিল, জীবন্ত চুম্বকের স্পর্শে অভিভূত।

Su cuerpo y su cerebro estaban afinados al máximo nivel posible.

তার শরীর এবং মস্তিষ্ক সর্বোত্তম সম্ভাব্য গতিতে সুরক্ষিত ছিল।

Cada nervio, fibra y músculo trabajaba en perfecta armonía.

প্রতিটি স্নায়ু, তন্তু এবং পেশী নিখুঁত সামঞ্জস্যের সাথে কাজ করছিল।

Ante cualquier sonido o visión que requiriera acción, él respondía instantáneamente.

যেকোনো শব্দ বা দৃশ্যের প্রতি, যেখানে পদক্ষেপ নেওয়ার প্রয়োজন ছিল, তিনি তাৎক্ষণিকভাবে সাড়া দিতেন।

Si un husky saltaba para atacar, Buck podía saltar el doble de rápido.

যদি একটি হাস্কি আক্রমণ করার জন্য লাফিয়ে পড়ে, বাক দ্বিগুণ দ্রুত লাফিয়ে উঠতে পারে।

Reaccionó más rápido de lo que los demás pudieron verlo o escuchar.

অন্যরা যত দ্রুত দেখতে বা শুনতে পেত, তার চেয়েও দ্রুত সে প্রতিক্রিয়া দেখাত।

La percepción, la decisión y la acción se produjeron en un momento fluido.

উপলব্ধি, সিদ্ধান্ত এবং কর্ম সবকিছুই এক সাবলীল মুহূর্তে এসেছিল।

En realidad, estos actos fueron separados, pero demasiado rápidos para notarlos.

সত্যি বলতে, এই কাজগুলি আলাদা ছিল, কিন্তু খুব দ্রুত নজরে পড়েনি।

Los intervalos entre estos actos fueron tan breves que parecían uno solo.

এই কাজগুলোর মধ্যে ব্যবধান এতটাই সংক্ষিপ্ত ছিল যে, মনে হচ্ছিল যেন এক।

Sus músculos y su ser eran como resortes fuertemente enrollados.

তার পেশী এবং সত্তা ছিল শক্তভাবে কুণ্ডলীবদ্ধ স্প্রিংসের মতো।

Su cuerpo rebosaba de vida, salvaje y alegre en su poder.

তার শরীর প্রাণের উচ্ছ্বাসে ভরে উঠল, প্রাণের শক্তিতে উজ্জীবিত এবং আনন্দিত।

A veces sentía como si la fuerza fuera a estallar fuera de él por completo.

মাঝে মাঝে তার মনে হতো যেন শক্তিটা তার ভেতর থেকে পুরোপুরি বেরিয়ে আসবে।

"Nunca vi un perro así", dijo Thornton un día tranquilo.

"এমন কুকুর কখনও ছিল না," থর্নটন একদিন শান্ত স্বরে বললেন।
Los socios observaron a Buck alejarse orgullosamente del campamento.

সঙ্গীরা বাককে গর্বের সাথে ক্যাম্প থেকে বেরিয়ে আসতে দেখল।
"Cuando lo crearon, cambió lo que un perro puede ser", dijo Pete.

"যখন তাকে তৈরি করা হয়েছিল, তখন সে কুকুর কী হতে পারে তা বদলে দিয়েছে," পিট বললেন।
—¡Por Dios! Yo también lo creo —respondió Hans rápidamente.

"যীশুর কসম! আমি নিজেও তাই মনে করি," হ্যান্স দ্রুত রাজি হয়ে গেল।
Lo vieron marcharse, pero no el cambio que vino después.

তারা তাকে চলে যেতে দেখেছিল, কিন্তু তার পরে আসা পরিবর্তনটি দেখেনি।
Tan pronto como entró en el bosque, Buck se transformó por completo.

জঙ্গলে প্রবেশ করার সাথে সাথেই বাক সম্পূর্ণরূপে রূপান্তরিত হয়ে গেল।
Ya no marchaba, sino que se movía como un fantasma salvaje entre los árboles.

সে আর অগ্রসর হল না, বরং গাছের মধ্যে বুনো ভূতের মতো ঘুরে বেড়াল।
Se quedó en silencio, con pasos de gato, un destello que pasaba entre las sombras.

সে চুপ করে রইল, বিড়ালের মতো, ছায়ার মধ্য দিয়ে ঝিকিমিকি করে এগিয়ে যাচ্ছিল।
Utilizó la cubierta con habilidad, arrastrándose sobre su vientre como una serpiente.

সে দক্ষতার সাথে আড়াল ব্যবহার করত, সাপের মতো পেটের উপর হামাগুড়ি দিত।

Y como una serpiente, podía saltar hacia adelante y atacar en silencio.

আর সাপের মতো, সে সামনের দিকে লাফিয়ে নীরবে আঘাত করতে পারত।

Podría robar una perdiz nival directamente de su nido escondido.

সে সরাসরি তার লুকানো বাসা থেকে একটি পাখি চুরি করতে পারত।

Mató conejos dormidos sin hacer un solo sonido.

সে ঘুমন্ত খরগোশদের মেরে ফেলল কোন শব্দ ছাড়াই।

Podía atrapar ardillas en el aire cuando huían demasiado lentamente.

সে চিপমাঙ্কগুলিকে আকাশে ধরতে পারত কারণ তারা খুব ধীরে পালিয়ে যেত।

Ni siquiera los peces en los estanques podían escapar de sus ataques repentinos.

পুকুরের মাছও তার আকস্মিক আঘাত থেকে বাঁচতে পারেনি।

Ni siquiera los castores más inteligentes que arreglaban presas estaban a salvo de él.

বাঁধ মেরামতকারী চালাক বিভাররাও তার হাত থেকে নিরাপদ ছিল না।

Él mataba por comida, no por diversión, pero prefería matar a sus propias víctimas.

সে খাবারের জন্য হত্যা করত, মজা করার জন্য নয়—কিন্তু নিজের হত্যাই তার সবচেয়ে বেশি পছন্দ ছিল।

Aun así, un humor astuto impregnaba algunas de sus cacerías silenciosas.

তবুও, তার কিছু নীরব শিকারের মধ্যে একটা ধূর্ত রসবোধ ছড়িয়ে পড়েছিল।

Se acercó sigilosamente a las ardillas, pero las dejó escapar.

সে কাঠবিড়ালিদের কাছে লাফিয়ে লাফিয়ে ছুটে গেল, কিন্তু তাদের পালাতে দিল।

Iban a huir hacia los árboles, parloteando con terrible indignación.

তারা ভয়ে ক্রোধে বকবক করতে করতে গাছে পালিয়ে যাচ্ছিল।

A medida que llegaba el otoño, los alces comenzaron a aparecer en mayor número.

শরৎ আসার সাথে সাথে, মুস আরও বেশি সংখ্যায় দেখা দিতে শুরু করে।

Avanzaron lentamente hacia los valles bajos para encontrarse con el invierno.

শীতকাল কাটানোর জন্য তারা ধীরে ধীরে নিচু উপত্যকায় চলে গেল।

Buck ya había derribado a un ternero joven y perdido.

বাক ইতিমধ্যেই একটি ছোট, পথভ্রষ্ট বাছুরকে মেরে ফেলেছে।

Pero anhelaba enfrentarse a presas más grandes y peligrosas.

কিন্তু সে আরও বড়, আরও বিপজ্জনক শিকারের মুখোমুখি হতে চেয়েছিল।

Un día, en la divisoria, a la altura del nacimiento del arroyo, encontró su oportunidad.

একদিন, খালের মাথায়, সে সুযোগ খুঁজে পেল।

Una manada de veinte alces había cruzado desde tierras boscosas.

বনভূমি থেকে বিশটি ইঁদুরের একটি পাল এসেছিল।

Entre ellos había un poderoso toro; el líder del grupo.

তাদের মধ্যে ছিল একটি শক্তিশালী ষাঁড়; দলের নেতা।

El toro medía más de seis pies de alto y parecía feroz y salvaje.

ষাঁড়টি ছয় ফুটেরও বেশি লম্বা ছিল এবং দেখতে হিংস্র এবং বন্য ছিল।

Lanzó sus anchas astas, con catorce puntas ramificándose hacia afuera.

সে তার চওড়া শিংগুলো ছুঁড়ে মারল, চৌদ্দটি শাখা বাইরের দিকে প্রসারিত।

Las puntas de esas astas se extendían siete pies de ancho.

সেই শিংগুলোর ডগা সাত ফুট পর্যন্ত বিস্তৃত ছিল।

Sus pequeños ojos ardieron de rabia cuando vio a Buck cerca.

বাককে কাছে দেখতে পেয়ে তার ছোট ছোট চোখ রাগে জ্বলে উঠল।

Soltó un rugido furioso, temblando de furia y dolor.

সে একটা তীব্র গর্জন করলো, ক্রোধ আর যন্ত্রণায় কাঁপছিল।

Una punta de flecha sobresalía cerca de su flanco, emplumada y afilada.

তার পাঁজরের কাছে একটি তীরের ডগা বেরিয়ে ছিল, পালকযুক্ত এবং ধারালো।

Esta herida ayudó a explicar su humor salvaje y amargado.

এই ক্ষত তার বর্বর, তিক্ত মেজাজ ব্যাখ্যা করতে সাহায্য করেছিল।

Buck, guiado por su antiguo instinto de caza, hizo su movimiento.

প্রাচীন শিকারের প্রবৃত্তি দ্বারা পরিচালিত হয়ে বাক তার পদক্ষেপ নিল।

Su objetivo era separar al toro del resto de la manada.

সে ষাঁড়টিকে বাকি পাল থেকে আলাদা করার লক্ষ্য রেখেছিল।

No fue una tarea fácil: requirió velocidad y una astucia feroz.

এটা কোন সহজ কাজ ছিল না—এর জন্য দ্রুততা এবং প্রচণ্ড চালাকির প্রয়োজন ছিল।

Ladró y bailó cerca del toro, fuera de su alcance.

সে ঘেউ ঘেউ করে ষাঁড়টির কাছে নাচতে লাগল, ঠিক তার নাগালের বাইরে।

El alce atacó con enormes pezuñas y astas mortales.

মুসটি বিশাল খুর এবং মারাত্মক শিং দিয়ে লাফাচ্ছিল।

Un golpe podría haber acabado con la vida de Buck en un instante.

একটি আঘাতেই বাকের জীবন হৃদস্পন্দনে শেষ হয়ে যেতে পারত।
Incapaz de dejar atrás la amenaza, el toro se volvió loco.

হুমকি ত্যাগ করতে না পেরে, ষাঁড়টি রেগে গেল।
Él cargó con furia, pero Buck siempre se le escapaba.

সে রেগে আক্রমণ করল, কিন্তু বাক সবসময় পালিয়ে যেত।
Buck fingió debilidad, lo que lo alejó aún más de la manada.

বাক দুর্বলতার ভান করে, তাকে পশুপাল থেকে দূরে সরিয়ে দিল।
Pero los toros jóvenes estaban a punto de atacar para proteger al líder.

কিন্তু ছোট ষাঁড়গুলো নেতাকে রক্ষা করার জন্য পাল্টা আক্রমণ করতে যাচ্ছিল।
Obligaron a Buck a retirarse y al toro a reincorporarse al grupo.

তারা বাককে পিছু হটতে এবং ষাঁড়টিকে আবার দলে যোগ দিতে বাধ্য করে।
Hay una paciencia en lo salvaje, profunda e imparable.

বন্যের মধ্যে এক ধৈর্য আছে, গভীর এবং অপ্রতিরোধ্য।
Una araña espera inmóvil en su red durante incontables horas.

একটি মাকড়সা তার জালে অগণিত ঘন্টা ধরে স্থিরভাবে অপেক্ষা করে।
Una serpiente se enrosca sin moverse y espera hasta que llega el momento.

একটি সাপ নড়চড় না করেই কুণ্ডলী পাকিয়ে যায়, এবং সময় না আসা পর্যন্ত অপেক্ষা করে।
Una pantera acecha hasta que llega el momento.

একটি প্যান্থার ওৎ পেতে থাকে, যতক্ষণ না মুহূর্তটি আসে।
Ésta es la paciencia de los depredadores que cazan para sobrevivir.

এটি শিকারিদের ধৈর্য যারা বেঁচে থাকার জন্য শিকার করে।

Esa misma paciencia ardía dentro de Buck mientras se quedaba cerca.

বাক যখন কাছে ছিল, তখন তার ভেতরেও একই ধৈর্য জ্বলে উঠল। Se quedó cerca de la manada, frenando su marcha y sembrando el miedo.

সে পালের কাছেই রইল, তাদের অগ্রযাত্রা ধীর করে দিল এবং ভয় জাগিয়ে তুলল।
Provocaba a los toros jóvenes y acosaba a las vacas madres.

সে ছোট ষাঁড়গুলোকে জ্বালাতন করত এবং মা গরুগুলোকে উৎপীড়ন করত।
Empujó al toro herido hacia una rabia más profunda e impotente.

সে আহত ষাঁড়টিকে আরও গভীর, অসহায় ক্রোধে ঠেলে দিল। Durante medio día, la lucha se prolongó sin descanso alguno.

অর্ধেক দিন ধরে, লড়াইটা চলতেই থাকল, কোনও বিশ্রাম ছাড়াই। Buck atacó desde todos los ángulos, rápido y feroz como el viento.

বাক বাতাসের মতো দ্রুত এবং প্রচণ্ড, প্রতিটি কোণ থেকে আক্রমণ করল।
Impidió que el toro descansara o se escondiera con su manada.

সে ষাঁড়টিকে তার পালের সাথে বিশ্রাম নিতে বা লুকিয়ে থাকতে বাধা দিত।
Buck desgastó la voluntad del alce más rápido que su cuerpo.

বাক তার শরীরের চেয়েও দ্রুত মুসের ইচ্ছাশক্তি নষ্ট করে দিল। El día transcurrió y el sol se hundió en el cielo del noroeste.

দিন কেটে গেল এবং সূর্য উত্তর-পশ্চিম আকাশে ডুবে গেল। Los toros jóvenes regresaron más lentamente para ayudar a su líder.

ছোট ষাঁড়গুলো তাদের নেতাকে সাহায্য করার জন্য আরও ধীরে ধীরে ফিরে এল।

Las noches de otoño habían regresado y la oscuridad ahora duraba seis horas.

শরতের রাত ফিরে এসেছিল, এবং অন্ধকার এখন ছয় ঘন্টা স্থায়ী ছিল।

El invierno los estaba empujando cuesta abajo hacia valles más seguros y cálidos.

শীত তাদেরকে নিরাপদ, উষ্ণ উপত্যকার দিকে ঠেলে দিচ্ছিল।

Pero aún así no pudieron escapar del cazador que los retenía.

কিন্তু তবুও তারা সেই শিকারীর হাত থেকে পালাতে পারেনি যে তাদের আটকে রেখেছিল।

Sólo una vida estaba en juego: no la de la manada, sino la de su líder.

শুধুমাত্র একটি জীবন ঝুঁকির মধ্যে ছিল—পালের নয়, কেবল তাদের নেতার।

Eso hizo que la amenaza fuera distante y no su preocupación urgente.

এর ফলে হুমকি দূরবর্তী হয়ে গেল এবং তাদের তাৎক্ষণিক উদ্বেগের বিষয় ছিল না।

Con el tiempo, aceptaron ese coste y dejaron que Buck se llevara al viejo toro.

সময়ের সাথে সাথে, তারা এই খরচ মেনে নেয় এবং বাককে বুড়ো ষাঁড়টি নিতে দেয়।

Al caer la tarde, el viejo toro permanecía con la cabeza gacha.

গোধূলি ঘনিয়ে আসার সাথে সাথে, বৃদ্ধ ষাঁড়টি মাথা নিচু করে দাঁড়িয়ে রইল।

Observó cómo la manada que había guiado se desvanecía en la luz que se desvanecía.

সে দেখল তার পরিচালিত পালটি ম্লান আলোর দিকে অদৃশ্য হয়ে যাচ্ছে।

Había vacas que había conocido, terneros que una vez había engendrado.

তার পরিচিত গরু ছিল, তার একসময় জন্ম নেওয়া বাছুর ছিল।

Había toros más jóvenes con los que había luchado y gobernado en temporadas pasadas.

গত মরশুমে সে ছোট ষাঁড়দের সাথে লড়াই করেছিল এবং শাসন করেছিল।

No pudo seguirlos, pues frente a él estaba agazapado nuevamente Buck.

সে তাদের অনুসরণ করতে পারল না—কারণ তার আগে বাক আবার কুঁকড়ে গেল।

El terror despiadado con colmillos bloqueó cualquier camino que pudiera tomar.

নির্মম উন্মত্ত সন্ত্রাস তার প্রতিটি পথই রুদ্ধ করে দিয়েছিল।

El toro pesaba más de trescientos kilos de densa potencia.

ষাঁড়টির ওজন ছিল তিনশোরও বেশি ঘন শক্তির।

Había vivido mucho tiempo y luchado con ahínco en un mundo de luchas.

তিনি দীর্ঘকাল বেঁচে ছিলেন এবং সংগ্রামের জগতে কঠোর লড়াই করেছিলেন।

Pero ahora, al final, la muerte vino de una bestia muy inferior a él.

তবুও, শেষ পর্যন্ত, মৃত্যু তার অনেক নীচের একটি জন্তুর কাছ থেকে এসেছিল।

La cabeza de Buck ni siquiera llegó a alcanzar las enormes rodillas del toro.

বাকের মাথা ষাঁড়ের বিশাল হাঁটুর কাছেও ওঠেনি।

A partir de ese momento, Buck permaneció con el toro noche y día.

সেই মুহূর্ত থেকে, বাক দিনরাত ষাঁড়টির সাথেই থাকল।

Nunca le dio descanso, nunca le permitió pastar ni beber.

তিনি তাকে কখনও বিশ্রাম দেননি, কখনও চরতে বা পান করতে দেননি।

El toro intentó comer brotes tiernos de abedul y hojas de sauce.

ষাঁড়টি বার্চ গাছের কচি কান্ড এবং উইলো পাতা খাওয়ার চেষ্টা করেছিল।

Pero Buck lo ahuyentó, siempre alerta y siempre atacando.

কিন্তু বাক তাকে তাড়িয়ে দিল, সবসময় সতর্ক এবং সর্বদা আক্রমণাত্মক।

Incluso ante arroyos que goteaban, Buck bloqueó cada intento de sed.

এমনকি ঝর্ণাধারার স্রোতেও, বাক প্রতিটি তৃষ্ণার্ত প্রচেষ্টাকে বাধাগ্রস্ত করেছিল।

A veces, desesperado, el toro huía a toda velocidad.

কখনও কখনও, হতাশায়, ষাঁড়টি পূর্ণ গতিতে পালিয়ে যেত।

Buck lo dejó correr, trotando tranquilamente detrás, nunca muy lejos.

বাক তাকে দৌড়াতে দিল, শান্তভাবে পিছনে পিছনে হেঁটে গেল, কখনও দূরে নয়।

Cuando el alce se detuvo, Buck se acostó, pero se mantuvo listo.

যখন ইঁদুরটি থামল, বাক শুয়ে পড়ল, কিন্তু প্রস্তুত রইল।

Si el toro intentaba comer o beber, Buck atacaba con toda furia.

যদি ষাঁড়টি খেতে বা পান করার চেষ্টা করত, বাক পুরো ক্রোধে আঘাত করত।

La gran cabeza del toro se hundió aún más bajo sus enormes astas.

ষাঁড়টির বিশাল মাথাটি তার বিশাল শিংগুলির নীচে ঝুলে পড়ল।

Su paso se hizo más lento, el trote se hizo pesado, un paso tambaleante.

তার গতি ধীর হয়ে গেল, হাঁটা ভারী হয়ে উঠল; হোঁচট খাওয়ার মতো।

A menudo se quedaba quieto con las orejas caídas y la nariz pegada al suelo.

তিনি প্রায়ই মাটিতে কান ও নাক ঝুলিয়ে দাঁড়িয়ে থাকতেন।

Durante esos momentos, Buck se tomó tiempo para beber y descansar.

সেই মুহূর্তগুলিতে, বাক পানীয় এবং বিশ্রামের জন্য সময় বের করেছিলেন।

Con la lengua afuera y los ojos fijos, Buck sintió que la tierra estaba cambiando.

জিহ্বা বের করে, চোখ স্থির করে, বাক বুঝতে পারল জমি বদলে যাচ্ছে।

Sintió algo nuevo moviéndose a través del bosque y el cielo.

সে বন এবং আকাশের মধ্য দিয়ে নতুন কিছুর নড়াচড়া অনুভব করল।

A medida que los alces regresaban, también lo hacían otras criaturas salvajes.

মুস ফিরে আসার সাথে সাথে বন্য প্রাণীরাও ফিরে এল।

La tierra se sentía viva, con presencia, invisible pero fuertemente conocida.

ভূমিটি উপস্থিতিতে জীবন্ত অনুভূত হয়েছিল, অদৃশ্য কিন্তু দৃঢ়ভাবে পরিচিত।

No fue por el sonido, ni por la vista, ni por el olfato que Buck supo esto.

বাক শব্দ, দৃষ্টি, গন্ধ দ্বারা এটি জানতেন না।

Un sentimiento más profundo le decía que nuevas fuerzas estaban en movimiento.

গভীর অনুভূতি তাকে জানালো যে নতুন শক্তি এগিয়ে আসছে।

Una vida extraña se agitaba en los bosques y a lo largo de los arroyos.

বন এবং নদীর ধারে অদ্ভুত জীবন আলোড়ন তুলেছিল।
Decidió explorar este espíritu, después de que la caza se completara.

শিকার শেষ হওয়ার পর, সে এই আত্মাকে অন্বেষণ করার সংকল্প করল।
Al cuarto día, Buck finalmente logró derribar al alce.

চতুর্থ দিনে, বাক অবশেষে মুসটিকে নামিয়ে আনল।
Se quedó junto a la presa durante un día y una noche enteros, alimentándose y descansando.

সে পুরো দিনরাত বন্দীদশায় ছিল, খাবার দিত এবং বিশ্রাম নিত।
Comió, luego durmió, luego volvió a comer, hasta que estuvo fuerte y lleno.

সে খায়, তারপর ঘুমায়, তারপর আবার খায়, যতক্ষণ না সে শক্তিশালী এবং পেট ভরা হয়।
Cuando estuvo listo, regresó hacia el campamento y Thornton.

যখন সে প্রস্তুত হল, সে ক্যাম্প এবং থর্নটনের দিকে ফিরে গেল।
Con ritmo constante, inició el largo viaje de regreso a casa.

স্থির গতিতে, সে দীর্ঘ বাড়ি ফেরার যাত্রা শুরু করল।
Corría con su incansable galope, hora tras hora, sin desviarse jamás.

সে তার অক্লান্ত লোপ ধরে ঘন্টার পর ঘন্টা দৌড়েছে, একবারও পথভ্রষ্ট হয়নি।
A través de tierras desconocidas, se movió recto como la aguja de una brújula.

অজানা জমির মধ্য দিয়ে, সে কম্পাসের সূঁচের মতো সোজা এগিয়ে গেল।
Su sentido de la orientación hacía que el hombre y el mapa parecieran débiles en comparación.

তার দিকনির্দেশনার বোধ মানুষ এবং মানচিত্রকে তুলনামূলকভাবে দুর্বল বলে মনে করেছিল।

A medida que Buck corría, sentía con más fuerza la agitación en la tierra salvaje.

বাক যখন দৌড়াচ্ছিল, তখন সে বন্য ভূমিতে আরও তীব্রভাবে আলোড়ন অনুভব করল।

Era un nuevo tipo de vida, diferente a la de los tranquilos meses de verano.

এটি ছিল এক নতুন ধরণের জীবন, শান্ত গ্রীষ্মের মাসগুলির থেকে ভিন্ন।

Este sentimiento ya no llegaba como un mensaje sutil o distante.

এই অনুভূতি আর কোনও সূক্ষ্ম বা দূরবর্তী বার্তা হিসেবে আসেনি।

Ahora los pájaros hablaban de esta vida y las ardillas parloteaban sobre ella.

এখন পাখিরা এই জীবনের কথা বলছিল, আর কাঠবিড়ালিরা এটা নিয়ে কথা বলছিল।

Incluso la brisa susurraba advertencias a través de los árboles silenciosos.

এমনকি বাতাসও নীরব গাছগুলির মধ্য দিয়ে ফিসফিসিয়ে সতর্কবার্তা দিচ্ছিল।

Varias veces se detuvo y olió el aire fresco de la mañana.

বেশ কয়েকবার সে থেমে সকালের তাজা বাতাস শুঁকে নিল।

Allí leyó un mensaje que le hizo avanzar más rápido.

সে সেখানে একটি বার্তা পড়েছিল যা তাকে দ্রুত এগিয়ে যেতে বাধ্য করেছিল।

Una fuerte sensación de peligro lo llenó, como si algo hubiera salido mal.

একটা প্রচণ্ড বিপদের অনুভূতি তাকে ঘিরে ধরল, যেন কিছু একটা ভুল হয়ে গেছে।

Temía que se avecinara una calamidad, o que ya hubiera ocurrido.

সে ভয় পেল যে বিপর্যয় আসছে—অথবা ইতিমধ্যেই এসে গেছে।

Cruzó la última cresta y entró en el valle de abajo.

সে শেষ পাহাড়টি পেরিয়ে নীচের উপত্যকায় প্রবেশ করল।

Se movió más lentamente, alerta y cauteloso con cada paso.

সে আরও ধীরে ধীরে এগোতে লাগল, প্রতিটি পদক্ষেপে সতর্ক এবং সতর্কভাবে।

A tres millas de distancia encontró un nuevo rastro que lo hizo ponerse rígido.

তিন মাইল দূরে সে একটা নতুন পথ পেল যা তাকে শক্ত করে তুলেছিল।

El cabello de su cuello se onduló y se erizó en señal de alarma.

তার ঘাড়ের চুলগুলো আতঙ্কে ঢেউ খেলানো এবং ঝাঁকুনি দিয়ে উঠল।

El sendero conducía directamente al campamento donde Thornton esperaba.

পথটি সোজা সেই ক্যাম্পের দিকে চলে গেল যেখানে থর্নটন অপেক্ষা করছিল।

Buck se movió más rápido ahora, su paso era silencioso y rápido.

বাক এখন আরও দ্রুত এগিয়ে গেল, তার পদক্ষেপ নীরব এবং দ্রুত উভয়ই।

Sus nervios se tensaron al leer señales que otros no verían.

অন্যরা যে লক্ষণগুলি মিস করবে তা পড়তে পড়তে তার স্নায়ু শক্ত হয়ে গেল।

Cada detalle del recorrido contaba una historia, excepto la pieza final.

পথের প্রতিটি বিবরণ একটি গল্প বলেছিল—শেষ অংশটি ছাড়া।

Su nariz le contaba sobre la vida que había transcurrido por allí.

তার নাক তাকে এইভাবে কেটে যাওয়া জীবনের কথা বলেছিল।

El olor le dio una imagen cambiante mientras lo seguía de cerca.

সে যখন খুব কাছ থেকে পিছনে পিছনে যাচ্ছিল, তখন গন্ধটা তাকে একটা বদলে যাওয়া ছবি দেখাচ্ছিল।

Pero el bosque mismo había quedado en silencio; anormalmente quieto.

কিন্তু বন নিজেই শান্ত হয়ে গিয়েছিল; অস্বাভাবিকভাবে স্থির।

Los pájaros habían desaparecido, las ardillas estaban escondidas, silenciosas y quietas.

পাখিরা অদৃশ্য হয়ে গিয়েছিল, কাঠবিড়ালিরা লুকিয়ে ছিল, নীরব এবং স্থির।

Sólo vio una ardilla gris, tumbada sobre un árbol muerto.

সে কেবল একটি ধূসর কাঠবিড়ালি দেখতে পেল, একটি মৃত গাছের উপর সমতলভাবে।

La ardilla se mimetizó, rígida e inmóvil como una parte del bosque.

কাঠবিড়ালিটি মিশে গেল, বনের এক অংশের মতো শক্ত এবং গতিহীন।

Buck se movía como una sombra, silencioso y seguro entre los árboles.

বাক ছায়ার মতো নীরবে এবং নিশ্চিতভাবে গাছের মধ্য দিয়ে নীরবে চলে গেল।

Su nariz se movió hacia un lado como si una mano invisible la tirara.

তার নাকটা যেন একপাশে ঝাঁকুনি দিয়ে উঠল, যেন কোন অদৃশ্য হাত তাকে টেনে ধরেছে।

Se giró y siguió el nuevo olor hasta lo profundo de un matorral.

সে ঘুরে নতুন গন্ধের পিছনে পিছনে ঝোপের গভীরে গেল।

Allí encontró a Nig, que yacía muerto, atravesado por una flecha.

সেখানে সে নিগকে মৃত অবস্থায় পড়ে থাকতে দেখতে পেল, তার তীরের আঘাতে তার দেহ বিদ্ধ হয়ে গেছে।

La flecha atravesó su cuerpo y aún se le veían las plumas.

তার শরীরের মধ্য দিয়ে খাদটি স্পষ্টভাবে চলে গেছে, পালকগুলি এখনও দেখা যাচ্ছে।

Nig se arrastró hasta allí, pero murió antes de llegar para recibir ayuda.

নিগ নিজেকে সেখানে টেনে নিয়ে গিয়েছিল, কিন্তু সাহায্য পৌঁছানোর আগেই মারা গিয়েছিল।

Cien metros más adelante, Buck encontró otro perro de trineo.

একশ গজ দূরে, বাক আরেকটি স্লেজ কুকুর দেখতে পেল।

Era un perro que Thornton había comprado en Dawson City.

এটি ছিল একটি কুকুর যা থর্নটন ডসন সিটি থেকে কিনেছিলেন।

El perro se encontraba en una lucha a muerte, agitándose con fuerza en el camino.

কুকুরটি মৃত্যুর সাথে লড়াই করছিল, পথ ধরে প্রচণ্ড মারধর করছিল।

Buck pasó a su alrededor, sin detenerse, con los ojos fijos hacia adelante.

বাক তার পাশ দিয়ে হেঁটে গেল, থামল না, চোখ স্থির করে সামনে।

Desde la dirección del campamento llegaba un canto distante y rítmico.

ক্যাম্পের দিক থেকে দূর থেকে একটা ছন্দময় মন্ত্র ভেসে এলো।

Las voces subían y bajaban en un tono extraño, inquietante y cantarín.

অদ্ভুত, ভৌতিক, গানের সুরে কণ্ঠস্বর উপরে উঠছিল এবং নেমে আসছিল।

Buck se arrastró hacia el borde del claro en silencio.

বাক নীরবে ক্লিয়ারিং এর ধারে এগিয়ে গেল।

Allí vio a Hans tendido boca abajo, atravesado por muchas flechas.

সেখানে সে দেখতে পেল হ্যান্স উপুড় হয়ে শুয়ে আছে, অনেক তীরের আঘাতে বিদ্ধ।

Su cuerpo parecía el de un puercoespín, erizado de plumas.

তার শরীর দেখতে সজারুদের মতো, পালকযুক্ত খাদে ঝাঁকুনি।

En ese mismo momento, Buck miró hacia la cabaña en ruinas.

ঠিক সেই মুহূর্তে, বাক ধ্বংসপ্রাপ্ত লজের দিকে তাকাল।

La visión hizo que se le erizara el pelo de la nuca y de los hombros.

এই দৃশ্য দেখে তার ঘাড় এবং কাঁধের চুলগুলো শক্ত হয়ে গেল।

Una tormenta de furia salvaje recorrió todo el cuerpo de Buck.

বাকের সারা শরীরে এক তীব্র ক্রোধের ঝড় বয়ে গেল।

Gruñó en voz alta, aunque no sabía que lo había hecho.

সে জোরে গর্জন করল, যদিও সে জানত না যে তার গর্জন হয়েছে।

El sonido era crudo, lleno de furia aterradora y salvaje.

শব্দটা ছিল কড়া, ভয়াবহ, বর্বর ক্রোধে ভরা।

Por última vez en su vida, Buck perdió la razón ante la emoción.

জীবনের শেষবারের মতো, বাক আবেগের কাছে যুক্তি হারিয়ে ফেললেন।

Fue el amor por John Thornton lo que rompió su cuidadoso control.

জন থর্নটনের প্রতি ভালোবাসাই তার সতর্ক নিয়ন্ত্রণ ভেঙে ফেলেছিল।

Los Yeehats estaban bailando alrededor de la cabaña de abetos en ruinas.

ইয়েহাটরা ধ্বংসপ্রাপ্ত স্প্রুস লজের চারপাশে নাচছিল।

Entonces se escuchó un rugido y una bestia desconocida cargó hacia ellos.

তারপর একটা গর্জন শোনা গেল—আর একটা অজানা জন্তু তাদের দিকে ছুটে এল।

Era Buck; una furia en movimiento; una tormenta viviente de venganza.

এটা ছিল বাক; চলমান এক ক্রোধ; প্রতিশোধের এক জীবন্ত ঝড়।

Se arrojó en medio de ellos, loco por la necesidad de matar.

সে তাদের মাঝে ঝাঁপিয়ে পড়ল, হত্যার তাড়নায় ক্ষিপ্ত হয়ে।

Saltó hacia el primer hombre, el jefe Yeehat, y acertó.

সে প্রথম ব্যক্তি, ইয়েহাট প্রধানের দিকে ঝাঁপিয়ে পড়ল এবং সত্যিকার অর্থেই আঘাত করল।

Su garganta fue desgarrada y la sangre brotó a chorros.

তার গলা ফেটে গিয়েছিল, এবং রক্তের ধারা বইছিল।

Buck no se detuvo, sino que desgarró la garganta del siguiente hombre de un salto.

বাক থামেনি, বরং এক লাফে পরের লোকটির গলা ছিঁড়ে ফেলে।

Era imparable: desgarraba, cortaba y nunca se detenía a descansar.

সে অপ্রতিরোধ্য ছিল—ছিঁড়ে ফেলছিল, কেটে ফেলছিল, কখনও বিশ্রাম নেওয়ার জন্য থামছিল না।

Se lanzó y saltó tan rápido que sus flechas no pudieron tocarlo.

সে এত দ্রুত ঝাঁপিয়ে পড়ল যে তাদের তীরগুলো তাকে স্পর্শ করতে পারল না।

Los Yeehats estaban atrapados en su propio pánico y confusión.

ইয়েহাটরা তাদের নিজস্ব আতঙ্ক এবং বিভ্রান্তিতে আটকা পড়েছিল।

Sus flechas no alcanzaron a Buck y se alcanzaron entre sí.

তাদের তীরগুলি বাককে লক্ষ্যভ্রষ্ট করে এবং একে অপরকে আঘাত করে।

Un joven le lanzó una lanza a Buck y golpeó a otro hombre.

এক যুবক বাকের দিকে বর্শা ছুঁড়ে মারল এবং অন্য একজনকে আঘাত করল।

La lanza le atravesó el pecho y la punta le atravesó la espalda.

বর্শাটি তার বুক ভেদ করে বিদ্ধ হলো, বিন্দুটি তার পিঠ ভেদ করে দিল।

El terror se apoderó de los Yeehats y se retiraron por completo.

ইয়েহাটদের উপর আতঙ্ক ছড়িয়ে পড়ে এবং তারা সম্পূর্ণ পশ্চাদপসরণে বাধ্য হয়।

Gritaron al Espíritu Maligno y huyeron hacia las sombras del bosque.

তারা অশুভ আত্মার চিৎকারে বনের ছায়ায় পালিয়ে গেল।

En verdad, Buck era como un demonio mientras perseguía a los Yeehats.

সত্যিই, ইয়েহাটদের তাড়া করার সময় বাক একজন রাক্ষসের মতো ছিলেন।

Él los persiguió a través del bosque, derribándolos como si fueran ciervos.

সে বনের মধ্য দিয়ে তাদের ধাওয়া করে, হরিণের মতো তাদের টেনে নামিয়ে আনে।

Se convirtió en un día de destino y terror para los asustados Yeehats.

ভীত ইয়েহাটদের জন্য এটি ভাগ্য এবং আতঙ্কের দিন হয়ে ওঠে।

Se dispersaron por toda la tierra, huyendo lejos en todas direcciones.

তারা দেশজুড়ে ছড়িয়ে ছিটিয়ে পড়ল, সব দিকে পালিয়ে গেল।

Pasó una semana entera antes de que los últimos supervivientes se reunieran en un valle.

শেষ বেঁচে যাওয়া ব্যক্তিরা একটি উপত্যকায় মিলিত হওয়ার আগে পুরো এক সপ্তাহ কেটে গেল।

Sólo entonces contaron sus pérdidas y hablaron de lo sucedido.

কেবল তখনই তারা তাদের ক্ষতির হিসাব করল এবং কী ঘটেছিল তা বলল।

Buck, después de cansarse de la persecución, regresó al campamento en ruinas.

তাড়া করতে করতে ক্লান্ত হয়ে বাক ধ্বংসপ্রাপ্ত শিবিরে ফিরে এলেন।

Encontró a Pete, todavía en sus mantas, muerto en el primer ataque.

তিনি প্রথম আক্রমণে নিহত পিটকে তার কম্বলের মধ্যে দেখতে পান।

Las señales de la última lucha de Thornton estaban marcadas en la tierra cercana.

থর্নটনের শেষ সংগ্রামের চিহ্নগুলি কাছাকাছি ময়লায় চিহ্নিত ছিল।

Buck siguió cada rastro, olfateando cada marca hasta un punto final.

বাক প্রতিটি চিহ্ন অনুসরণ করল, প্রতিটি চিহ্ন শুঁকে শেষ বিন্দু পর্যন্ত।

En el borde de un estanque profundo, encontró al fiel Skeet, tumbado inmóvil.

একটা গভীর পুকুরের ধারে, সে বিশ্বস্ত স্কিটকে স্থির অবস্থায় পড়ে থাকতে দেখতে পেল।

La cabeza y las patas delanteras de Skeet estaban en el agua, inmóviles por la muerte.

স্কিটের মাথা এবং সামনের পাঞ্জা পানিতে ডুবে ছিল, মৃত্যুর সাথে সাথে নড়ছিল না।

La piscina estaba fangosa y contaminada por el agua que salía de las compuertas.

পুলটি কর্দমাক্ত ছিল এবং স্লুইস বক্স থেকে আসা জলে ময়লা ছিল।

Su superficie nublada ocultaba lo que había debajo, pero Buck sabía la verdad.

এর মেঘলা পৃষ্ঠ নীচের জিনিসগুলিকে লুকিয়ে রেখেছিল, কিন্তু বাক সত্যটি জানত।

Siguió el rastro del olor de Thornton hasta la piscina, pero el olor no lo condujo a ningún otro lugar.

সে পুলের ভেতরে থর্নটনের গন্ধ পেল—কিন্তু সেই গন্ধ অন্য কোথাও গেল না।

No había ningún olor que indicara que salía, solo el silencio de las aguas profundas.

কোন গন্ধ বের হচ্ছিল না—শুধু গভীর জলের নীরবতা।

Buck permaneció todo el día cerca de la piscina, paseando de un lado a otro del campamento con tristeza.

সারাদিন বাক পুলের কাছেই রইল, শোকে শিবিরে ঘুরে বেড়াল।

Vagaba inquieto o permanecía sentado en silencio, perdido en pesados pensamientos.

সে অস্থিরভাবে ঘুরে বেড়াত অথবা নীরবে বসে থাকত, ভারী চিন্তায় ডুবে থাকত।

Él conocía la muerte; el fin de la vida; la desaparición de todo movimiento.

তিনি মৃত্যু জানতেন; জীবনের সমাপ্তি; সমস্ত গতির বিলীন হওয়া।

Comprendió que John Thornton se había ido y que nunca regresaría.

সে বুঝতে পারল যে জন থর্নটন চলে গেছে, আর কখনও ফিরে আসবে না।

La pérdida dejó en él un vacío que palpitaba como el hambre.

এই হার তার মনে একটা শূন্যতা তৈরি করে দিল যা ক্ষুধার মতো কাঁপছিল।

Pero ésta era un hambre que la comida no podía calmar, por mucho que comiera.

কিন্তু এই খাবারটা এমন একটা ক্ষুধা ছিল যা সে যতই খাক না কেন, কমাতে পারত না।

A veces, mientras miraba a los Yeehats muertos, el dolor se desvanecía.

মাঝে মাঝে, যখন সে মৃত ইয়েহাটদের দিকে তাকাত, তখন ব্যথা ম্লান হয়ে যেত।

Y entonces un orgullo extraño surgió dentro de él, feroz y completo.

আর তখনই তার ভেতরে এক অদ্ভুত অহংকার জেগে উঠল, তীব্র এবং পূর্ণ।

Había matado al hombre, la presa más alta y peligrosa de todas.

সে মানুষকে হত্যা করেছিল, সবচেয়ে উঁচু এবং বিপজ্জনক খেলা।

Había matado desafiando la antigua ley del garrote y el colmillo.

সে প্রাচীন কাঠুরিয়া ও ফ্যাং আইনের লঙঘন করে হত্যা করেছিল।

Buck olió sus cuerpos sin vida, curioso y pensativo.

বাক কৌতূহলী এবং চিন্তাশীল হয়ে তাদের প্রাণহীন দেহ শুঁকে নিল।

Habían muerto con tanta facilidad, mucho más fácil que un husky en una pelea.

তারা এত সহজেই মারা গিয়েছিল - লড়াইয়ে ভুষির চেয়ে অনেক সহজ।

Sin sus armas, no tenían verdadera fuerza ni representaban una amenaza.

অস্ত্র ছাড়া তাদের কোন প্রকৃত শক্তি বা হুমকি ছিল না।

Buck nunca volvería a temerles, a menos que estuvieran armados.

বাক আর কখনও তাদের ভয় পাবে না, যদি না তারা সশস্ত্র থাকত।

Sólo tenía cuidado cuando llevaban garrotes, lanzas o flechas.

যখন তারা লাঠি, বর্শা, বা তীর বহন করত, কেবল তখনই সে সাবধান থাকত।

Cayó la noche y la luna llena se elevó por encima de las copas de los árboles.

রাত নেমে এলো, আর গাছের মাথার উপরে পূর্ণিমার চাঁদ উঠলো।
La pálida luz de la luna bañaba la tierra con un resplandor suave y fantasmal, como el del día.

চাঁদের মৃদু আলোয় পৃথিবীটা দিনের মতো নরম, ভুতুড়ে আলোয় ভেসে উঠল।
A medida que la noche avanzaba, Buck seguía de luto junto al estanque silencioso.

রাত যত গভীর হচ্ছিল, বাক তখনও নীরব পুলের ধারে শোক প্রকাশ করছিল।
Entonces se dio cuenta de que había un movimiento diferente en el bosque.

তারপর সে বনের মধ্যে এক ভিন্ন আলোড়ন অনুভব করল।
El movimiento no provenía de los Yeehats, sino de algo más antiguo y más profundo.

আলোড়নটি ইয়েহাটদের কাছ থেকে ছিল না, বরং পুরোনো এবং গভীর কিছু থেকে ছিল।
Se puso de pie, con las orejas levantadas y la nariz palpando la brisa con cuidado.

সে উঠে দাঁড়ালো, কান উঁচু করে, নাক দিয়ে সাবধানে বাতাস পরীক্ষা করছিলো।
Desde lejos llegó un grito débil y agudo que rompió el silencio.

অনেক দূর থেকে একটা মৃদু তীক্ষ্ণ চিৎকার ভেসে এলো, যা নীরবতাকে ভেদ করে।
Luego, un coro de gritos similares siguió de cerca al primero.

তারপর প্রথমটির ঠিক পিছনে একই রকম কান্নার সুর ভেসে এলো।
El sonido se acercaba cada vez más y se hacía más fuerte a cada momento que pasaba.

শব্দটা আরও কাছে আসতে লাগলো, প্রতিটি মুহূর্তের সাথে সাথে আরও জোরে জোরে।

Buck conocía ese grito: venía de ese otro mundo en su memoria.

বাক এই কান্নাটা জানত—এটা তার স্মৃতিতে থাকা অন্য জগৎ থেকে এসেছিল।

Caminó hasta el centro del espacio abierto y escuchó atentamente.

সে খোলা জায়গার মাঝখানে হেঁটে গেল এবং মনোযোগ সহকারে শুনল।

El llamado resonó, múltiple y más poderoso que nunca.

ডাকটা বেজে উঠল, অনেক বেশি সুপরিচিত এবং আগের চেয়েও বেশি শক্তিশালী।

Y ahora, más que nunca, Buck estaba listo para responder a su llamado.

আর এখন, আগের চেয়েও বেশি, বাক তার ডাকে সাড়া দিতে প্রস্তুত।

John Thornton había muerto y ya no tenía ningún vínculo con el hombre.

জন থর্নটন মারা গেছেন, এবং মানুষের সাথে তার কোন বন্ধন অবশিষ্ট নেই।

El hombre y todos sus derechos humanos habían desaparecido: él era libre por fin.

মানুষ এবং মানুষের সমস্ত দাবি শেষ হয়ে গেল - অবশেষে সে মুক্ত হল।

La manada de lobos estaba persiguiendo carne como lo hicieron alguna vez los Yeehats.

নেকড়েদের দলটি ইয়েহাটদের মতোই মাংসের পিছনে ছুটছিল।

Habían seguido a los alces desde las tierras boscosas.

তারা কাঠের জমি থেকে ইঁদুরের পিছু পিছু নেমে এসেছিল।

Ahora, salvajes y hambrientos de presa, cruzaron hacia su valle.

এখন, বন্য এবং শিকারের জন্য ক্ষুধার্ত, তারা তার উপত্যকায় প্রবেশ করল।

Llegaron al claro iluminado por la luna, fluyendo como agua plateada.

চাঁদের আলোয় ঢাকা পরিষ্কার জায়গায় তারা এসেছিল, রূপালী জলের মতো প্রবাহিত হচ্ছিল।

Buck permaneció quieto en el centro, inmóvil y esperándolos.

বাক মাঝখানে স্থির দাঁড়িয়ে ছিল, নিশ্চল এবং তাদের জন্য অপেক্ষা করছিল।

Su tranquila y gran presencia dejó a la manada en un breve silencio.

তার শান্ত, বিশাল উপস্থিতি পুরো দলটিকে এক সংক্ষিপ্ত নীরবতায় স্তব্ধ করে দিল।

Entonces el lobo más atrevido saltó hacia él sin dudarlo.

তারপর সবচেয়ে সাহসী নেকড়েটি দ্বিধা ছাড়াই সরাসরি তার দিকে ঝাঁপিয়ে পড়ল।

Buck atacó rápidamente y rompió el cuello del lobo de un solo golpe.

বাক দ্রুত আঘাত করল এবং এক আঘাতেই নেকড়েটির ঘাড় ভেঙে দিল।

Se quedó inmóvil nuevamente mientras el lobo moribundo se retorcía detrás de él.

মরণশীল নেকড়েটি তার পিছনে ঘুরতে ঘুরতে সে আবার স্থির হয়ে দাঁড়ালো।

Tres lobos más atacaron rápidamente, uno tras otro.

আরও তিনটি নেকড়ে দ্রুত আক্রমণ করল, একের পর এক।

Todos retrocedieron sangrando, con la garganta o los hombros destrozados.

প্রত্যেকেই রক্তক্ষরণে পিছু হটেছিল, তাদের গলা বা কাঁধ কেটে ফেলা হয়েছিল।

Eso fue suficiente para que toda la manada se lanzara a una carga salvaje.

পুরো দলটিকে এক ভয়াবহ আক্রমণে ট্রিগার করার জন্য এটি যথেষ্ট ছিল।

Se precipitaron juntos, demasiado ansiosos y apiñados para golpear bien.

তারা একসাথে ছুটে গেল, খুব আগ্রহী এবং ভিড়ের মধ্যে, ভালোভাবে আঘাত করার জন্য।

La velocidad y habilidad de Buck le permitieron mantenerse por delante del ataque.

বাকের গতি এবং দক্ষতা তাকে আক্রমণে এগিয়ে থাকতে সাহায্য করেছিল।

Giró sobre sus patas traseras, chasqueando y golpeando en todas direcciones.

সে তার পেছনের পায়ে ঘুরছিল, সব দিকেই ঝাঁকুনি দিচ্ছিল এবং আঘাত করছিল।

Para los lobos, esto parecía como si su defensa nunca se abriera ni flaqueara.

নেকড়েদের কাছে মনে হয়েছিল যেন তার প্রতিরক্ষা কখনও খোলা বা বিচলিত হয়নি।

Se giró y atacó tan rápido que no pudieron alcanzarlo.

সে ঘুরে দাঁড়ালো এবং এত দ্রুত আঘাত করলো যে তারা তার পিছনে যেতে পারলো না।

Sin embargo, su número le obligó a ceder terreno y retroceder.

তবুও, তাদের সংখ্যা তাকে হাল ছেড়ে দিতে এবং পিছিয়ে আসতে বাধ্য করেছিল।

Pasó junto a la piscina y bajó al lecho rocoso del arroyo.

সে পুকুর পেরিয়ে পাথুরে খালের তলায় নেমে গেল।

Allí se topó con un empinado banco de grava y tierra.

সেখানে সে কাঁকর আর মাটির খাড়া এক পাড়ের মুখোমুখি হল।

Se metió en un rincón cortado durante la antigua excavación de los mineros.

খনি শ্রমিকদের পুরনো খননের সময় সে একটি কোণায় কাটা জায়গায় আঘাত পায়।

Ahora, protegido por tres lados, Buck se enfrentaba únicamente al lobo frontal.

এখন, তিন দিক থেকে সুরক্ষিত, বাক কেবল সামনের নেকড়েটির মুখোমুখি হয়েছিল।

Allí se mantuvo a raya, listo para la siguiente ola de asalto.

সেখানে, সে উপসাগরে দাঁড়িয়ে ছিল, পরবর্তী আক্রমণের জন্য প্রস্তুত।

Buck se mantuvo firme con tanta fiereza que los lobos retrocedieron.

বাক এতটাই শক্তভাবে চেপে ধরল যে নেকড়েরা পিছু হটল।

Después de media hora, estaban agotados y visiblemente derrotados.

আধ ঘন্টা পর, তারা ক্লান্ত হয়ে পড়েছিল এবং দৃশ্যত পরাজিত হয়েছিল।

Sus lenguas colgaban y sus colmillos blancos brillaban a la luz de la luna.

তাদের জিভগুলো ঝুলে ছিল, তাদের সাদা দাঁতগুলো চাঁদের আলোয় ঝিকিমিকি করছিল।

Algunos lobos se tumbaron, con la cabeza levantada y las orejas apuntando hacia Buck.

কিছু নেকড়ে শুয়ে আছে, মাথা উঁচু করে, কান বাকের দিকে ঠেলে।

Otros permanecieron inmóviles, alertas y observando cada uno de sus movimientos.

অন্যরা স্থির হয়ে দাঁড়িয়ে রইল, সতর্ক হয়ে তার প্রতিটি পদক্ষেপ লক্ষ্য করছিল।

Algunos se acercaron a la piscina y bebieron agua fría.

কয়েকজন পুকুরে ঘুরে বেড়িয়ে ঠান্ডা জল পান করল।

Entonces un lobo gris, largo y delgado, se acercó sigilosamente.

তারপর একটা লম্বা, রোগা ধূসর নেকড়ে মৃদু ভঙ্গিতে সামনের দিকে এগিয়ে গেল।

Buck lo reconoció: era el hermano salvaje de antes.

বাক তাকে চিনতে পারল—এটা ছিল আগের সেই বন্য ভাই।

El lobo gris gimió suavemente y Buck respondió con un gemido.

ধূসর নেকড়েটি মৃদুভাবে কাঁদল, আর বাক কাঁদতে কাঁদতে উত্তর দিল।

Se tocaron las narices, en silencio y sin amenaza ni miedo.

তারা নাক স্পর্শ করল, নীরবে এবং কোনও হুমকি বা ভয় ছাড়াই।

Luego vino un lobo más viejo, demacrado y lleno de cicatrices por muchas batallas.

এরপর এলো একটি বয়স্ক নেকড়ে, অনেক যুদ্ধের ফলে দুর্বল এবং ক্ষতবিক্ষত।

Buck empezó a gruñir, pero se detuvo y olió la nariz del viejo lobo.

বাক ঘেউ ঘেউ করতে শুরু করল, কিন্তু থেমে গেল এবং বুড়ো নেকড়ের নাক শুঁকে নিল।

El viejo se sentó, levantó la nariz y aulló a la luna.

বৃদ্ধটি বসে পড়ল, নাক উঁচু করে চাঁদের দিকে তাকিয়ে চিৎকার করল।

El resto de la manada se sentó y se unió al largo aullido.

বাকি দলটি বসে পড়ল এবং দীর্ঘ চিৎকারে যোগ দিল।

Y ahora el llamado llegó a Buck, inconfundible y fuerte.

আর এখন ডাক এল বাকের কাছে, স্পষ্ট এবং জোরালো।

Se sentó, levantó la cabeza y aulló con los demás.

সে বসে পড়ল, মাথা তুলল, এবং অন্যদের সাথে চিৎকার করল।

Cuando terminaron los aullidos, Buck salió de su refugio rocoso.

যখন চিৎকার শেষ হলো, বাক তার পাথুরে আশ্রয়স্থল থেকে বেরিয়ে এলো।

La manada se cerró a su alrededor, olfateando con amabilidad y cautela.

প্যাকটি তার চারপাশে ঘেরাও করে, সদয় এবং সতর্কভাবে শুঁকে।

Entonces los líderes dieron un grito y salieron corriendo hacia el bosque.

তারপর নেতারা চিৎকার করে বনের দিকে ছুটে গেল।

Los demás lobos los siguieron, aullando a coro, salvajes y rápidos en la noche.

অন্য নেকড়েরাও পিছু পিছু গেল, সমবেতভাবে চিৎকার করতে করতে, রাতে উন্মত্ত এবং দ্রুত।

Buck corrió con ellos, al lado de su hermano salvaje, aullando mientras corría.

বাক তাদের সাথে দৌড়ে গেল, তার বন্য ভাইয়ের পাশে, সে দৌড়ানোর সময় চিৎকার করছিল।

Aquí la historia de Buck llega bien a su fin.

এখানেই, বাকের গল্পের সমাপ্তি ভালোভাবেই ঘটছে।

En los años siguientes, los Yeehat notaron lobos extraños.

পরবর্তী বছরগুলিতে, ইয়েহাটরা অদ্ভুত নেকড়েদের লক্ষ্য করেছিল।

Algunos tenían la cabeza y el hocico de color marrón y el pecho de color blanco.

কারো কারো মাথায় এবং মুখের উপর বাদামী, বুকে সাদা।

Pero aún más temían una figura fantasmal entre los lobos.

কিন্তু তার চেয়েও বেশি, তারা নেকড়েদের মধ্যে একটি ভৌতিক ব্যক্তিত্বকে ভয় পেত।

Hablaban en susurros del Perro Fantasma, líder de la manada.

তারা ফিসফিসিয়ে কথা বলছিল, দলটির নেতা ঘোস্ট ডগের কথা।

Este perro fantasma tenía más astucia que el cazador Yeehat más audaz.

এই ভূত কুকুরটির সবচেয়ে সাহসী ইয়েহাট শিকারীর চেয়েও বেশি ধূর্ততা ছিল।

El perro fantasma robó de los campamentos en pleno invierno y destrozó sus trampas.

প্রচণ্ড শীতে ভূতের কুকুরটি ক্যাম্প থেকে চুরি করে তাদের ফাঁদ ছিঁড়ে ফেলে।

El perro fantasma mató a sus perros y escapó de sus flechas sin dejar rastro.

ভূত কুকুরটি তাদের কুকুরগুলিকে মেরে ফেলে এবং তাদের তীরের কোনও চিহ্ন ছাড়াই পালিয়ে যায়।

Incluso sus guerreros más valientes temían enfrentarse a este espíritu salvaje.

এমনকি তাদের সাহসী যোদ্ধারাও এই বন্য আত্মার মুখোমুখি হতে ভয় পেত।

No, la historia se vuelve aún más oscura a medida que pasan los años en la naturaleza.

না, বছরের পর বছর ধরে অস্থিরতার সাথে সাথে গল্পটি আরও অন্ধকার হয়ে ওঠে।

Algunos cazadores desaparecen y nunca regresan a sus campamentos distantes.

কিছু শিকারী নিখোঁজ হয়ে যায় এবং আর কখনও তাদের দূরবর্তী শিবিরে ফিরে আসে না।

Otros aparecen con la garganta abierta, muertos en la nieve.

অন্যদের গলা কাটা অবস্থায়, তুষারে ডুবে মারা অবস্থায় পাওয়া যায়।

Alrededor de sus cuerpos hay huellas más grandes que las que cualquier lobo podría dejar.

তাদের শরীরের চারপাশে দাগ রয়েছে—যে কোনও নেকড়ে যতটা বড় করে তুলতে পারে তার চেয়েও বড়।

Cada otoño, los Yeehats siguen el rastro del alce.

প্রতি শরতে, ইয়েহাটরা মুসের পথ অনুসরণ করে।

Pero evitan un valle con el miedo grabado en lo profundo de sus corazones.

কিন্তু তারা এমন একটি উপত্যকা এড়িয়ে চলে যেখানে তাদের হৃদয়ের গভীরে ভয় গেঁথে আছে।

Dicen que el valle fue elegido por el Espíritu Maligno para vivir.

তারা বলে যে উপত্যকাটি তার বাসস্থানের জন্য শয়তান আত্মা দ্বারা বেছে নেওয়া হয়েছে।

Y cuando se cuenta la historia, algunas mujeres lloran junto al fuego.

আর যখন গল্পটি বলা হয়, তখন কিছু মহিলা আগুনের পাশে কাঁদে।

Pero en verano, un visitante llega a ese tranquilo valle sagrado.

কিন্তু গ্রীষ্মকালে, একজন দর্শনার্থী সেই শান্ত, পবিত্র উপত্যকায় আসেন।

Los Yeehats no saben de él, ni tampoco pueden entenderlo.

ইয়েহাতরা তাকে চেনে না, আর বুঝতেও পারে না।

El lobo es grande, revestido de gloria, como ningún otro de su especie.

নেকড়েটি একটি মহান, গৌরবে আচ্ছন্ন, তার ধরণের অন্য কারো মতো নয়।

Él solo cruza el bosque verde y entra en el claro.

সে একাই সবুজ কাঠের উপর দিয়ে পার হয়ে বনের ঝাড়ে প্রবেশ করে।

Allí, el polvo dorado de los sacos de piel de alce se filtra en el suelo.

সেখানে, ইঁদুরের চামড়ার বস্তা থেকে সোনালী ধুলো মাটিতে মিশে যায়।

La hierba y las hojas viejas han ocultado el amarillo al sol.

ঘাস এবং পুরাতন পাতাগুলি সূর্যের আলো থেকে হলুদ রঙ লুকিয়ে রেখেছে।

Aquí, el lobo permanece en silencio, pensando y recordando.

এখানে, নেকড়েটি নীরবে দাঁড়িয়ে আছে, ভাবছে এবং স্মরণ করছে।

Aúlla una vez, largo y triste, antes de darse la vuelta para irse.

সে একবার কাঁদে—দীর্ঘ এবং শোকাহত—যাওয়ার আগে।

Pero no siempre está solo en la tierra del frío y la nieve.

তবুও ঠান্ডা এবং তুষারের দেশে সে সবসময় একা থাকে না।

Cuando las largas noches de invierno descienden sobre los valles inferiores.

যখন দীর্ঘ শীতের রাতগুলি নিম্ন উপত্যকায় নেমে আসে।

Cuando los lobos persiguen a la presa a través de la luz de la luna y las heladas.

যখন নেকড়েরা চাঁদের আলো এবং তুষারপাতের মধ্য দিয়ে শিকার অনুসরণ করে।

Luego corre a la cabeza del grupo, saltando alto y salvajemente.

তারপর সে পালের মাথার দিকে দৌড়ায়, উঁচুতে লাফিয়ে লাফিয়ে।

Su figura se eleva sobre las demás y su garganta está llena de canciones.

তার আকৃতি অন্যদের থেকেও উঁচু, তার গলা গানে প্রাণবন্ত।

Es la canción del mundo más joven, la voz de la manada.

এটি তরুণ বিশ্বের গান, প্যাকের কণ্ঠস্বর।

Canta mientras corre: fuerte, libre y eternamente salvaje.

সে দৌড়ানোর সময় গান গায়—শক্তিশালী, মুক্ত, এবং চিরকাল বন্য।

ﻭ

www.ingramcontent.com/pod-product-compliance
Lightning Source LLC
Chambersburg PA
CBHW011724020426
42333CB00024B/2729